번암집

한국고전번역원 한국문집번역총서

번암집 1

樊巖集

채제공 지음
蔡濟恭

홍기은 옮김
송기채

일러두기

1. 이 책의 번역 대본은 한국고전번역원에서 간행한 한국문집총간 235～236집《번암집(樊巖集)》으로 하였다. 번역 대본의 원문 텍스트와 원문 이미지는 한국고전종합DB(http://db.itkc.or.kr)에서 확인할 수 있다.
2. 내용이 간단한 역주는 간주(間註)로, 긴 역주는 각주(脚註)로 처리하였다.
3. 한자는 필요한 경우 이해를 돕기 위하여 넣었으며, 운문(韻文)은 원문을 병기하였다.
4. 맞춤법과 띄어쓰기는 한글 맞춤법과 표준어 규정을 따랐다.
5. 이 책에서 사용한 부호는 다음과 같다.
   ( ) : 번역문과 음이 같은 한자를 묶는다.
   〔 〕: 번역문과 뜻은 같으나 음이 다른 한자를 묶는다.
   " " : 대화 등의 인용문을 묶는다.
   ' ' : " " 안의 재인용 또는 강조 부분을 묶는다.
   「 」: ' ' 안의 재인용을 묶는다.
   『 』: 「 」 안의 재인용을 묶는다.
   《 》: 책명 및 각주의 전거(典據)를 묶는다.
   〈 〉: 책의 편명 및 운문·산문의 제목을 묶는다.

차례

번암집 권수 상

사륜 絲綸

번암집 권수 하

사륜 絲綸

어찰 御札

번암집 제1권

시 詩

어정 御定 갱화록 賡和錄

번암집 제2권

시 詩

어정 御定 **영은록** 榮恩錄

와 함께 들어오지 않으면 약원이 들어와 진찰하는 것을 허용하지 않겠다는 분부가 있었기 때문이다.……그리움이 맺힌 회포를 이따금 시로 드러냈는데, 이는 〈수조가두(水調歌頭)〉와 같은 성향의 노래이다

《어정좌전》 총재관으로 감인소에 가니 상께서 사대하였다. 원자가 그 곁에 모시고 있었다.……물러나 이 일을 기록하여 먼 후대에 전한다 以御定左傳摠裁 赴監印所 上賜對 元子侍傍矣……退以記之 以傳千百世 • 435

《춘추좌전》을 진헌하는 예를 마친 뒤 상께서 천신의 이름이 총재로 되어 있다고 하여 표피 한 벌을 내려 주었다. 받들고 집으로 돌아와 벽에 걸어 놓고 느낌이 일어 읊조렸다 春秋傳進獻禮成 上以賤臣名忝摠裁 頒賜豹皮一領 奉以還家 挂諸壁上 感吟 • 437

상께서 친제할 때 천신이 아헌관으로서 사직단에서 제사를 지내고 처소로 돌아왔다. 아침에 상께서 사관을 보내 신에게 열 줄 윤음을 보내왔다. ……삼가 절구 한 수로 이 사실을 적어 자자손손 전해 가며 보여 줌으로써 이내 몸이 군주의 각별한 예우를 받았다는 것을 알도록 한다 무오년 賤臣以親祭亞獻將事社壇 侵曙還次 朝來 上特遣史官賚臣十行綸綍……謹以一絶 錄示子子孫孫 俾知此身遭遇之盛 戊午 • 438

상께서 아들 홍원을 보내 전유하였는데, 이때 홍원이 우승지였기 때문이다. 이는 우리 가문의 영광이므로 시로 이 사실을 기록한다 上遣兒子弘遠傳諭賤臣 蓋弘遠時爲右承旨故也 闔門榮耀 詩以記之 • 440

2월 1일 상께서 현릉원에 세근례를 행한 뒤 신에게 먼저 돌아갈 것을 명했으므로 하루 앞당겨 화성으로 출발하여 동작강을 건너면서 읊조리다 二月初吉 上行歲覲禮于顯隆園 命臣先詣 前一日發向華城 渡銅江有吟 • 441

화성에서 집으로 돌아온 이튿날 내각 하리가 상의 명을 받들어 도중에 지은 시 작품을 달라고 하기에 느낌이 일어 읊조리다 自華城還第之翼日 閣吏奉上命 索路中詩什 感吟 • 442

동짓날 대궐에 들어가 내각의 후반에 참석하였다.……마음속으로 감격의 눈물을 자제하지 못하고 물러 나와 시로써 이 일을 기록한다 冬至日赴闕 參內閣候班……賤忱自不禁感淚 退以詩記之 • 443

해제

번암 채제공의 문학 세계와 경세(經世) 의식

백승호 | 한남대학교 국어국문창작학과 교수

1. 번암의 생애

이 책은 채제공(蔡濟恭, 1720~1799)의 문집을 번역한 것이다. 번역 대본은 한국문집총간 235~236집인 《번암집(樊巖集)》이다. 영인 저본은 서울대학교 규장각한국학연구원 소장본(奎5373)이다.

채제공의 본관은 평강(平康), 자는 백규(伯規), 호는 번암(樊巖), 시호는 문숙(文肅)이다. 부친은 현감을 지낸 채응일(蔡膺一), 조부는 좌윤을 지낸 채성윤(蔡成胤), 증조는 현감을 지낸 채시상(蔡時祥), 고조는 현감을 지낸 채진후(蔡振後)이다. 그는 영·정조 대에 활동한 남인(南人)의 지도자였다. 남인은 숙종 연간 권대운(權大運)이 재상을 지낸 이래 근 100여 년간 재상에 오른 인물이 없었는데, 채제공 대에 와서야 비로소 재상을 배출하였다.

채제공은 1720년(숙종46) 충청도 홍성(洪城)에서 태어나 어린 시절에는 홍성의 외가에서 자랐다. 병조 판서를 지낸 이지억(李之億)이 그의 외삼촌이다. 본인이 외삼촌댁에서 자랐으니만큼 그는 친누이 또는 사촌, 육촌 누이들에게서 얻은 조카들을 자식처럼 돌보고 가르쳤다. 《번암집》 간행에 주도적 역할을 한 참판 유태좌(柳台佐), 홍문관 교리 윤영희(尹永僖), 참판 정홍경(鄭鴻慶) 등이 그의 종질 또는 재종질, 삼종질이다.

그는 18세 때인 1737년(영조13) 오필운(吳弼運)의 딸과 혼례를 올렸다. 24세 때인 1743년 문과에 급제했지만 청요직의 환로를 걷지는 못하였다. 과거에 급제한 바로 그해에 단성 현감(丹城縣監)으로 부임하는 부친의 임소에 따라가기도 하였다. 이후 오필운의 형인 오광운(吳光運)의 후계자로 관직을 시작하면서 오광운을 매개로 소론(少論)의 이종성(李宗城)과도 면식을 익혔다.

그의 환력(宦歷)에서 결정적인 사건은 1755년 을해옥사였다. 이때 그는 문사랑(問事郎)으로서 옥사의 실무를 처리하면서 영조의 정통성을 지지하였다. 이 일을 계기로 영조의 신임을 받았고, 이후 승지로서 영조를 측근에서 보필하였다. 그리고 1758년 도승지로 있으면서 영조가 폐세자 비망기를 내렸을 때 죽음을 각오하고 이를 환납한 일이 있다. 이 일은 사도세자를 보호하는 데에 큰 힘이 되었고, 그가 정조 연간 사도세자 숭봉 사업을 주도하는 데 정당성을 제공해 주었다. 그러나 1762년 모친상을 당하고 3년 뒤 부친상을 당하였기에 1760년대의 정국에서는 크게 활약하지 못했다. 탈상한 뒤인 1770년대에야 병조 판서, 예조 판서, 호조 판서, 평안도 관찰사 등 고위 관직을 역임하였다.

채제공은 정조 즉위 후 예조 판서와 형조 판서를 역임하였고 1777년(정조1) 4월에는 규장각 제학을 겸하기도 하였다. 1778년에는 사은겸진주 정사(謝恩兼陳奏正使)로 중국에 다녀왔고, 돌아와서 호조 판서와 규장각 제학 등을 지냈다. 그런데 1780년 8월, 홍국영(洪國榮)과 화응했다는 혐의로 조시위(趙時偉)가 그를 탄핵하는 상소를 올리자, 노량진과 명덕동 등지로 물러나 은거하였다. 이 시기 그는 영남 남인들의 묘도 문자를 작성해 주는 등 그들과 관계를 돈독히 하였다. 그리하여 1788년 우의정이 되었을 때 무신란 60주년을 맞이하여 영남에서 창의한 영남 남인들을 포상하는 데 앞장섰다. 정조는 권만(權萬) 등을 포상하고 조덕린(趙德鄰), 김성탁(金聖鐸), 황익재(黃翼再)의 신원을 주청하는 유소도 받아들였다. 이처럼 영남 남인의 지원과 채제공의 정치력에 힘입어 남인이 반역의 온상이 아니라 반역을 토벌하는 데 힘쓴 세력임이 밝혀졌고, 국정의 한 축을 담당하는 데 하자가 없음을 인정받았다.

이윽고 그는 사도세자 숭봉 사업에 관여하였다. 1739년(정조13) 총리사로서 수원 현륭원(顯隆園) 공사를 감독하였고, 1790년에는 좌의정 겸 경모궁도제조(左議政兼景慕宮都提調)가 되었다. 1793년 1월에는 수원 유수가 되었고 장용 외사(壯勇外使)와 행궁 정리사(行宮整理使)를 겸하였다. 좌의정이던 그를 화성 유수로 보냈다는 것은 정조가 화성을 중요시했음을 보인 것이다. 같은 해 5월에는 드디어 영의정에 제수되었다.

당시 중앙 정계에서 영향력을 점차 키워 가던 남인은 1791년 진산사건(珍山事件)을 계기로 서학(西學)의 소굴이라는 공격을 받았다. 정조는 서학에 대한 해결책으로 정학(正學)을 바로 세울 것을 강조하였다. 그 방안의 한 가지가 성리학에 충실했던 영남 지방의 학풍을 진작하고 영남 인재를 선발하는 일이었다. 정조는 1792년 이만수(李晩秀)를 보내 도산서원에서 선비들을 시험하여 선발했고, 이를 《교남빈흥록(嶠南賓興錄)》으로 간행하였다.[1] 채제공은 정조의 명을 받아 〈도산시사단비명(陶山試士壇碑銘)〉을 써서 이 일을 기록하였다.[2] 정조의 이러

1 김문식, 〈《교남빈흥록》을 통해 본 정조의 대영남정책〉, 《퇴계학보》 110, 퇴계학연구원, 2001, 457~458쪽.

2 채제공, 〈도산시사단비명(陶山試士壇碑銘)〉, 《번암집》 권57, 한국문집총간 236집, 552쪽.

한 영남 진흥책에 부응하여 1792년(정조16) 윤4월 27일에 1차 영남 만인소가, 같은 해 5월 7일에는 2차 영남 만인소가 올라왔다. 이러한 여론이 조성되자, 당시 수원 유수로 있던 채제공은 1793년 5월 28일에 영의정에 제수되면서 사도세자를 무함한 역적을 토벌할 것과 의리 제방(義理隄防)을 엄격히 할 것을 청하는 상소를 올렸다.

이처럼 1790년대 사도세자 숭봉에 대한 분위기가 점점 고조되는 가운데 채제공이 이러한 상소를 올리자, 노론 측에서는 그가 영조의 임오의리를 거슬렀다는 이유로 그를 논핵하였다. 이때 정조는 금등지서(金縢之書)의 일부를 공개하고 노론 김종수(金鍾秀)를 불러 양측의 합의를 도출하려고 하였다. 그러나 김종수는 이에 응하지 않은 채 1793년 자신의 입장을 굳건하게 지키며 채제공을 논척하는 상소를 올렸다. 결국 김종수는 1794년 남해에 유배되었다가 봉조하로 은퇴하였다.

채제공에 대한 정조의 신임은 변함없어서, 이후로도 채제공은 사도세자 추숭 사업과 화성 성역을 주관하였다. 1794년 12월에는 경모궁 추상존호도감 도제조(景慕宮追上尊號都監都提調)가 되었다. 1795년 2월에는 화성에서 열린 혜경궁 회갑연 의식의 예행 연습을 총괄하여 지휘하였다. 이후 재상으로서 정조를 보필하다가 1798년 노병으로 사직을 청하였고, 1799년 돌림병이 돌 때 죽음을 맞이하였다. 정조가 여러 차례 사람을 보내 그의 병을 걱정하였고, 약을 쓰는 것에 대해서도 편지로 의견을 말하였다.[3]

정조는 채제공이 죽었다는 소식을 듣고 다음과 같이 말하였다. 그의 일생에 대한 매우 적실한 평가라고 생각되기에 그 일부를 인용한다.

3 그 편지가 후손가에 전해져 내려오다가 수원화성박물관에 기증되었다.

내가 이 대신에 대해서는 실로 남은 알 수 없고 혼자만이 아는 깊은 계합이 있었다. 이 대신은 불세출의 인물이다. 그 품부받은 인격이 우뚝하게 기력(氣力)이 있어, 무슨 일을 만나면 주저 없이 바로 담당하여 조금도 두려워하거나 굽히지 않았다. 그 기상을 시(詩)로 표현할 경우 시가 비장하고 강개하여, 사람들이 연조 비가(燕趙悲歌)의 유풍이 있다고 하였다. (중략) '저렇듯 신임을 독점했다.'라고 이를 만한 사람으로서 옛날에도 들어 보기 어려운 경우이다.

2. 《번암집》 편찬과 간행

목판으로 간행된 《번암집》은 모두 59권 27책이다. 이 문집에는 두 가지 특징이 있다. 첫째, 국왕이 문집 편찬에 관여하였다는 것이고, 둘째, 시집 각 권이 단행본 또는 일관일집(一官一集) 형태를 띠고 있다는 점이다.

1791년(정조15) 정조는 채제공의 문집을 가져오게 하여 직접 열람하였고, 1799년 채제공이 죽자 문집 초고를 직접 검토하고 상세한 범례를 내려 주었다.[4] 목판으로 간행된 《번암집》은 이러한 사정을 잘 알 수 있도록 편차되었다. 문집의 제일 첫머리에 놓인 〈어제어필서번암시문고(御製御筆書樊菴詩文稿)〉는 정조가 채제공과 《번암집》을 총평한 글이고, 이후 〈어정범례(御定凡例)〉, '사륜(絲綸)', '어찰(御札)'(권수),

4 정조가 《번암집》 간행에 관여한 것에 대해서는 김문식, 〈번암집 간행의 경과〉(《문헌과해석》 제26호, 문헌과해석사, 2004)에 자세히 기술되어 있다.

'갱화록(賡和錄)'(권1), '영은록(榮恩錄)'(권2)과 같이 어제이거나 국왕과 관련된 시문이 별도의 권차로 묶여 있다. '사륜', '어찰'은 번암집 초고에 흩어져 있던 전교(傳敎), 비망기(備忘記), 연교(筵敎), 어찰 등을 별권으로 묶어 권수에 둔 것이다. '갱화록'은 군신 간의 수창 모음집이고, '영은록'은 채제공이 임금의 은혜에 감사하거나 국가 경사를 축하하는 시 모음집이다.

국왕이 편차와 범례를 정해 주었다는 것은 《번암집》 편차에 대해서 이후 누구도 수정을 가할 수 없다는 의미가 된다. 그렇기 때문에 《번암집》 이본(異本)이 남아 있을 가능성은 낮다. 채제공 후손가에 전해 오는 문집 초고본도 목판으로 간행된 현존 《번암집》과 차이가 없어서 《번암집》의 이본에 대해서는 연구자가 별다른 주의를 기울이지 않았다.

그런데 그의 문집은 '단구록(丹丘錄)', '망미록(望美錄)'처럼 각 권에 이름을 붙인, 서문 격의 글을 권수에 싣고 있다. 이를 보면 채제공이 생전에 단행본 형식으로 문집을 편차하고 정리하였을 가능성이 높다. 이러한 가정을 증명해 주는 자료가 있다. 바로 《일가소(一可笑)》(수경실 소장)로, 채제공이 생전에 스스로 편찬한 문집이다. 이 책은 정조가 편차를 정해 주기 이전 《번암집》의 원형을 확인할 수 있는 귀중한 자료이다.[5]

《일가소》의 권수제는 '번암고(樊巖稿)'이고, 표제는 '일가소'이다. 형태 사항은 필사본 1책(영본), 20.3×32.5cm, 10행 20자이다. 문집

5 《일가소》 관련 내용에 대해서는 백승호, 〈번암 채제공이 자편(自編)한 문집 《일가소》에 대하여〉(《포럼 그림과 책 2011 논문집 (1)》, 화봉문고, 2011)의 내용을 재인용하였다.

곳곳에 주묵(朱墨)으로 표시한 권(圈)과 비(批)가 있다. 권수제가 '번암고'인데 군이 표제를 따라 서명을 붙인 것은 표제가 본 《번암집》 이본의 특징을 잘 드러내 주기 때문이다. '일가소'는 '한번 웃을 단한 거리'라는 뜻으로 저자 본인이 아니면 이러한 제목을 붙이기 힘들 것이다. 이러한 표제가 본 문집을 채제공이 자편했을 가능성을 뒷받침하는 한 예이다. 또한 표지 우측 상단에 '풍악록(楓岳錄)', '망미록'이라는 권차명이 적혀 있다. 이해를 돕기 위해 목판본 《번암집》과 《일가소》의 편차를 비교하면 표1과 같다.

표1 목판본 《번암집》과 《일가소》 권차 비교

<table>
<tr><th>목판본 《번암집》 권차</th><th>《일가소》 권차</th></tr>
<tr><td>卷首 上 (絲綸)</td><td rowspan="4">해당 없음</td></tr>
<tr><td>卷首 下 (絲綸, 御札)</td></tr>
<tr><td>권1(賡和錄 御定) ×*</td></tr>
<tr><td>권2(榮恩錄 御定) ×</td></tr>
<tr><td>권3(詩, 후반부는 丹丘錄 上) ○</td><td rowspan="2">미발견</td></tr>
<tr><td>권4(丹丘錄 下)</td></tr>
<tr><td>권5(詩) ×</td><td>권3(樊巖稿 卷之三) ×
(표지에 '楓岳錄'이라 표시됨)</td></tr>
<tr><td>권6(望美錄 上) ○</td><td rowspan="2">권4(樊巖稿 卷之四 望美錄) ○
〈松羅亭射帿〉까지만 실려 있음
목판본 《번암집》에는 그 뒤에도 삼척에서 지은 시들이 권7(망미록 하)에 약 27제 54수가 더 있음</td></tr>
<tr><td rowspan="2">권7(望美錄 下)</td></tr>
<tr><td>누락</td></tr>
<tr><td>권8(載筆錄) ○</td><td rowspan="5">잔존 여부 미상</td></tr>
<tr><td>권9(伊州錄) ○</td></tr>
<tr><td>권10(詩) ×</td></tr>
<tr><td>권11(貞元錄) ○</td></tr>
<tr><td>권12(關西錄) ×</td></tr>
</table>

목판본 《번암집》 권차	《일가소》 권차
권13(含忍錄 上) ○	잔존 여부 미상
권14(含忍錄 下)	
권15(詩) ×	
권16(詩) ×	
권17(稀年錄 上 ×) 臨湍錄 ○	
권18(稀年錄 中) ×	
권19(稀年錄 下) ×	
산문 목록 생략	

* ○, ×는 각 권차 앞에 서문(序文) 유무 표시임

《일가소》의 권차는 목판본 《번암집》에서 2권의 문집을 뺀 권차와 정확히 일치한다. 이것은 정조가 채제공의 문집에서 산견되는 국왕 관련 시문을 한 군데에 모아서 별도의 권차로 묶어 권수에 두라고 하였고, 목판본으로 문집을 간행할 때 그 시문들을 묶어 권1 '갱화록'과 권2 '영은록'으로 출판했기 때문이다. 따라서 이 과정을 역으로 생각하면 그가 생전에 자편해 둔 문집의 편차를 추정할 수 있다. 현재 남아 있는 《일가소》 영본 1책은 채제공이 1747년(영조23) 익릉 별검(翼陵別檢)으로 부임하면서부터(권3), 삼척 유배에서 풀려나기 전인 1752년까지의 시가 실려 있다.

한 가지 흥미로운 점은 《일가소》가 현존 목판본 《번암집》과 대체로 비슷한 편차임에도 의미 있는 차이를 보여 준다는 것이다. 먼저 《일가소》 권3 표지에 적혀 있는 '풍악록'이라는 권차명에 주목해 보기로 한다. 채제공은 1749년 사관으로서 오대산 사고에 포쇄하러 갔다가 금강산을 유람한 적이 있다.

이때 금강산에서 지은 시들을 '풍악록'이라고 명명한 것으로 보인다. 그런데 목판본 《번암집》에는 이 권차명이 없다. 왜냐하면 《일가소》

권3(목판본 권5)에 실린 시들은 고양(高陽)에서 익릉 별검으로 지내던 시절에 지은 것, 금강산에서 지은 것, 아내를 잃고서 지은 것이 모두 함께 실려 있어서 한 가지 제목으로 묶어 편차하기가 어렵다. 그러서 목판본 《번암집》은 권차명 없이 권5 시(詩)로 편차되어 있다.

그리고 《일가소》 권3에는 목판본 《번암집》 권5에 실리지 않은 시 3수가 실려 있다. 영조의 은혜를 입은 사건과 관련된 시라서 출간 시 목판본 권2 '영은록'으로 편차를 옮겼다. 목록은 아래와 같다.

○무진년(1748, 영조24) 섣달 한림에 제수되어
戊辰臘月 拜翰林

○5월에 명을 받들어 오대산 사고의 사서(史書)를 포쇄(曝曬)하였다. 과거 숙종 기사년(1689, 숙종15) 당시 조고 구봉 공께서 한림으로서 오대산의 사서를 포쇄한 이후 지금 한 갑자가 돌았는데, 불초가 그 뒤를 이었다. 감회가 일어 절구 한 수를 읊어 한림의 고사에 대비한다 기사년(1749, 영조25)
五月 承命曬史五臺 往在肅宗己巳 王考九峯公 以翰林曬五臺史 今一甲周 而不肖繼之感吟一絶 以備翰苑故事 己巳

○7월에 환경전에서 야대하는 은총을 입었는데, 나는 좌사(左史)로 참석하였다. 〈숙야잠〉 강독이 끝난 뒤에 어찬을 내려 주고 이어 풍악산과 오대산의 승경을 유람한 일을 물어보셨다. 야고(夜鼓)가 세 번 울린 뒤에야 자리를 파하였다. 동료 황씨 인검 에게 이 시를 읊어 보여 줌으로써 은총에 감격하는 마음을 부친다
七月 蒙賜夜對於歡慶殿 余以左史與焉 講夙夜箴訖 宣御饌 仍下詢楓岳五臺勝賞 夜三鼓乃罷 吟示黃僚 仁儉 以寓感恩之忱

목판본에서 편차를 옮긴 3수의 작품 외에 채제공 본인이 산삭하라고 한 작품이 《일가소》 권3에 실려 있다. 〈봉간경재권령(奉簡敬齋權令)〉 1수, 〈권령사첩견기의수봉화(權令四疊見寄依數奉和)〉 3수가 그것인데, 〈봉간경재권령〉 시 제목 상단에 네 수를 모두 빼라는 뜻의 '四首竝刪'이라는 두주가 적혀 있다. 이 밖에 금강산을 유람하며 지었던 〈보덕굴(普德窟)〉 시도 산삭하라는 표시가 있다. 이상의 작품은 채제공이 산삭하라는 지시대로 목판본 간행시에 누락하였다.

또한 《일가소》 권4 '망미록'도 편차에 다른 점이 있다. '망미록'은 채제공이 아내의 무덤을 쓰는 과정에서 홍봉한 집안의 후원을 받는 액정서 관원 일가와 갈등이 있어 삼척으로 유배되었을 때 지은 시 모음집이다. 목판본에는 권6 '망미록 상', 권7 '망미록 하' 2권으로 분리된 '망미록'이 《일가소》에는 1권으로 편차된 것이다. 수록 작품 수도 《일가소》에는 목판본 권7의 〈송라정사후(松羅亭射帿)〉까지만 실려 있다. 목판본 《번암집》에는 그 뒤에도 삼척 유배 시기에 지은 시들이 권7에 약 27제 54수가 더 있다.

그리고 《일가소》의 작품 수록 순서가 목판본과 다른 경우가 있는데, 목판본의 권6에서 권7로 넘어가는 부분이 그러하다. 목판본 권6 '망미록 상'은 〈조기람경 우빈유수경백자 명동자섭지 감회부시(朝起覽鏡 右鬢有數莖白者 命童子鑷之 感懷賦詩)〉 2수로 끝이 나고, 권7 '망미록 하'가 〈차운사홍학사성원견신(次韻謝洪學士聖源見訊)〉, 〈차운사강릉임사군위궤존(次韻謝江陵任使君瑋餽存)〉 순으로 시작된다. 그런데 《일가소》 권4의 이 부분은 목판본 권7의 처음 두 시가 목판본 권6의 맨 마지막 시보다 앞에 편차되어 있다. 이본 간 편차 비교는 표2와 같다.

표2 목판본 《번암집》과 《일가소》 편차 비교

<table>
<tr><th>목판본 《번암집》</th><th>《일가소》</th></tr>
<tr><td>권6 望美錄 上
(전략)
病中草謝玉壺勤速
環流堂夜集拈韻同賦
朝起覽鏡 右鬢有數莖白者 命童子鑷之 感懷賦詩 二首
(卷6終)</td><td rowspan="2">樊巖稿 卷之四 望美錄
(전략)
病中草謝玉壺勤速
次韻謝洪學士聖源見訊
環流堂夜集拈韻同賦
次韻謝江陵任使君瑋餽存
朝起覽鏡 右鬢有數莖白者 命童子鑷之 感懷賦詩 二首
除夕閉戶愁坐 玉壺公步至 携入七分堂 拈各體韻 卽席走草
又成五律</td></tr>
<tr><td>권7 望美錄 下
次韻謝洪學士聖源見訊
次韻謝江陵任使君瑋餽存
除夕閉戶愁坐 玉壺公步至 携入七分堂 拈各體韻 卽席走草
又成五律</td></tr>
</table>

'일가소'라는 표제가 붙어 있는 점, 〈어정범례〉에 따라 설정된 '영은록'에 편차된 시들이 이 이본에는 다른 시들과 함께 수록되어 있는 점, 목판본에는 없는 '풍악록'이라는 편차가 있는 점, 목판본에는 산삭된 채제공의 일시(逸詩)들이 수록되어 있는 점, 목판본과는 시의 수록 순서가 약간 차이를 보이는 점 등으로 볼 때 이 이본이 목판본 이전에 정리된 초고본의 하나임은 거의 확실하다. 《번암집》 초고본을 산정한 인물이 여러 사람일 수 있겠으나 타인의 글을 두고 '한번 웃을 만한 거리'라는 뜻의 표제를 붙일 수는 없었을 것이니, 채제공이 이 초고본을 자편했을 가능성이 높다.

그렇다면 채제공이 이 책을 편찬한 시기는 언제일까? 현재 영본 1책만 남아 있어 전모를 알 수 없기 때문에 정확한 결론을 짓기는 쉽지 않다. 다만 가능한 한 조심스럽게 편찬 시기를 추정해 보기로 하자.

《일가소》 앞뒤 표지 이면에는 고문서 첩정이 필사되어 있다. 앞면 표지 이면에는 문서의 발신 일자가 1769년(영조45) 2월 8일로 되어 있는 첩정이 필사되어 있다. 뒷면 표지 이면에는 함경도 단천 도호부사(端川都護府使)가 관찰사에게 올린 첩정이 필사되어 있다. 이 시기는 마침 채제공이 함경도 관찰사로 재직한 1768년 겨울에서 1769년 여름까지의 기간과 부합한다.

물론 표지 이면의 첩정만으로 편찬 연도를 1769년 2월로 한정할 수는 없지만 적어도 이 문집이 1769년 이후에 편찬된 것은 분명하다. 1769년 이후의 어떤 시점에서 작품을 한 번 정리해서 필사본 형태의 초고로 남긴 것으로 보는 것이 옳다. 즉 정조가 1791년(정조15) 《번암집》 초고를 들이라고 하기 전에 이미 채제공은 본인 문집을 단행본의 초고 형태로 정리해 두었음을 알 수 있다.

이 지점에서 생각해 볼 수 있는 것이 《번암집》 각 권에 실려 있는 자서(自序)이다. 자서란 본인이 문집을 편찬하고 그 문집에 대해 직접 쓴 서문이므로 문집 자편의 또 다른 증거이다. 쉽게, 자서가 있는 부분까지를 자편한 것으로 보고 편찬 시기를 추정한다면 무난할 것 같은데, 실상은 그렇지 않다. 목판본 《번암집》 가운데 '단구록 상・하'(권3, 4), '망미록 상・하'(권6, 7), '재필록'(권8), '이주록'(권9), '정원록'(권11), '함인록 상・하'(권13, 14), '임단록'(권17 중 일부)에는 '자서'에 해당하는 글이 있다. 그런데 '임단록'은 채제공이 장단(長湍)으로 부처된 1792년경의 작품을 모은 시집이다. 그렇다면 1791년 이후에도 채제공이 본인의 문집을 편찬하는 작업을 계속했다고 이해하는 것이 옳다. 또한 채제공의 '관서록'은 목만중(睦萬中), 성대중(成大中)의 시와 함께 《관서기행(關西紀行)》이라는 별도의 책으로 유통되었다. 이 역시 채제공의 시가 작품집 형태로 존재했음을 알게 해 주는 사례이다.

더욱이 《일가소》 권4의 '망미록'은 목판본 《번암집》 2권 분량(권6, 권7)을 한 권으로 편차했는데, 목판본보다 수록 작품 수가 적다. 이 사실은 목판본 《번암집》의 초고본 이전에 다른 계열의 초고본이 존재했을 가능성을 시사한다. 채제공의 정치적인 위상으로 미루어 볼 때 그의 글을 구해 읽으려는 문인과 후학들의 수요가 있었고 그가 여기에 대비하여 자신의 글을 정리했으리라고 짐작해 볼 수 있다. 이상의 여러 가능성을 고려할 때 《번암집》 초고는 여러 차례 수정을 거친 여러 본이 있었을 것으로 추정해도 무리가 없을 것이다. 따라서 현재로서는 영본 1책만 발견되었다는 자료적 한계 때문에 표지 이면의 첩정이 쓰인 연도인 1769년(영조45)을 《일가소》 편찬 시기로 잠정적으로 추정하고 이를 뒷받침할 다른 자료가 나오기를 기대한다.

정조가 《번암집》 범례를 정해 준 것은 채제공 사후의 일이다. 1799년(정조23) 가을 정약용(丁若鏞), 이가환(李家煥) 등이 그의 시문을 교정하고 정리하여 올리니 정조가 범례를 내려 주었고, 이에 따라 1800년 4월경 이정운(李鼎運), 최헌중(崔獻重), 한치응(韓致應) 등이 《번암집》 편차를 완성하였다.

그런데 정조 사후 1801년(순조1) 천주교 박해 사건으로 채제공의 관작이 추탈되었다. 1806년 심규로(沈奎魯), 한치응, 윤필병(尹弼秉) 등이 채제공을 신원(伸冤)해 달라고 연명으로 상소하였지만 좀처럼 받아들여지지 않았다. 1823년(순조23)이 되어서야 홍시제(洪時濟)가 상소하여 관작을 회복할 수 있었다.

문집이 간행된 것은 1824년이다. 채제공의 당질인 유태좌의 《학서집(鶴栖集)》과 국학진흥원(안동)에 소장되어 있는 《간소일기(刊所日

記)》를 참조하면, 그의 아들 채홍원(蔡弘遠)이 영남 사대부들의 협력을 얻어 안동에서 《번암집》을 간행한 것이 확인된다. 1823년 7월 8일 도산서원에서 열린 '시사단비(試士壇碑) 중건(重建)을 위한 도회(道會)'에서 《번암집》 간행을 위한 논의가 시작되었다. 같은 해 10월 20일에는 간역을 담당할 임원을 정하였다.

1824년 1월 17일 봉정사 도회에서 간소(刊所)를 정하고, 4월 1일 도청소(都廳所)를 설치하였다. 풍안군(豐安君) 유상조(柳相祚)가 도도감(都都監)을 맡았다. 유상조는 유성룡 집안의 종손으로 채제공의 당질인 유태좌와는 사촌 간이다. 1824년 4월 16일 해고(海皐) 이광정(李光庭) 집안의 종손이자 이우당(二憂堂) 이만원(李萬元)의 고손인 이관기(李寬基)가 《번암집》을 판각하기 위해 원고를 가지고 간행소에 내려왔다. 이관기는 채제공과 육촌 형제 간이자, 채홍원의 생부인 채민공(蔡敏恭)의 사위이다. 안동 봉정사에서 《번암집》 간역이 이루어졌고, 판목도 이곳에 보관하였다. 이처럼 《번암집》 간행은 채제공의 후손, 영남 사대부, 그의 문인들의 총체적인 협력하에 이루어진 19세기 남인의 일대 간행 사업이었다.

3. 《번암집》의 주요 내용

《번암집》 맨 앞에는 정조의 어제 시문이 있다. 정조는 어정서 89종 약 2500권, 명찬서 66종 약 1500권을 편찬할 만큼 학문이 뛰어난 군주였다. 그런데 정조가 개인 별집을 편찬하거나 간행해 준 것은 10종이 넘지 않는다. 문집을 열람하고 글을 내려 준 것은 서명응(徐命膺)의

《보만재집(保晩齋集)》과 《번암집》이 특별한 예이다.

다음으로 〈어정범례〉가 실려 있는데, 정조는 이 범례에서 어제와 국왕과 관련된 시문을 별도의 권차로 편찬할 것을 명하였다. 그 하교에 따라 '사륜'과 '어찰'이 권수(卷首)에, '갱화록'(권1)과 '영은록'(권2)이 별도로 편차되어 있다.

권3~19에는 시가 수록되어 있다. 권3의 초반부는 채제공의 초기작이고, 후반부는 '단구록 상(丹丘錄上)'이다. 채제공이 혼례 다음 날 오광운(吳光運)의 집에서 열린 시회(詩會)에 참석하여 강박(姜樸)의 인정을 받은, 다음 시도 실려 있다.

검푸른 빛이 창에 붙어 그윽하게 숲을 이루었는데	翠黛連窓窈作林
산들바람이 비를 몰아오니 온 뜰이 어둑하네	小風吹雨一庭陰
비록 구불구불 서린 소나무가 앞을 막고 있지만	縱成屈曲當前障
솟구쳐 위로 향할 마음을 잊지 않았다네	不忘升騰向上心
세속을 차단하니 안개 빛이 아득하고	闤闠教遮煙色遠
가지 사이를 비집고 달빛이 스며드네	枝柯偸豁月光侵
어디선가 새는 병풍 속의 그림을 알아보고서	幽禽認是屛間畫
신기하게도 때때로 좋은 울음소리 보내네	怪底時時送好音

〈약산 댁에서 국포 강박 어르신이 '청송 병풍'으로 제목을 정하고 운자를 불러 주시기에 그 자리에서 지어 올리다〔藥山宅 菊圃令丈 姜公樸 以靑松障命題呼韻 卽席草呈〕〉, 《번암집》 권3 (235 : 79)

강박은 "구불구불 서린 소나무가 앞을 막고 있지만, 솟구쳐 위로 향할 마음을 잊지 않았다네."라는 구절을 특히 훌륭하다고 평하였다.

시구에 힘이 있고 굳센 기상이 잘 나타나 있기 때문이다.

권3 후반부의 '단구록 상(丹丘錄上)'과 권4 '단구록 하'는 1743년(영조 19)부터 1746년 사이에 단성 현감(丹城縣監)으로 부임하는 부친의 임소에 따라가서 지은 작품이다. 당시 채제공은 문과에 급제하고 유가(遊街)를 마친 뒤 홍성에 있는 선영을 참배한 뒤 임소에 따라갔다. 이 권에는 부친 채응일(蔡膺一)의 시도 부록되어 있다. 권4에 실려 있는 오광운에 대한 102운의 만사 〈약산선생만 102운(藥山先生挽一百二韻)〉은 남인의 문학사적 흐름을 인식한 시로, 남인 문학사라 평가할 만한 작품이다. 백운만시는 채팽윤(蔡彭胤), 권만(權萬), 채제공, 이헌경(李獻慶), 정범조(丁範祖), 신광하(申光夏) 등 주로 남인 문인이 집중적으로 창작한 문학 성과이다. 남인의 자기 정체성과 도통 의식을 문학적 결과로 보인 것이 백운만시이다.[6] 또한 이 시기의 작품 중에 고시와 연작시가 많은 것도 주목할 만하다.

권5는 1747년부터 1751년경의 작품이다. 익릉 별검(翼陵別檢)으로 있으면서 친지들과 지은 시가 있고, 오대산 사고에 포쇄를 다녀오는 여정에 지은 시가 실려 있다. 이 시기 이헌경이 김천 찰방(金泉察訪)으로 부임하는 것을 전송한 작품을 보면 그가 두보(杜甫) 시풍을 모의(模擬)하며 기상이 높은 시를 지으려 했다는 것이 잘 드러난다.

땅은 신라국과 갈리고	壤割新羅國
하늘은 조령성에 달라붙어 있네	天黏鳥嶺城

6 백운만시에 대해서는 백승호, 〈번암 채제공 문학 연구〉, 서울대학교 석사학위논문, 2006, 40-42쪽 참조.

장기와 안개 속에 역마가 나타나고 瘴煙開馹騎
구름과 나무 위로 문성이 나오네 雲木出文星
용이 늙어서 폭포 물결이 검푸르고 龍老湫紋黑
단풍이 흐드러져 산 기색이 훤하겠지 楓酣嶽氣明
모름지기 알겠노라 두보 같은 필력이 須知少陵筆
각기 형상에 따라 기변할 것을 奇變各隨形

〈김천 찰방으로 부임하는 이몽서를 전송하며〔送李夢瑞之任金郊驛〕〉, 《번암집》 권5 (235 : 117)

인용한 바와 같이 그는 수련(首聯)에서 지명으로 파제(破題)하면서 두보의 〈등악양루(登岳陽樓)〉 시의 구법을 점화하였다. 젊은 시절 두보 시의 기상을 배우려 했던 흔적으로 보인다.

또한 1751년(영조27) 연초에 아내를 잃고서 지은 시는 애절함이 가득한 작품으로, 주목할 만하다. 그는 1750년 가을 부친의 경상도 병산(屛山) 임소로 누이와 함께 떠났다. 이미 배가 닭이 부른 부인은 함께하지 못했다. 이듬해 1월 폭설이 내린 날 채제공은 병산에서, 아내가 죽었다는 의외의 소식을 들었다. 그녀는 산후 후유증으로 젊은 나이에 세상을 등졌다. 그때 낳은 아이도 얼마 살지 못하고 죽었다. 〈조령(鳥嶺)〉, 〈독야서회(獨夜書懷)〉, 〈백저행(白紵行)〉 등의 작품은 아내에 대한 깊은 사랑과 그녀를 잃은 상심을 진솔하게 표현한 도망시(悼亡詩)의 수작이다.

권6~7은 '망미록(望美錄)'이다. 아내의 산소를 쓰는 문제로 중인(中人)과 산송을 벌이다가 1751년(영조27) 삼척(三陟)에 유배된 채제공은 삼척 부사 옥호(玉壺) 정하언(鄭夏彦)과 함께 삼척 일대를 유람하며 시를 지었다. 이 시기 주목할 만한 작품은 〈미수허선생동해비가(眉叟許先生東海碑歌)〉이다. 미수(眉叟) 허목(許穆)이 지은 〈동해송(東海頌)〉에 의미를 부여하고 허목의 상고주의(尙古主義)가 갖는 정치적 효과를 최대한 활용하기 위하여 고(古)의 이미지를 문학적으로 잘 표현하였다.[7]

권8은 '재필록(載筆錄)'이다. 채제공은 1754년 함경북도 병마 평사로 부임하였다. 회령에서는 증광 감시를 주관하였고, 부령에서는 동당시를 주관하였다. 이로 인하여 육진을 두루 순찰하였다. 그는 채시관의 채록에 대비한다는 '관풍찰속(觀風察俗)'의 뜻을 담아 권차를 '재필록'이라 명명하였다. 이 시기 함흥에서 만난 노기(老妓) 가련(可憐)의 일을 읊은 시[8]가 주목할 만하다. 젊었을 적 권흠(權歆)에게 마음을 주고 평생 절의를 지킨 가련을 칭송하는 4수의 연작시이다. 이 시는 기생 가련의 정절을 기려 그녀의 명성을 높여 주었다. 기생과 같은 사회적 소수자들을 중세적 지배 질서의 테두리 안에 포섭하려 했다는 점에서 관료이자 문인인 채제공 문학의 성격이 잘 드러난다.

권9는 '이주록(伊州錄)'이다. 1756년(영조32) 채제공은 이천 도호부사(伊川都護府使)에 제수되었다. 1758년까지 이곳을 다스리면서 급암(汲黯) 같은 와치(臥治)에 도움이 되도록 작품을 창작했다는 의도를 권두에 피력하였다. 목민관으로 재직하면서 시를 지은 것이 단순히

7 〈미수허선생동해비가〉에 대한 분석은 백승호, 〈정조시대 정치적 글쓰기 연구〉(서울대학교 박사학위논문, 2013, 90–92쪽) 참조.

8 〈咸興老妓可憐年八十有四 唱〈出師表〉, 誦古人詩什不錯字. 間以譚諧皆理勝, 足令人警省. 薦紳士以女俠稱之, 固也. 然余所以賞愛可憐, 蓋有所感者存焉. 此則當憐與余知之爾.〉, 「載筆錄」, 《樊巖集》 권8(235 : 164)

음풍농월한 것이 아니라 민심을 살피고 고을의 풍속을 살피는 일환이었음을 서문에서 밝힌 것이다. 이 권에서는 이천의 풍속을 읊은 기속시(紀俗詩)를 주목할 만하다. 이천 북쪽에 있는 광복산의 풍물을 읊은 〈광복행(廣福行)〉, 웅이탄을 읊은 〈웅이탄가(熊耳灘歌)〉, 그리고 죽지사(竹枝詞) 형식의 18수 연작시인 〈이주잡영용기속체(伊州雜詠用記俗體)〉 등이 뛰어나다.

권10은 별도의 제목 없이 1760년대 작품을 모은 부분이다. 이 권에서는 채제공이 스승 오광운의 역할을 계승하여 약봉(藥峯) 풍단(楓壇)에서 시회를 열고 문인 간의 단합을 꾀하는 모습이 잘 드러나 있다. 특히 탁남(濁南)의 후손인 유하원(柳河源)과 북인 계열 문인들까지 포용하는 모습에서 그가 시회를 통해 남인의 결속을 다지고자 했음을 엿볼 수 있다.

권11은 '정원록(貞元錄)'이다. 이 권은 1773~1774년 사이 남산 자락 보은동(報恩洞) 그의 집에서 벌였던 시회의 기록물이다. 그는 이때 호조 판서이자 약원 제조(藥院提調)로서 영조의 건강을 책임지고 있었다. 영조가 건공탕(建功湯)을 하루 세 번 복용하였기 때문에 그는 일찍 출근해서 밤늦게 퇴근할 수밖에 없었다. 그럼에도 그는 매일 밤 새벽까지 시사 구성원들과 시회를 열었다. 이 시회에 언급된 30명의 문인 가운데 문과 급제자가 20명, 소과에 입격한 인물이 7명이나 되니 문학을 통해 결속을 꾀한 시회의 성과가 대단했다고 하겠다. 후일 수당(修堂) 이남규(李南珪)가 채제공의 '정원록'을 사모하여 '속정원록'을 만들었을 정도이니 그 파급력을 짐작할 수 있다.

권12는 '관서록(關西錄)'이다. 1774~1775년 평안도 관찰사로 재직할 때 지은 시가 수록되어 있다. 재임 기간 중에 목만중이 찾아와 압록강 일대를 순시하기도 하였는데 운산 군수(雲山郡守) 성대중(成大中)도 이 행차에 함께하였다. 이때 세 사람이 수창한 시문이 《관서기행(關西紀行)》이라는 별도의 단행본으로 유통되었다.

권13~14는 '함인록(含忍錄)'이다. 1778년(정조2) 사은 겸 진주 정사(謝恩兼陳奏正使)로 연행했을 때의 시를 모았다. 주자(朱子)의 이른바 '마음 아프고 원통하여 절박함을 어찌할 수 없다.〔忍痛含冤 迫不得已〕'라는 구절의 뜻을 담아 사행의 풍광과 고사, 존주대의(尊周大義)의 뜻을 담아 지은 작품들이 수록되어 있다.

권15~16에는 1778년부터 1788년 우의정이 될 때까지의 작품이 실려 있다. 1780년대에 그는 정치 일선에서 물러났지만 동대문 밖 명덕동(明德洞)에서 고시를 수창하는 시회를 열었다. 그의 스승 강박이 남대문 밖 서천(西泉)에서 매사(梅社)를 열고 고시를 지은 적이 있는데, 그도 이를 계승하였다. 권16에 수록된 〈세모행(歲暮行)〉, 〈한우행 증목유선(寒雨行贈睦幼選)〉 같은 작품들은 번사(樊社)라고 일컫던 이 시회에서 지은 고시이다. 그 밖에도 목만중, 이정운, 이익운(李益運) 등 여러 문인과 수창하면서 1780년대에 계속된 시회의 모습을 알 수 있게 해 주는 작품들이 실려 있다.

권17은 '희년록 상(稀年錄上)'과 장단에 부처되었을 때 지은 작품 모음집인 '임단록(臨湍錄)'이다. 1789년(정조13)부터 1793년까지의 작품이 수록되어 있다. 권18은 '희년록 중'이다. 1793년부터 1796년까지의 작품이 실려 있다. 이 시기는 본격적인 화성 성역이 진행되던 시기이다. 낙남헌, 방화정, 채로헌 등을 지나면서 지은 작품이 주목할 만하다. 권19는 '희년록 하'이다. 1797년경부터 1799년까지의 작품이 실려 있다.

권20~27은 소차(疏箚)이다. 남인들은 채제공의 상소문을 모범으로 여겼다고 한다. 1755년(영조31) 을해옥사, 이른바 나주괘서 사건을 엄히 다스릴 것을 청하는 상소인 〈적소무인정법후 사좌승지서(賊邵誣人正法後辭左承旨書)〉, 1768년 강지환이 상중에 사사로이 백일장을 열었다는 무함을 하자 이에 대해 자신의 입장을 밝힌 〈홍문제학시 변강지환무욕소(弘文提學時辨姜趾煥誣辱疏)〉, 1776년 영조의 어제 어필을 교정하여 올린 공로로 보국대부의 가자를 받은 것을 사양하는 〈사보국승자소(辭輔國陞資疏)〉, 1780년 조시위가, 채제공이 홍국영과 내응했다는 혐의를 아뢴 일로 인해 올린 1789년 〈인조시위연주 사호조판서소(因趙時偉筵奏辭戶曹判書疏)〉, 김우진(金宇鎭)·조시위와 결탁한 죄가 있는 이재간(李在簡)을 엄벌할 것을 청한 〈신청재간쾌시방헌차(申請在簡快施邦憲箚)〉, 1791년 진산 사건과 관련하여 서학을 엄금하고 홍낙안의 일을 논한 〈청엄징서양사학 잉논홍낙안차(請嚴懲西洋邪學仍論洪樂安箚)〉, 1793년 화성 유수 재직 중 영의정에 제수되자 사도세자를 무함하는 세력에 대한 토죄를 청한 〈재화성유영 사영의정소(在華城留營辭領議政疏)〉 등이 주목할 만한 정보를 담고 있다.

권28은 서계(書啓), 권29는 헌의(獻議), 권30~31은 계(啓)이다.

권32~33에는 서(序) 53편이 수록되어 있다. 이 서문 가운데서 채제공이 문학을 통해 남인의 결속을 제고하려는 의도가 보이는 글이 주목할 만하다. 권33 소재 〈만와집서(晩窩集序)〉는 영남에 뛰어난 인재가 있음에도 조정에서 영남의 인재를 발탁하지 않는 현실에 대해 개탄한 내용이다. 권32 소재 〈대소헌집서(大笑軒集序)〉, 권33 소재 〈낙원집서(樂園集序)〉는 남명학파의 세력권에 있던 진주(晉州), 함안(咸安), 안음(安陰) 일대의 북인 계열 문인들을 포섭하려는 의도가 보이는 글이다. 또한 〈여사서서(女四書序)〉는 서쾌(書儈)의 존재를 직접적으로 언급하여 조선 후기 소설 유통의 시기를 가늠해 볼 수 있는 자료적 가치가 있는 글이다. 권33 소재 〈해봉집서(海峯集序)〉는 승려의 문집에 쓴 서문인데, 엄정한 정통 고문을 사용하며 심유적불(心儒跡佛)의 논리로 해봉이라는 승려를 평가하였다.

권34~35는 기(記) 50편이다. 우선 정조에게 하사품을 받은 내력을 적은 〈사궁기(賜弓記)〉, 〈사조기(賜租記)〉, 〈사미기(賜米記)〉, 〈사어기(賜魚記)〉, 〈사마기(賜馬記)〉 등이 눈에 띄는 작품이다. 〈사궁기〉를 제외하고 나머지 기문은 1780년대 정계에서 물러나 있을 때 지은 것이다. 대체로 하사품을 받은 은혜에 감읍하는 내용이지만 그 이면에는 이러한 기문을 통해 상대 당파의 논척에도 불구하고 국왕이 변함없이 자신을 신뢰하고 있음을 보이려는 의도가 엿보인다. 채제공이 명덕동에서 은거한 상황을 알 수 있게 해 주는 기문으로는 권34 소재 〈연명헌기(戀明軒記)〉, 〈춘성당기(春星堂記)〉, 〈적취정기(積翠亭記)〉, 〈와룡폭기(臥龍瀑記)〉, 〈수옥대기(漱玉臺記)〉, 〈명덕동기(明德洞記)〉가 있다. 18세기 정원 문화의 취향을 알 수 있게 해 주는 기문으로는 〈우화재기(寓花齋記)〉, 〈조원기(曹園記)〉, 〈공회정기(公會亭記)〉, 〈중유조원기(重遊曹園記)〉, 〈유오원기(遊吳園記)〉 등이 있다.

권36은 서(書) 21편이다. 〈경봉어찰승명상복서(敬奉御札承命上復書)〉는 정조의 어찰에 대한 답신이다. 권수 하에 실린 어찰과 함께 정조와 채제공 사이에 서신이 왕래했음을 확인해 주는 자료이다. 이 밖에 정범조(丁範祖), 정충필(鄭忠弼), 이헌락(李憲洛), 김점(金漸), 성대중(成大中), 최흥원(崔興遠), 이현정(李顯靖), 이헌경(李獻慶), 이한주(李漢舟), 이한기(李漢紀), 김종덕(金宗德), 윤지범(尹持範),

유범휴(柳範休), 이진호(李鎭祜), 최헌중(崔獻重), 이세백(李世佰), 이경(李熲), 최식(崔湜) 등에게 보낸 편지가 수록되어 있다.

권37~38에는 제문(祭文) 86편, 애책문(哀冊文) 1편, 애사(哀辭) 1편이 수록되어 있다. 정조가 현륭원에 제사를 지낼 때 올린 〈현륭원친제문(顯隆園親祭文)〉과 이덕형(李德馨), 오광운 등에 대해 저자가 관료로서 쓴 치제문과 외숙 이지억(李之億), 생질 이유사(李儒師), 재종제 채민공(蔡敏恭), 서자 채홍근(蔡弘謹), 첫째 부인 동복 오씨(同福吳氏), 둘째 부인 안동 권씨(安東權氏) 등에 대해 개인의 처지에서 쓴 제문과 유항주(兪恒柱) 등 동료, 후배 문인들에 대해 쓴 제문이 실려 있다. 〈인숙원빈애책문(仁淑元嬪哀冊文)〉은 홍국영의 누이 원빈(元嬪)에 대한 애책문이다. 이 글에는 상소문이 부록되어 있다. 원래 채제공은 애책문에 원빈이 '죽었다'는 표현을 '서(逝)'로 썼다. 그런데 서명선(徐命善)이 이를 '훙(薨)'으로 고치도록 하였다. 이러한 전말을 적고 이것이 불가하다는 자신의 소견을 적은 것이 상소문의 주요 내용이다. 이는 1780년대 서명선과 채제공이 대립하게 된 한 단초를 보여 주며, 후일 채제공이 정조로부터 의리 주인으로 평가받게 되는 근거가 되는 중요한 글이다.

권39~43에는 행장(行狀) 6편, 시장(諡狀) 22편이 수록되어 있다. 이준(李埈), 문경호(文景虎), 채명윤(蔡明胤), 이형상(李衡祥), 권세숙(權世橚), 문위세(文緯世) 등에 대한 행장과 이양원(李陽元), 최흥원(崔興源), 이관징(李觀徵), 조변(趙抃), 이징귀(李徵龜), 윤돈(尹暾), 김찬(金瓚), 이상의(李尙毅), 이지완(李志完), 권이진(權以鎭), 권상일(權相一), 이태화(李泰和), 이기(李墍), 오광운(吳光運), 이연경(李延慶), 정기원(鄭期遠), 구인문(具人文), 우성전(禹性傳), 김준

룡(金俊龍), 유혁연(柳赫然), 한흥일(韓興一), 이익필(李益馝) 등에 대한 시장이 수록되어 있다.

권44~55에는 신도비명(神道碑銘) 26편, 묘갈명(墓碣銘) 58편, 묘지명(墓誌銘) 9편, 묘표(墓表) 8편, 유사(遺事) 1편, 전(傳) 14편이 수록되어 있다. 이만원(李萬元), 최현(崔晛), 이동표(李東標), 김응남(金應南), 김면(金沔), 김연(金緣), 양희지(楊熙止), 권대운(權大運), 이해(李瀣), 강석빈(姜碩賓), 권도(權濤), 손중돈(孫仲暾), 이익필(李益馝), 심희수(沈喜壽), 김귀영(金貴榮), 유하익(兪夏益), 이무(李袤), 김륵(金玏), 이준(李埈), 이원정(李元禎), 박신규(朴信圭), 김경서(金景瑞), 이산해(李山海), 이경전(李慶全), 심대(沈岱), 정운유(鄭運維)의 신도비명이 실려 있다. 정붕(鄭鵬), 박의장(朴毅長), 김성탁(金聖鐸), 김낙행(金樂行), 이수일(李秀逸), 이만성(李萬成), 이익(李瀷), 이상정(李象靖), 심득원(沈得元), 김부륜(金富倫), 김해(金垓), 이현조(李玄祚), 정극후(鄭克後), 정시윤(丁時潤), 유정원(柳正源), 정재원(丁載遠), 이광정(李光庭), 이구(李久)의 묘갈명이 수록되어 있다. 이처럼 다수의 묘도문자를 작성하면서 채제공은 남인이 하나의 집단으로 결속력을 갖는 데 구심점 역할을 하였다. 전(傳)의 경우 협객 이충백의 전기인 〈이충백전(李忠伯傳)〉, 표류민의 전기인 〈신기쇠전(辛起金傳)〉, 종복의 전기인 〈애남전(愛男傳)〉·〈칠푼전(七分傳)〉, 제주도민을 구휼한 만덕의 전기인 〈만덕전(萬德傳)〉 등이 주목할 만한 작품이다.

권56에는 발(跋) 14편이 수록되어 있다. 〈내원갱재첩발(內院賡載帖跋)〉, 〈어원갱시첩발(御苑賡詩帖跋)〉, 〈어정양경수권발(御定兩京手圈跋)〉처럼 관각 문인의 사명을 다한 작품이 주목할 만하다.

권57에는 비(碑) 13편이 수록되어 있다. 〈도산시사단비명(陶山試士壇碑銘)〉은 정조의 영남 남인 우대책의 일환으로 도산서원에서 선비들을 시험한 일을 기념하여 작성한 글이다.

권58에는 명(銘) 24편, 송(頌) 2편, 찬(贊) 12편, 반교문(頒敎文) 1편, 전(箋) 1편, 장(狀) 2편, 상량문(上樑文) 4편, 설(說) 4편이 수록되어 있다. 명은 벼루, 붓, 먹, 책대, 서가, 평상, 죽장, 부채, 연적, 파리채, 베개, 휘장, 술잔, 촛대, 보료, 빗자루, 필갑, 거울갑 등 일상 기물에 부친 글들로, 기물명(器物銘) 연구 자료로 적합하다. 찬은 현전하는 초상화의 찬이 주목된다. 상량문은 영월의 자규루(子規樓), 화성(華城) 팔달산(八達山) 장대(將臺), 화산(花山) 용주사(龍珠寺)에 대한 상량문이 주목된다. 설 가운데 〈안화설(案花說)〉은 평안도 관찰사 재직 시절 강계부에 순행 갔다가 밥상에 놓인 비단 꽃장식에 얽힌 일화를 서술한 글로, 위정자의 처신을 경계하는 흥미로운 내용이다.

권59는 잡저(雜著)이다. 〈서이상국수작(書李相國酬酢)〉은 소론 이종성(李宗城)과 채제공의 관계를 뒷받침해 주는 자료이다. 그 밖에 〈경서미수허선생소진(敬書眉叟許先生小眞)〉, 〈독악의전(讀樂毅傳)〉, 〈서연초재오공시참(書燕超齋吳公詩讖)〉 등의 글도 주목할 만하다.

채제공은 국가와 정파를 이끌어 간 18세기 문인이다. 18세기는 문학사에서 개성과 참신함을 추구한 시기로 평가된다. 그러나 그의 글은 당대의 문풍과 달리, 국왕 정조의 정치를 보필하는 경세적 성격을 지녔다. 그리고 동당(同黨)의 문인들에게 모범적 성격을 띠었다. 동시대에 활약했던 다른 재상들과 비교해 보아도, 채제공의 글에서는 백성의 고난을 임금에게 알리고 사대부로서 자신을 반성하며 사회적 약자에 관심을 기울이는 경세가로서의 면모가 두드러진다. 이러한 그의 문학적 성과가 있었기에 동당의 후배인 정약용에 이르러 수준 높은 사회시와 애민시가 창작될 수 있었던 것이다. 이 번역서를 통해 이와 같은 채제공의 문학과 경세의식이 널리 알려지기를 기대한다.

어제시 御製詩

임금이 번암시문고에 쓰다 御製御筆 書樊菴詩文稿

정조 正祖

호걸스러운 기상으로 써 내려간 필력 굳세니	傑氣驅來筆力勍
그대의 초상화를 대하고 있는 듯하네	七分如對畫中卿
치달리는 곳에는 거센 파도의 기세가 있고	奔騰處有浪濤勢
비분강개한 때에는 비장한 내용이 많도다	慷慨時多燕趙聲
북극의 풍운은 만년의 계합(契合)에 빛나고[1]	北極風雲昭晩契
창강의 갈매기와는 예전 맹약으로 미루었네[2]	滄江鷗鷺屬前盟
호주[3] 이후로 모범이 남아 있어	湖洲以後模楷在

1 북극(北極)의……빛나고 : 북극은 임금, 풍운(風雲)은 임금과 신하가 만나는 것을 가리킨다. 채제공이 58세 되던 해에 정조가 즉위하였으므로 만년의 계합이라고 한 것이다.

2 창강(滄江)의……미루었네 : 구맹(鷗盟)이라는 고사에서 온 말이다. 갈매기와의 맹약이란, 자연에 은거하여 갈매기를 벗삼아 지내겠다는 뜻이다. 창강은 특정한 강 이름이 아니라 맑은 강을 일컫는 일반명사로 사용되었다. 송(宋)나라 육유(陸游)의 시 〈숙흥(夙興)〉에 "학의 원망은 누굴 의지해 풀거나, 갈매기와의 맹약 이미 식었을까 염려되네.〔鶴怨憑誰解, 鷗盟恐已寒.〕"라고 한 말에서 유래되었다. 여기서는 채제공이 노년에 은거하려는 뜻이 있었으나 정조를 보필하기 위해 그 뜻을 잠시 미루어 두었다는 의미이다.

3 호주(湖洲) : 채유후(蔡裕後, 1599～1660)의 호이다. 본관은 평강(平康), 자는 백창(伯昌)이다. 인조 대부터 현종 1년(1660)까지 벼슬하여 예조 판서, 이조 판서, 대사간, 대제학을 역임하였고, 《인조실록》, 《선조수정실록》, 《효종실록》 편찬에 참여하였다. 사후에 좌찬성에 추증되었고, 시호는 문혜(文惠)이다. 저서에 《호주집(湖洲集)》이 있다. 채유후가 채제공의 종고조(從高祖)이기 때문에 정조가 언급한 것이다.

다시 동산이 낙생영을 읊는 것[4]이 기쁘구나 更熹東山詠洛生

신해년(1791, 정조15) 봄

4 동산(東山)이……것 : 동산은 동진(東晉) 때 일찍이 동산에 은거했던 사안(謝安)을 가리키고, 낙생영(洛生詠)은 낙하서생(洛下書生)들의 시 읊는 소리가 무겁고 탁한 것을 가리킨다. 동진의 사대부는 대부분 중원(中原)의 구귀족(舊貴族)이었는데, 이들의 시 읊는 소리가 무겁고 탁했다. 《世說新語 輕詆》 사안은 본래 비염이 있어 시 읊는 소리가 탁하였으므로 그 소리가 마치 낙하서생이 시 읊는 소리 같았다고 한 데서 온 말이다.

어정범례 御定凡例

고 영상 채 문숙공(蔡文肅公)의 유고(遺稿)를 올리라고 명하여 여러 번 읽어 보고 의례(義例)를 그 집안사람들에게 물었다.

번암(樊巖)의 유고는 무릉(武陵)의 고사(故事)[5]에 견줄 수 있을 뿐만이 아니다. 생각건대 고인(故人)이 벼슬을 그만두고 돌아가면서 했던 한마디 말이 간곡하고 지성스러웠고, 몇 번을 거듭 읽어 보니 그 사람을 보는 것 같았다. 유서 깊은 가문의 문장(文章)에 아직도 달과 자취를 덮는 것이 있으니, 개괄해서 논한다면 문(文)은 시(詩)만 못하고 시는 사람만 못한데, 사람이 세상을 떠났으니 애석하기 그지없다. 그 글이, 작은 것은 노련하고 힘이 있으며 큰 것은 변화가 많고 장대하여 모두 단숨에 완성하고 공을 들여 꾸미지 않았으니, 그 시와 그 사람을 확실히 알 수가 있다. 이런 사람에게 이런 문이 있고 이런 시가 있는데

5 무릉(武陵)의 고사(故事) : 한(漢)나라 사마상여(司馬相如)가 병으로 벼슬을 그만두고 무릉의 집에 있을 때 천자(天子)가 이르기를 "사마상여가 병으로 위독하다고 하니 속히 사람을 보내어 그의 저서(著書)를 가져오도록 하라. 그렇게 하지 않으면 후에 그의 저서를 잃게 될 것이다." 하고 사자(使者)를 사마상여의 집에 보냈는데, 사자가 이르렀을 때에는 사마상여는 이미 죽고 그의 저술들은 모두 없어진 뒤였다. 사마상여가, 황제의 사자가 와서 찾으면 내주라고 했다는 〈봉선서(封禪書)〉를 그의 아내가 보관하고 있다가 내주었다. 《史記 卷117 司馬相如列傳》

시문(詩文)의 편차(編次)를 합당하게 해서 후세 사람들이 그의 진면목을 볼 수 있게 하지 않는다면 이것이 어찌 그 사람의 뜻을 바르게 드러내는 것이겠는가. 깔끔하게 정리해야 할 범례와 체제를 잡아야 할 분류를 아래에 열거한다.

첨지 籤紙

제20편 소차권(疏箚卷)

김문순(金文淳)[6]의 무고(誣告)를 반박하는 상소 끝에 비답(批答)을 쓰고 한 글자를 낮춰서 비망 전교(備望傳敎)를 붙인 것[7]은, 이 글을

6 김문순(金文淳) : 1744~1811. 본관은 안동(安東)이고, 자는 재인(在人)이다. 고조부는 김창집(金昌集)이고, 할아버지는 김준행(金峻行)이며, 아버지는 김이신(金履信)이다. 1767년(영조43) 과거에 급제하여 홍문관 교리, 지평, 문학, 사서를 거쳐 1779년(정조3) 대사간이 되었으며, 좌승지, 이조 참판, 대사헌을 거쳐 1782년 이조 참판이 되었다. 노론으로, 남인인 채제공(蔡濟恭)의 죄를 논하고 유배 보낼 것을 주장하다가 오히려 파직당하였다. 그러나 곧 기용되어 충청도 관찰사가 되고, 1784년 동지경연사에 이어 공조 참판이 되었다. 1789년 형조 판서가 되었는데, 1790년 강화 죄수의 처결을 지체했다는 이유로 파직되었다가 곧 예조 판서로 기용되어, 다시 형조 판서를 거쳐 한성 판윤이 되었다. 1791년 평시서 제조(平市署提調)가 되었으며 이듬해 이조 판서, 예조 판서를 거쳐 다시 형조 판서가 되었다. 이때 평택 현감 이승훈(李承薰)이 천주교인으로서 향교의 문묘에 알성(謁聖)할 때 무릎을 꿇지 않았는데, 그를 처벌하지 않아 금갑도(金甲島)에 위리안치(圍籬安置)되었다가 곧 풀려나 다시 한성 판윤이 되었다. 1796년 경기 관찰사를 지낸 뒤 이듬해 동지 겸 사은 정사(冬至兼謝恩正使)로 청나라에 다녀왔다. 1800년(순조 즉위년) 원접사(遠接使)가 되어 칙사(勅使)를 맞이하고 1802년 평안도 관찰사에 임명되었다. 순조 즉위 후에 국구(國舅)인 김조순(金祖淳)을 중심으로 김희순(金羲淳)과 함께 안동 김씨 세도의 중심인물이 되어 김씨 세도정치의 기반을 확립하였다.

본 자들에게 임금과 신하의 관계를 알게 하고 아울러 당시의 사실이 어떠했는지를 알게 하려는 것이다. 이렇게 완전하고도 완비되게 편집하였지만, 인심은 균일하지 않고 물의(物議)는 고르게 하기 어렵다. 간행한 뒤에 이것을 빙자해서 말을 하는 자가 "윤음(綸音)은 막중한 것인데 아래쪽에 붙였다."라고 한다면 한창려(韓昌黎)의 〈평회서비(平淮西碑)〉와 같은 일[8]을 후세에 다시 보게 될지 어찌 알겠는가. 이 편으로부터 이하 각 편들에서 이런 범례는 도두 삭제하고 별도

7 김문순(金文淳)의……것 : 이 범례에 대한 지시는 1800년(정조24)에 내려졌고, 문집은 1824년(순조24)에 간행되었다. 1800년에 정조가 이 문집의 초고를 보았을 때에는 권20에 김문순의 무고를 반박하는 상소가 있고 그 끝에 비답이 있으며, 본문보다 한 자 내려서 비망기(備忘記)가 실려 있었는데, 이 형식을 수정하라고 명령한 것이다. 그 결과 1824년에 간행하면서는 비망기를 따로 빼서 문집의 권수(卷首)로 올리고 비답은 상소문보다 한 글자를 올려서 문집 본문에 실었다. 또한 이 상소와 비답은 권20이 아닌 권22에 실려 있다.

8 한창려(韓昌黎)의……일 : 당 헌종(唐憲宗) 때에 회채 절도사(淮蔡節度使) 오소성(吳少誠)이 죽자 그 아들 오원제(吳元濟)가 제멋대로 절도사의 지위를 계승하고서 조정에 인정해 줄 것을 요청하였으나 헌종이 허락하지 않자 반란을 일으켰다. 이때 배도(裴度)가 회서 절도사(淮西節度使)에 임명되어 오원제의 토벌을 주관하면서 한유(韓愈)를 종군사마(從軍司馬)에 임명하여 데리고 갔다. 토벌이 완료되고 나서 한유에게 회서를 평정한 기념비의 비문을 지으라고 하자 한유가 그 공로를 배도와 헌종에게 돌리는 내용의 비문을 지어서 비를 세웠다. 그런데 당안공주(唐安公主)의 사위인 이소(李愬)는 그 비문에 자기의 공로가 드러나지 않은 것에 불만을 품고 자기 아내를 궁중에 들여보내 비문이 잘못되었다고 호소하게 하였다. 이에 헌종은 한유가 비문을 지어 세운 비석을 깨뜨리고 단문창(段文昌)에게 다시 비문을 지어 세우도록 명하였다. 《古文眞寶後集 平淮西碑》 여기에서는 천하의 명문인 한유의 글이라도 이에 불만을 품은 자가 있으면 어처구니없이 깨지고 마는 예를 들어서, 채제공의 글이라도 다른 사람이 흠을 잡을 만한 단서가 있으면 온전히 보전되지 못할 수가 있으므로, 채제공의 상소문 뒤에 한 글자 내려서 붙인 비망기를 다른 곳으로 옮기라는 의미로 사용하였다.

로 연보(年譜)나 일록(日錄)을 만들어 부록으로 삼는 것이 좋겠다.

채상(蔡相)의 심사는 '통연(洞然)' 두 글자가 진심에서 우러나온 말이기는 하지만 김문순 등 몇몇 사람에 대해 말한 곳은 원한을 갚으려는 뜻이 없지 않으니, 이런 곳 또한 윤색(潤色)하는 것이 좋겠다.

제22편 소차권

범례는 선배들의 전례를 따라야 한다. 지금 이 서계(書啓)가 소차권 안에 들어 있는 것은 매우 생소한 모양이다. 서계는 모두 한 편으로 만들어 별도로 제목을 다는 것이 좋겠다.

제25편 소차권

제32판(板)의 서계 머리말에 모두 "달려가서 전유(傳諭)하니……" 라고 썼는데, 문집의 예가 아닌 점이 있다. 영남(嶺南) 사우(士友)들의 편지 또한 갑자기 소차 안에 이어서 수록해서는 안 되니, 이 또한 별도로 편집하는 것이 좋겠다.

제29편 계권(啓卷)

'고찰방이시경[9]충절정포계(故察訪李蓍慶忠節旌褒啓)'는 '청정포고찰방이시경계(請旌褒故察訪李蓍慶啓)'로 고쳐야 한다. 수원 유수(水原

9 이시경(李蓍慶) : ?~1597. 우의정을 지낸 문헌공(文憲公) 이양원(李陽元)의 양자로, 정유재란 때 소촌 찰방(召村察訪)으로서 왜적과 싸우다 전사하였다. 1792년(정조 16) 채제공의 주청으로 정려문이 내려졌다. 《日省錄 正祖 16年 9月 5日》

留守) 때 내린 교서(敎書)는 어제시(御製詩)와 함께 권수(卷首)에 편입시켜야지 서계편(書啓篇) 안에 넣어서는 안 된다. '상참일에 《대학》에서 인용한 기욱장의 말을 진달하여 임금의 덕을 권면하는 계〔常參日陳大學所引淇澳章語仰勉君德啓〕'라는 제목 또한 매우 더색하니 '진대학소인기욱장어(陳大學所引淇澳章語)'라는 아홉 글자는 빼는 것이 좋겠다.

제30편 헌의권(獻議卷)

'적신(賊臣)……'이라고 한 부록 또한 연보나 일록 안에 들어가야 하고 '봉교공재어찰(奉敎恭載御札)'이라는 제목 또한 당시에 하교한 것과 다르다. 일찍이 왕문각[10]주초(王文恪奏草)를 보았는데, 황제의 말씀이 상세히 실려 있었다. 이 경우도 왕문각주초의 체제를 대략 본받아서 제목은 '어정오경백편의(御定五經百篇議)'라고 쓰고, 문(文)은 '봉성유(奉聖諭)'라고 시작하고, 이어서 어찰(御札)을 쓰고, 그 아래에 주계(奏啓)한 내용을 쓴다면 모양새가 바르고 합당할 것이다. 범례는 간결하고 엄정해야 하니 이렇게 바로잡는 것이 좋겠

10 왕문각(王文恪) : 1450~1524. 명(明)나라 소주부(蘇州府) 오현(吳縣) 사람으로, 이름은 왕오(王鏊)이고, 자는 제지(濟之)이며, 문각은 그의 시호이다. 홍치(弘治) 연간에 시강학사(侍講學士), 강관(講官), 이부 우시랑(吏部右侍郞)을 역임하고, 정덕(正德) 연간에 호부 상서, 문연각 대학사(文淵閣大學士)를 지냈으나 유근(劉瑾)의 전횡(專橫)을 막지 못했다고 자책하여 벼슬에서 물러나 학문에 전념하였다. 그의 학문은 《맹자》를 위주로 하였으며, 박학하고 감식안이 있었다. 저서에 《고소지(姑蘇志)》, 《진택집(震澤集)》, 《진택장어(震澤長語)》 등이 있다. 왕수인(王守仁)이 그의 전기인 〈태부왕문각공전(太傅王文恪公傳)〉을 썼다. 《明史 卷181 王鏊列傳》

다. 그 아래는 이것에 의거해서 하라.

범례는 대략 이와 같이 감정(勘定)하였는데, 연보와 일록 또한 잘 만들지 못하면 어떻게 해도 빠지는 것이 있게 될 것이니 애석하다. 각 항(項)의 전교, 비망기 및 연교(筵教), 어찰을 한 편으로 만들어서 권수(卷首)로 삼고, 당시의 사소(辭疏)와 부주(附奏)는 각 조목 아래에 "사소는 몇 권 몇 판에 보이고, 부주는 몇권 몇 판에 보인다."라고 주를 달며, 재상에 임명할 때의 전교와 임헌(臨軒)했을 때 내린 전교, 소석 윤음(昭晰綸音), 은졸 전교(隱卒傳敎)와 제문(祭文) 또한 기록하되 모두 연조(年條)를 따라서 차례로 삼는다면 편집할 때에 그다지 어렵지 않을 것이다. 이렇게 한 뒤에야 문집의 체제가 이루어질 것이다. 어시(御詩)는 《송계집(松溪集)》의 예처럼 한 글자를 높여서 시집 안에 쓴 것이 좋기는 하지만 각 편에 흩어져 보이는 것 또한 매우 온당치 못하다. 또 시집에 '모록(某錄)'이라고 쓴 것이 이미 《간이집(簡易集)》의 예를 모방했으니, 시집 안에서 임금과 신하가 창수(唱酬)한 것은 별도로 한 편을 만들고 '갱화록(賡和錄)'이라고 이름하여 문집의 맨 앞에 배치하라. 이 외에 임금의 은혜에 감사하거나 경사를 기록한 시들을 또 한 편으로 만들어 '영은록(榮恩錄)'이라고 이름한다면 모양새가 매우 좋을 것이다.

또 의당 생각해야 할 것이 있다. 전후로 내린 은전(恩典)이 시문과 부록에 뒤섞여 보이는 것이 참으로 주 부자(朱夫子)가 말한 "두 갈래 세 갈래로 나뉘고 동쪽에서 나왔다 서쪽에서 사라져서 잡을 곳이 없다."라는 것과 같다. 시문(詩文) 중에서 군신 간에 뜻이 계합하는 내용에 속하는 것들을 모아서 별편(別編)을 만들어 편마다 제목을 정하는 것 또한 하나의 방법이다. 김복인(金復仁)[11]의 상소를 한 글자 낮춰서 쓰는 것은 곧 연보의 체제이지 문집의 체제가 아니니, 이것은 빼야지 기록해서는 안 된다. 이미 소석(昭晰)하는 전후의 윤음(綸音)이 있으니, 김복인의 상소 하나는 장초(張楚)가 되기에 부족하고 도리어 사람들의 조롱을 부른다는 탄식만 있게 된다. 경자년(1780, 정조4)부터 무신년(1788)까지의 소차권 안에 부록한 것은 별도로 한 책으로 만들어 '신변록(伸辨錄)'이라고 이름하고, 전교(傳教), 연화(筵話), 유지(有旨)를 연도별로 나누어 기록한다. 이 외에 여러 신하가 아뢴 말은 기고봉(奇高峯) 문집의 사례처럼 소주(小註)로 쓴다면 이 또한 좋을 것이다.

부주 附奏

신들이 삼가 성상의 하교를 받들어 교정에 참여하는 여러 사람과 충분히 의논해 보니 모두들 하교하신 여러 조목이 탁월하고 합당하여 더 이상 의논할 것이 없다고 하였습니다. 이틀 동안 연구하였으나 실로 조목조목 나열하여 아뢸 것이 없습니다. 삼가 성상의 하교를 그대로 따라서 다시 편집하겠습니다. '갱화록'은 의당 권수(卷首) 다음에 배치해야 하겠지만, '영은록'의 경우는 초년에 지은 것이든 만년에 지은

11 김복인(金復仁) : 1737~1793. 본관은 안동(安東)이고, 자는 덕승(德承)이며, 호는 양산재(兩山齋)이다. 1785년(정조9) 정시 문과에 급제하여 정랑(正郎) 등을 역임하였다. 1786년 무례하게 대궐로 들어와서 막무가내로 상소를 올렸으며 그 내용 또한 이치에 어긋난다는 내용으로, 승정원으로부터 탄핵을 당하였다. 이후 정조(正祖)는, 그가 억지로 말을 만들어 내어 모함을 한다고 질책하고 삭직하였다.

것이든 전후로 내린 은전(恩典)이 시에 나타난 것을 모아서 일록(一錄)으로 만들어 '갱화록' 다음에 편차하여 넣겠습니다. 그리고 행문(行文)에 드러난 것은 편수가 많지 않고 시와 문을 뒤섞기도 어려우니, 문은 옛날에 편집한 것을 따르는 것이 좋을 듯합니다. 또 시문 중에서 군신간의 계합에 속하는 것은 이미 '갱화록'과 '영은록'에 나누어 넣었으므로 이 외에 따로 하나의 별록을 만들 수 없을 듯합니다. 또 경자년(1780, 정조4) 이후의 신변(伸辨)에 속하는 전교, 연화, 비망기, 통유(洞諭)는 이미 권수에 모두 들어 있으므로 따로 별록을 만들 필요가 없을 듯합니다.

자헌대부(資憲大夫) 한성부 판윤(漢城府判尹) 신 이정운(李鼎運)

통정대부(通政大夫) 사간원 대사간(司諫院大司諫) 신 최헌중(崔獻重)

통정대부(通政大夫) 승정원 우부승지(承政院右副承旨) 신 한치응(韓致應)

경신년(1800, 정조24) 4월 일

당저(當宁) 24년 갑신년(1824, 순조24) 1월에 가선대부(嘉善大夫) 병조 참판(兵曹參判) 신 홍시제(洪時濟)는 삼가 씁니다.

번암집

권수 상

사륜 絲綸

사륜 絲綸

대사헌 김문순이 상소하여 무고한 일로 인하여 특별히 내린, 처분하는 비망기 경자년(1780, 정조4)[1]

因都憲金文淳疏誣 特降處分備忘記 庚子

하교하기를,

"내가 간절히 애쓴 것은 '진안(鎭安)' 두 글자이다. 사리에 어긋나고 과격한 모든 의론은 의당 저지하고 억제해야 한다. 그런데 지금 이 도헌(都憲)의 상소에서 중신의 일을 논한 것을 보던 거침없이 죄인으로 단정하고 어지럽게 죄상을 열거하였는데, 근래 보지 못하던 수단이라 미처 반도 보기 전에 놀라움을 금할 수 없었다. 병신년(1776, 정조 즉위년) 봄의 일은 남김없이 환히 밝혀 옥안(獄案)에서 빼기까지 하였는데,[2] 또 어찌 오늘 다시 제기할 수 있단 말인가.

1 경자년 : 1780년(정조4)인데, 기록상의 착오로 판단된다. 《일성록》에는 이 기사가 이듬해인 신축년(1781) 7월 20일 조에 기록되어 있다.

2 병신년……하였는데 : 정조가 즉위한 후 조재한(趙載翰)이 향유(鄕儒) 이일화(李一和)를 사주하여 임오년(1762, 영조38)에 사도세자(思悼世子)가 죽은 일을 거론하며 상소를 올렸다. 정조는 이 일을, 선대왕(先大王)을 모함하는 대역(大逆)으로 간주하여 정국(庭鞫)을 행하고 조재한, 이일화 등을 복주(伏誅)하였다. 정국을 행할 때에 자궁

이런데도 의례적인 비답을 내린다면 조정의 분위기를 진정하고 제멋대로 떠들어 대는 것을 종식시킬 수 없게 될 것이다. 또 생각건대 훗날 일어날 사달에 대한 염려가 어찌 끝이 있겠는가. 호오(好惡)를 분명히 보임으로써 기강을 바로잡지 않을 수 없으니, 대사헌 김문순을 삭직하라."

하였다.

(慈宮)인 혜경궁(惠慶宮) 홍씨(洪氏)의 중관(中官) 김수현(金壽賢)의 공초에, 구상(具庠), 이수진(李守鎭), 이만식(李萬軾), 조종현(趙宗鉉) 및 채제공, 조노진(趙潞鎭), 이창임(李昌任), 목조환(睦祖煥) 등의 이름을 일찍이 이홍록(李興祿)에게서 들은 것으로 공술하였다. 채제공이 언급되었으나, 정조는 채제공, 송재경(宋載經), 김상묵(金尙默), 심이지(沈履之)의 이름을 추안(推案)에서 빼 버리도록 명하였다. 《正祖實錄 卽位年 4月 1日》

김문순을 견책하여 삭직하고 나서 출사하기를 권면하는 비망기
金文淳譴削後勉出備忘記

하교하기를,

"조금 전에 도헌을 견책하여 삭직하는 전교에 이미 다 유시하였거니와 사람들의 말은 크게 혐의할 필요가 없다. 더구나 지금 막중한 찬집(纂輯) 일이 한창 진행되고 있으니, 이러한 때에 당상(堂上)이 계속해서 인의(引義)하고 나오지 않아서는 안 된다 찬집 당상(纂輯堂上) 채제공을 즉시 패초(牌招)하여 공무를 행하도록 신칙하라."

하였다.-무고에 대해 반박하고 이어 판금오(判金吾)와 주사 당상(籌司堂上) 직임을 사직하였는데, 그 상소는 22편(編) 8판(板)에 보인다.-

금령에 관한 전교

禁令傳敎

하교하기를,

“종전에는 정신(廷臣)이 간혹 이런 일을 당하더라도 그것은 단지 뜻밖의 봉변을 당한 것이었고, 설사 역적의 공초(供招)에서 긴요한 단서가 되는 말이 나왔더라도 혐의를 벗은 뒤에는 일반 사람과 다름이 없었다. 굳이 먼 옛날의 일을 들추어내지 않더라도 근세의 경상(卿相) 가운데에서 이런 일을 당한 사람을 이루 다 손꼽을 수 없을 정도인데, 더구나 이 중신(重臣)이야 말할 것이 있겠는가. 그때의 일은 저들-요망한 환관(宦官)[3]을 가리킨다.-의 노여움을 사서 이렇게 분풀이하는 행동을 한 것임을 내가 이미 환히 알고 있다. 그런데 이제 몇 년이 지난 뒤에 장주(章奏)에다 거론하였으니, 어찌 매우 놀랍고 의아하지 않겠는가. 앞으로 여러 신하의 장주에서 당시의 옥사 중에 제방(隄防)과 관계없는 것을 다시 보고하는 일이 있다면, 나의 마음을 서글프게 하는 것은 물론이고 이것이 어찌 신하로서 입에 담을 수 있는 것이겠는가. 이런 말들은 절대로 봉입하지 말아야 할 것이니, 정원은 그리 알라.”

3 요망한 환관(宦官) : 이홍록(李興祿)을 가리킨다. 정조가 춘저(春邸)에 있을 때 조재한(趙載翰)이 불령한 무리와 함께 임오년(1762, 영조38)의 의리를 가장하여 환관 이홍록, 김수현(金壽賢) 등과 결탁하고서 여러 가지 방법으로 정조를 유혹하기도 하고 위협하기도 하였다. 《正祖實錄 卽位年 4月 1日》

하였다.-김문순이 견책을 받고 삭직된 뒤에 오태현(吳泰賢)과 이현영(李顯永)이 모두 대관(臺官)으로서 소장을 올려 그를 구원하려고 노력하였고,[4] 그 상소가 모두 병신년(1776, 정조 즉위년) 봄 요망한 환관의 일을 가지고 억누르고 무협하는 재료로 삼았기 때문에 전교의 말씀이 이와 같았던 것이다.-

4 오태현(吳泰賢)과……노력하였고 : 1781년(정조5) 7월 20일에 대사헌 김문순(金文淳)을 삭직하라는 처분이 내리자, 21일에 사간 이현영(李顯永)과 지평 오태현이 김문순을 두둔하고 채제공을 공격하는 상소를 올린 일을 가리킨다. 《王祖實錄 卽立年 4月 1日》

죽산의 묘사에 있을 때 정원에 내린 유지

在竹山墓舍時政院有旨

당시에 판금오(判金吾)를 겸임하고 있었다.

하교하기를,

"《열조보감(列朝寶鑑)》을 교정해야 하고 선조(先朝)의 보감을 찬수(纂修)하는 일이 시급하다. 그동안 출사하기를 권면하는 하교가 또 간곡할 뿐만이 아니었으니, 어찌 남김없이 환하게 밝혔을 뿐이겠는가. 남이 자기의 마음을 알아주면 자기보다 낮은 사람에 대해서도 감동할 줄을 아는 법이다. 중신(重臣)이 계속해서 거역하고 또 며칠 전부터는 도리어 지방에 있다고 핑계를 대고 있으니, 분의(分義)와 도리(道理)로 헤아려 볼 때 어찌 이렇게 할 수 있단 말인가. 더구나 금오(金吾)에 미결로 오래 가두어 둔 죄수가 요즘처럼 많은 때가 없으니, 조율(照律)과 의처(議處)는 모두 차당(次堂)이 할 수 있는 일이 아니다. 당일(當日)로 올라와서 공무를 행하도록 정원(政院)으로 하여금 하유(下諭)하고, 이어 또 각별히 신칙(申飭)하게 하라."

하였다.

《영묘보감》을 교정하는 일로 재촉하여 올라오게 하라는 전교

以英廟寶鑑校正事 催促上來傳敎

하교하기를,

"교정하는 일이 시급하여 그동안 간곡하게 칙교(飭敎)를 내렸을 뿐만이 아니다. 그런데 줄곧 지방에 있으면서 올라올 뜻이 없으니, 사체(事體)로 보나 분의(分義)로 보나 지극히 온당치 못하다. 보감 교정 당상(寶鑑校正堂上) 채제공에게 정원에서 다시 각별히 재촉하여 올라와서 공무를 행하게 하라."

하였다. -예조 판서를 사직하고 치사(致仕)를 청하였다. 상소는 22편 11판에 보인다.-

《영묘보감》을 교정하는 일로 재촉하여 올라오게 하라는 전교
以英廟寶鑑校正事 催促上來傳敎

하교하기를,

"그동안 신칙한 것이 몇 차례였으니 잘 이해했으리라 생각한다. 그리고 말을 잘못하여 견책을 받은 두 대신(臺臣)을 이미 서용(敍用)하였으니, 이제는 내게 '그 사람을 부르면서 그 문을 닫는다.'라고 탄식할 일이 없을 터인데 중신(重臣)은 어찌 한결같이 지방에 있는가. 더구나 지금 《영묘보감(英廟寶鑑)》의 일이 더욱 막중하고 교정해야 할 날도 머지않으니, 교정 당상 채제공을 신칙하여 올라오게 하라."

하였다.

정원으로 하여금 재촉해서 올라오게 하라는 비망기
令政院催促上來備忘記

하교하기를,

"이것이 무슨 사체이며, 무슨 국가의 기강이란 말인가. 《영묘보감》을 찬차(纂次)하는 일이 얼마나 막중하고 막대한가. 그런데도 교정 당상이 근기(近畿)에 있으면서 도성에 들어올 생각을 하지 않아서 그동안 내린 칙교(飭敎)가 단지 종이 위의 빈말이 되고 말았으니, 어찌 이러한 분의(分義)가 있단 말인가. 중신(重臣)이 지난번에 당한 곤욕은 이미 지난 일인데 지금까지 심히 인혐(引嫌)하여 도리어 원망하고 있다는 혐의가 있으니, 누가 이 중신이 이처럼 심하게 공사(公事)보다 사사(私事)를 앞세울 줄 생각이나 했겠는가. 교정 당상 채제공이 올라올지 여부를 정원으로 하여금 알아 오고, 이어서 또 각별히 재촉하게 하라."

하였다.-칙교가 내린 뒤에 다시 치사를 청하였다. 상소는 22편 14판에 보인다.-

물러나기를 청한 상소에 비답을 내린 뒤에 신칙하는 비망기
乞退疏批下後申飭備忘記

하교하기를,

"처의(處義)하는 데는 원래 상도(常道)가 있는데, 남에게 헐뜯는 말을 들었다고 해서 곧바로 물러가려고 한다면 조정이 장차 텅 비게 될 것이니, 어찌 이럴 수가 있는가. 내가 왕위에 오른 뒤에 이 중신(重臣)을 발탁하면서 사실 쉽게 얻을 수 없는 인재라고 여겼으니, 온 세상 사람들이 그를 미워하여 번갈아 공격하는 것은 형세가 그렇다. 지금 여러 사람이 떠들어 댄다고 하여 그의 소청을 들어준다면 이것은 끌어올려 놓고 다시 밀쳐 버리는 격이니 참으로 이렇게 하고 싶지 않다. 중신이 이 하교를 듣고 어찌 나와서 직임을 수행하지 않을 수 있겠는가. 더구나 지금 《영묘보감》을 교정하는 일은 신하로서 정성을 다해야 한다. 지중추부사(知中樞府事) 채제공의 상소에 대한 비답을 이미 내렸으니, 내일 아침에 사은숙배하라는 뜻으로 정원에서 신칙하라."

하였다.-칙교가 내린 뒤에 다시 치사를 청하였다. 상소는 22편 16판에 보인다.-

신칙하는 하교를 내린 뒤에도 올라올 뜻이 없으므로 추고하라고 명한 전교

以飭教後無意上來 命推考傳教

하교하기를,

"신칙하는 하교를 몇 번이나 내렸는데도 아직까지 올라올 뜻이 없으니, 처의(處義)가 중하다 하더라도 분의(分義) 또한 어찌 생각지 않는단 말인가. 사체(事體)로 볼 때 너무도 온당치 못하다. 지중추부사 채제공을 엄하게 추고하라. 이렇게까지 운운한 뒤에도 다시 나오지 않는다면 도리로 볼 때 과연 어떨지 모르겠다. 이러한 뜻으로 일체 신칙하라."

하였다.-김문순이 재차 무고한 데 대해 변론하였다. 상소는 22편 18판에 보인다.-

《영묘보감》을 올리는 날 반열에 참석하는 일로 정원에 내린 유지

以寶鑑進呈日參班事 政院有旨

하교하기를,

"이러한 곤욕을 당하는 일은 예로부터 수없이 있어 왔는데 중신(重臣)이 심하게 인의(引義)하고 나오지 않으니, 내가 실로 이해할 수 없다. 이른바 대거(對擧)하여 올리는 소장은 이미 봉입(捧入)하지 못하게 하였으니, 이제 와서는 또 나아오기 어려운 단서가 없는데 중신이 매번 '물러나겠다〔退〕'는 한 글자를 한결같이 말하였다. 결코 들어줄 수 없다는 뜻으로 상소에 대한 비답에서 이미 언급하였으니, 처의(處義)가 중하기는 하지만 분의(分義)도 돌아보아야 한다. 그리고 듣건대 《영묘보감(英廟寶鑑)》을 편찬하는 일이 순조롭게 진행되어 올릴 날짜가 머지않았다고 하니, 교정의 직임을 맡고 있으면서 어찌 이 반열에 참석하지 않을 수 있겠는가. 속히 올라오라."

하였다. -칙교가 내린 뒤에 다시 치사를 청하였다. 상소는 22편 25판에 보인다.-

우의정 이휘지가 연석에서 무함한 뒤 재차 올린 차자에 대한 비답[5] 임인년(1782, 정조6)

右議政李徽之筵誣後 再箚批答 壬寅

하교하기를,

"전의 비답에 연석에서 아뢴 말의 옳고 그름을 말하지 않았던 것은 경을 공경하여 예우하는 뜻이었는데, 경의 차자가 또 도착했으니, 이제 와서 어찌 내가 미처 말하지 않았던 속마음을 털어놓지 않을 수 있겠는가. 나는 경이 조참(朝參)하던 날 연석에서 아뢴 것에 대해 마음속으로 개탄하는 점이 있었다. 대신(大臣)의 거조(擧措)는 민심이 흩어지지 않게 붙잡는 것이고, 기강과 정사(政事)는 백관(百官)들이 우러러 쳐다보는 것이니 한 가지라도 합당함을 잃는다면 세도(世道)의 무궁한 근심이 어찌 끝이 있겠는가. 중신(重臣)의 일은 작년 가을에 이미 다 유시하여 죄안(罪案)이 이미 쓸모없어졌고 탄핵하는 글도 모두 근거 없게 되었으니, 분명하게 밝혀졌는지 여부는 다시 번거롭게 말할 필요가 없다. 대체로 말은 지위에 따라 다르고 죄는 일에 따라 다르기 때문에 언관(言官)이 자기의 직책상 남에게 규계(規戒)하는 것에 대해서는 조정이 풍문(風聞)으로 인정한다. 그러나 대관(大官)이 사람의 생사가 달린 일로 사람을 몰아가면서 길에서 전해 들은 말을 가지고 연석에서 단정 지어 말하였으니, 옛날

5 우의정……비답 : 채제공이 올린 차자에 대한 비답이 아니라 이휘지(李徽之)가 올린 차자에 대한 비답의 뒷부분이다.

에도 이런 일이 있었는가? 나는 진실로 견문이 좁아서 일찍이 듣지 못했다. 중신이 고통을 당하는 것이야 오히려 자기 한 몸의 일에 속하지만, 사방의 백성들이 듣고 과연 놀랍고 의혹스럽다는 탄식이 없겠는가."

하였다.-변무소(辨誣疏)는 22편 29판에 보인다.-

이전의 하유를 거듭 밝히는 전교
申明先甲之諭傳敎

하교하기를,

"작년 가을에 이러한 상소는 봉입하지 말라는 전교를 내렸고,[6] 전교 중에 운운한 것이 과연 어떠했는가. 이것이 어찌 단지 중신(重臣)을 위하여 억울함을 남김없이 밝혀 주었을 뿐이겠는가 심지어 '국가의 기강에 관계되지 않은 모시(某時)의 옥사(獄事)를 다시 보고하는 자가 있다면 나의 마음을 슬프게 하는 것은 우선 놓아두고라도, 이것이 어찌 신하가 입을 놀릴 수 있는 일이겠는가. 소장에 이런 구절이 있으면 절대 봉입하지 말게 하라.……'라고까지 하였다. 그 뒤 몇 달 동안은 다시 이러한 일로 번거롭게 말하는 일이 없어서 신하들이 나의 본뜻을 헤아려서 그런 것이라고 생각했다. 그런데 우상이 조참(朝參)하던 날에 연석에서 아뢰고부터는[7] 갑자기 단서도 잡을 수

6 작년……내렸고 : 1781년(정조5) 7월 21일에 내린 전교이다.《日省錄 正祖 5年 7月 21日》

7 우상이……아뢰고부터는 : 1782년 1월 5일의 조참이다. 이날 조참에 판중추부사 정존겸(鄭存謙), 영의정 서명선(徐命善), 우의정 이휘지(李徽之)가 참석하였다. 먼저 서명선이 채제공의 최근 행실이 의리에 맞지 않다고 비난하자, 이어서 이휘지가, 홍국영(洪國榮)이 채제공의 주장을 지극히 옳다고 하고 채제공과 힘을 합쳐 성취하려고 한다는 소문이 파다하다고 하였다. 정조가 그 성취하려는 일이 무엇이냐고 묻자 서명선이 병신년(1776, 정조 즉위년) 봄의 옥사를 뒤집으려고 한다는 것이라고 대답하였다. 이날 조참에서는 이휘지만 채제공을 비난한 것이 아니라 조참에 참석했던 세 대신 모두 같은 주장을 하였다.《日省錄 正祖 6年 1月 5日》 병신년 봄의 옥사에 대해서는 67쪽 주2 참조.

없고 근거도 없는 일을 가지고 대각(臺閣)의 소장과 옥당의 차자가 날마다 승정원에 쌓이고 있는데, 그 가리키는 죄목은 극죄(極罪)이고 그 주장하는 형률은 극률(極律)이다. 그러나 그 실제 자취를 공평하게 살펴보면 증험(證驗)할 만한 단서가 전혀 없으니, 세도(世道)와 인심이 이렇게까지 심하게 안정되지 않을 줄은 생각지도 못하였다. 만일 계속 이렇게 하다가는 사람들이 고관(高官)을 공격할 마음이 있으면 장차 근거 없는 말로써 헤아릴 수 없는 죄과에 몰아넣을 것이니, 천하에 어찌 이런 경우가 있겠는가. 이번 전교는 단지 중신 한 사람만을 위해서 하는 것이 아니다. 이어서 대사간 이의행(李義行)의 소본(疏本)을 보니, 옛사람이 훗날의 폐단을 열게 되는 데 대한 경계를 심하게 한 것이 참으로 까닭이 없지 않았다. 오늘에 이르러 이 증상을 치료할 수 있는 처방은 '진안(鎭安)' 두 글자를 벗어나지 않는다. 중신의 일에 대해서는 이미 금령을 내렸으니, 정원으로 하여금 다시 거듭 밝혀서 알리게 하라. 이 밖에 모든 탄핵하는 소장은, 그 사람의 죄범이 어떠한지를 막론하고 공포를 조장하는 말을 소장의 문구 안에 삽입한 자는 '남을 무함한 자는 도리어 그 처벌을 받는다.'라는 나라의 상법(常法)이 있는 만큼 발각되는 대로 해당 형률로 논단하고 결단코 용서하지 않겠다. 우선 중외(中外)로 하여금 이전의 하유를 분명하게 들어서 각각 유념하게 하라."
하였다.

조회를 파한 뒤에 거듭 명하는 비망기
罷朝申令備忘記

하교하기를,

“어제 편전에서 행한 조회[8]를 파한 뒤에 밤새 어탑 주위를 서성거렸으니, 이 뜻을 신료들은 이해할 수 있는가? 내가 차마 이 일을 거론하여 사륜(絲綸)에 올릴 수 있겠는가. 그러나 지금 말하지 않는다면 백성을 속이는 것과 무엇이 다르겠는가. 어제 연석(筵席) 이후로 말은 황당한 말로 귀결되었고, 자취는 흔적이 없는 일에 속하게 되었다. 대관(大官)과 언관(言官)을 막론하고 이미 끝난 일을 다시 제기하여 나를 번거롭게 한다면 내가 준비하여 기다리는 것이 있다. 이렇게까지 말했는데도 군신(群臣)이 변할 줄을 모른다면 이는 참으로 무슨 마음이겠는가.”

하였다.

8 어제……조회 : 1782년(정조6) 1월 30일 함인정(涵仁亭)에서 행한 상참(常參)을 가리킨다. 이 자리에 영의정 서명선(徐命善), 좌의정 홍낙성(洪樂性), 우의정 이휘지(李徽之)가 참석하였다. 이 자리에서 홍낙성이 채제공을 처벌해야 한다고 말했다가 그 말의 근거를 대라는 정조의 추궁에 삼정승이 모두 근거를 대지 못하고 도리어 정조에게 꾸중을 들었다. 이어 정조는, 자기가 채제공을 처벌하지 않는 것은 사사로운 은혜가 있어서도 아니고 잘못을 비호하려 해서도 아니라고 하면서, 채제공에게 그만한 단서가 있다면 법대로 하겠지만 그럴 만한 단서가 없으니 다시는 거론하지 말라고 못을 박았다. 《日省錄 正祖 6年 1月 30日》

좌의정 홍낙성이 연석에서 물러간 뒤에 내린 전교
左議政洪樂性筵退後傳教

하교하기를,

"경은 부디 오늘날의 조정을 보라. 어찌 한심하지 않은가. 어려운 때를 만나서 사고(事故)가 거듭 발생하여 교목세가(喬木世家)는 대부분 망하였고, 완전한 사람은 드물어 정경(正卿)이 부족하다. 그런데 또 오늘 한 사람을 쫓아내고 내일 한 사람을 배척한다면 장차 조정이 텅 비고야 말 것이니, 이것이 어찌 작은 일이겠는가. 내가 바야흐로 탕평정치(蕩平政治)를 하면서 인재를 쓰거나 버릴 때에 애당초 '색목(色目)' 두 자를 마음속에 두지 않고 옛날에 이른 바 동인(東人), 서인(西人), 남인(南人), 북인(北人)을 고루 썼는데도 오히려 자리를 갖출 수 없다는 탄식이 있었다. 옛날에 금(金), 은(銀), 동(銅), 철(鐵)을 뒤섞어 하나의 그릇을 만든다는 말이 있었는데, 지금 조정의 형편에 견주면 각각 하나의 그릇을 주조하는 것은 애당초 논할 수 있는 것이 아니며, 뒤섞어 만드는 것도 가망이 없으니, 이것이 내가 반드시 조제(調劑)하여 온전히 보존하고자 하는 이유이다. 그런데 지금 근거가 없고 단서를 잡을 수 없는 일로 다른 사람을 악역의 죄과에 몰아넣었으니 훗날의 폐단을 여는 혐의가 있을 뿐만 아니라, 이 일은 바로 내가 차마 들을 수 없다. 간혹 기주(記注)를 열람하다가 병신년(1776, 정조 즉위년) 봄의 국안(鞫案)과 그해 가을의 흉소(凶疏)에 이르면, 아직도 나도 모르게 정신이 아득해진다. 내가 비록 사리에 어둡고 완고하지만 오직 이에 대해서는 슬픔을 견디고 고통을 참느라 살고 싶지 않은 마음이 있는데, 어찌 일이 지나갔다는 이유로 혹시라도 풀리겠는가. 우리 조정의 신하들이 나의 마음을 자신의 마음으로 삼았다면 어찌 차마 이 말을 다시 꺼내어 나의 마음을 거듭 슬프게 하였겠는가. 저 중신(重臣)에게 진실로 용서하기 어려운 행적이 있다면, 국법이 있는데 무엇을 돌아보고 무엇을 꺼리겠는가. 전 우상의 차자[9]가 나온 뒤에 애당초 분명한 증거가 없다는 것을 확실하게 알았다. 내가 윤허하지 않는 것은 사사로운 은혜가 있어서도 아니고 곡진히 보호하고자 해서도 아니며, 또 중신 한 사람을 위해서만도 아니다. 경이 새해 첫 연석에서 맨 먼저 이 청을 진달하였는데, 만일 따를 수도 있고 따르지 않을 수도 있는 일이라면 대신을 예우하고 공경하는 도리로 볼 때 어찌 받아들이는 의리를 소홀히 하겠는가. 그러나 이 일에 대해서는 나의 뜻이 매우 확고하니, 경은 헤아리라."

하였다.-좌의정 홍낙성이 새로 재상에 임명되어 입시(入侍)해서 금령을 환수하기를 청하였다.-

9 전 우상의 차자 : 전 우상은 이휘지(李徽之)를 가리킨다. 1782년(정조6) 1월 5일 조참(朝參) 때 이휘지가 채제공을 비난하는 발언을 하였는데, 채제공이 반박하는 상소를 올리자, 이휘지가 7일에 차자를 올려 다시 채제공을 비난하고 체차(遞差)해 달라고 청하였다. 《日省錄 正祖 6年 1月 5日, 7日, 30日》

이휘지가 도성을 나갔을 때 내린 전유[10]

李徽之出城時傳諭

하교하기를,

"경이 조참일(朝參日)에 연석(筵席)에서 아뢴 말[11]에 대해 나는 대단히 잘못 헤아렸다고 생각한다. 근거 없는 말을 어찌 경청할 수 있겠으며, 훗날의 폐단을 열게 되는 혐의 또한 유념해야 한다. 이 때문에 전후로 연석에서 누차 마땅치 않다는 뜻을 보였던 것이니 경은 속히 마음을 바꾸라. 실제로 상참(常參) 때에 그런 말이 있었고,[12] 지금에 와서 일이 합당하게 귀결되어 흔적이 완전히 없어졌으니, 경이 당초에 잘 헤아리지 못한 잘못은 참으로 '이미 기울어 버린 일은 말하지

10 이휘지가……전유 : 1782년(정조6) 2월 19일에 내린 것이다. 이휘지가 마지막 상참에 나온 날이 1월 30일이므로 이 사이에 이휘지가 정조의 처분에 불만을 품고 도성을 나가 버린 것으로 보인다. 이휘지가 도성을 나간 지가 여러 날 되었는데 이제야 전유를 내리는 것으로 보아 정조가 진심으로 붙잡고 싶은 것이 아니라 형세상 한 번쯤 전유한 것으로 보인다.

11 조참일(朝參日)에……말 : 81쪽 주7 참조.

12 실제로……있었고 : 1782년 1월 30일의 상참 때, 이휘지가 채제공의 죄에 대해 대신들에게 들었다고 말하자 정조가 각 대신에게 그것이 사실이냐고 물었다. 이에 판중추부사 정존겸(鄭存謙)은 그런 말이 없었다고 하였고, 영의정 서명선(徐命善) 역시 그런 말이 없었다고 하였으며, 우의정 홍낙성(洪樂性)은 이휘지가 책임을 대신들에게 전가하는 것이 옳지 않다고 말하고 더 이상 대신들에게 묻는 것은 사체가 온당치 않다고 아뢰었다. 이렇게 해서 그날 채제공에 대한 말은 근거 없는 소문으로 결론이 났다. 여기에서 상참 때에 그런 말이 있었다는 것은 채제공에 대한 말이 근거 없는 소문이라고 결론이 난 일을 가리킨다.

않는다.'[13]라는 것이 되었다. 일전에 대신(臺臣)이 운운한 것은 어찌 매우 부당하지 않은가. 경이 도성을 나간 지 이미 여러 날이 되었다고 들었다. 대신(大臣)의 거취는 관계된 것이 가볍지 않거늘, 어찌하여 편안히 앉아 덕위(德威)로써 사람을 감복시킬 것을 생각지 않는단 말인가."

하였다.

13 이미……않는다 : 노 애공(魯哀公)이 공자의 제자인 재아(宰我)에게 사(社)에 대해 묻자 재아가 대답하기를 "하후씨(夏后氏)는 소나무를 사주(社主)로 사용하였고, 은(殷)나라 사람들은 잣나무를 사용하였고, 주(周)나라 사람들은 밤나무를 사용하였으니, 백성들로 하여금 전율(戰栗)을 느끼게 하려고 해서였습니다." 하였다. 공자가 이 말을 듣고 "이미 이루어진 일은 말하지 않으며, 이미 기울어 버린 일은 간하지 않으며, 이미 지나간 일은 탓하지 않는다."라고 재아를 꾸짖었다. 《論語 八佾》 여기에서는 채제공을 죄인으로 몰아세운 것이 실체가 없는 뜬소문에 근거한 것이라고 판명이 났지만 이휘지가 이미 말을 하였으므로 돌이킬 수 없으니 책임을 지라는 의미로 사용되었다.

정언 이택징이 상소하여 이휘지를 논한 데 대해 파직을 명한 비망기
正言李澤徵疏論李徽之 命罷職備忘記

하교하기를,

"근거 없는 말을 치우치게 믿어서 사람을 헤아릴 수 없는 죄로 몰아넣은 것에 대해서는 대신(大臣)이 참으로 그 책임을 벗어날 수 없다. 그러나 이 대신의 본심은 내가 잘 알고 있으니, 어찌 참으로 남을 해치려는 마음이 있었겠는가. 그런데 지금 거조(擧條)를 써 들인 것을 보니 '탄토(呑吐)'라는 두 글자를 함부로 대신에게 사용하였다. 조정의 체통으로 볼 때 대각(臺閣)이라고 해서 관용을 베풀어서는 안 되니, 정언 이택징을 파직하라."

하였다.

한성부 판윤에 제수할 때 내린 비망기
漢城判尹除授備忘記

하교하기를,

"지중추부사 채제공에게 한성부 판윤을 제수한다. 지금 서울에 장차 빈호(貧戶)를 뽑는 정사가 있을 것이므로 적임자를 가려 뽑아서 맡기지 않아서는 안 된다. 중신(重臣)의 처지에서 보건 특명으로 임무를 부여받은 것과 다름이 없으니, 즉시 패초(牌招)하여 공무를 행하라고 신칙(申飭)하라."

하였다.

패초에 나오지 않은 데 대한 추고 전교
牌招不進推考傳敎

하교하기를,

"제수하는 명을 내린 것은 그 관직의 적임자를 가려 뽑는 의미일 뿐만 아니라 내가 반드시 등용하려고 해서였는데 패초를 어기고 나와서 숙배하지 않으니, 사체(事體)로 보나 신하의 분의(分義)로 보나 어찌 이렇게 할 수 있는가. 겸판윤(兼判尹) 채제공을 엄하게 추고하고, 다시 즉시 패초하여 직임을 살피게 하라."

하였다.

패초해서 직임을 살피고 재촉해서 입시하게 하라고 연이어 명한 전교

連命牌召 促令入侍傳敎

하교하기를,

"지난 일이 명백히 밝혀졌다고 운운하는 것은 오히려 의례적인 말이다. 중신에게 스스로 드러내고 밝히라고 하더라도 결코 이보다 더할 수는 없을 것이다. 중신의 처지로 보면 털끝만큼도 다시 끌어댈 의리가 없는데 이틀 동안 세 번이나 패초를 어기고 나와서 숙배할 생각이 없으니, 도리로 헤아려 볼 때 어찌 이렇게 할 수 있는가. 다시 즉시 패초하여 직임을 살피게 하고, 또 면유(面諭)할 일이 있으니 이어 입시하게 하라."

하였다.

다시 패초하라는 전교
更爲牌招傳敎

하교하기를,

"연일 패초하였는데 어기는 것을 일삼으니 분의(分義)가 무너지는 것은 놓아두고라도, 내가 이렇게까지 심혈을 기울여 중신(重臣)을 발탁하였는데, 머리를 조아려 사례하는 중신의 의리로 볼 때 한번 연석(筵席)에 나오려는 마음이 없을 수 있겠는가. 자신보다 아랫사람일지라도 오히려 자기를 알아주는 사람이면 그를 위해 죽는다고 하는데, 더구나 군신(君臣)의 사이야 말할 것이 있겠는가. 중신이 이 전교를 듣고서도 한결같이 사양하고 물러난다면 이는 중신에게 바라는 것이 아니다. 겸판윤 채제공을 다시 즉시 패초하여 속히 와서 대령(待令)하게 하라."

하였다.-사직소는 22편 32판에 보인다.-

궐문을 그대로 유문(留門)하고 패망을 재촉하라는 전교
門鑰仍留 牌望催促傳敎

하교하기를,

"아침에 패망(牌望)[14]을 호망(呼望)하지 말라고 명하고 이어 거취를 알아 오게 하였는데, 지금 이미 날이 어두워졌는데도 아직까지 소식이 없으니 분의(分義)로 볼 때 매우 한심스럽다. 중신(重臣)이 말하는 정세(情勢)라는 것이 무엇을 말하는지 나는 진실로 모르겠다. 지난번의 일은 근거 없는 일로 귀결되었으니 중신의 처의(處義)로 보면 한번 풍파를 겪은 것으로 치부하면 될 것이다. 더구나 내가 중신에 대해 분명하게 해명하는 것으로도 부족하여 돈독히 권면하고, 돈독히 권면하는 것으로도 부족하여 또 이렇게 유문하고 패망을 재촉하기까지 하였다. 그런데도 중신은 그저 모른 체하고 끝내 소식이 없으니, 누가[15] 중신더러 사체를 안다고 하겠는가. 지금 중신의 일은 나라의 기강과 신하의 분의에 크게 관계된다. 이러한 뜻을 판윤이 알게 하고, 패초에 나온다고 했는지 빨리 알아 오라."

하였다.

14 패망(牌望) : 패초(牌招)에 나올지에 대한 의사를 표시하여 보내는 것이다. 《六典條例 承政院 科試》

15 그런데도……누가 : 대본에는 '而誰'로 되어 있는데, 앞뒤 문맥이 통하지 않아 《일성록》 정조 6년 10월 22일 기사에 의거하여 '而' 뒤에 '重臣則漫若不知了無聲息'을 보충하여 번역하였다.

궐문을 그대로 유문하고 패망을 재촉하라는 전교
門鑰仍留 牌望催促傳敎

하교하기를,

"명패가 금오(金吾)의 문 밖에서 밤을 넘기는 전례가 있는지 없는지 알지 못하여 하나로 귀결 지어 전교하기가 어렵다. 그러나 지금 밤이 이미 깊었는데 중신이 줄곧 나오지 않고 있으니 과연 무엇에 근거한 것인가? 다시 더욱 각별히 재촉하고, 나온다고 했는지를 알아 오라."

하였다.

궐문을 그대로 유문하고 패망을 재촉하라는 전교
門鑰仍留 牌望催促傳敎

하교하기를,

"밤이 이미 4경(更)인데 아직도 소식이 없으니, 판윤을 엄히 추고하라."

하였다.

물어서 아뢰라는 전교
問啓傳敎

하교하기를,

"'중신이 오히려 다시 인의(引義)하니 어찌 이다지도 지나친가. 본직(本職)을 체차(遞差)해 주고 입시하게 한다면 나올 수 있겠는가?' 이런 뜻으로 판윤(判尹)에게 물어서 아뢰라."

하였다.

물어서 아뢴 뒤에 나오도록 권면하는 전교
問啓後勉出傳敎

아뢴 말은 22편 32판 〈판윤을 사직하는 상소〉 아래의 소주(小註)에 보인다.

하교하기를,

"이 문계(問啓)를 보니 비로소 중신(重臣)이 고집하는 바가 이와 같다는 것을 알겠다. 지난번 대신(大臣)이 연석(筵席)에서 아뢴 것은 결코 다른 뜻이 없었을 것인데, 중신은 어찌 이리 깊이 인혐할 것이 있겠는가. 지금 대신에게 물으면 대신도 응당 중신의 처의(處義)가 지나치다고 할 것이다. 이러한 뜻을 중신으로 하여금 알게 하고, 이어서 입시하게 하라. 명패에 나올지 알려 오지 않은 것이 벌써 이틀이나 되니, 중신이 또 어찌 전례가 없는 일을 처음 시작하여 국가의 체모가 훼손되는 것을 생각지 않는가. 정원은 각별히 재촉하라."

하였다.

본직을 해임하도록 하락하고 이어 입시하라고 명한 전교
許解本任 仍命入侍傳敎

하교하기를,

"본 직임을 해임해 준다면 즉시 연석에 나올 것이라고 중신이 이미 말했으니, 염우(廉隅)를 한번 펴게 해 주는 도리로 볼 때 이해해 주지 않을 수 없다. 지중추부사 채제공이 겸임하고 있는 경조(京兆)의 직임을 우선 체차해 주라. 지금은 밤이 이미 깊었으나 궐문을 그대로 유문(留門)하고, 즉시 입시하게 하라.[16]"

하였다.

16 즉시 입시하게 하라 : 대본에는 '卽爲入侍'로 되어 있는데, 문맥이 통하지 않아《일성록》정조 6년 10월 23일 기사에 의거하여 '卽' 앞에 '使之'를 보충하여 번역하였다.

성정각에서의 연설

誠正閣筵說

성정각에 입시하였을 때 상이 이르기를,

"경을 보지 못한 지 몇 달이 되었다. 내가 늘 국가에 황급한 일이 있으면 경에게 한 방면을 담당하게 할 만하다고 생각했는데, 지금 도리어 경으로 하여금 곤욕을 당하여 방황하게 하였고, 조정에 사고가 잇달아서 마치 마음속에서 잊어버린 사람처럼 만들었으니, 이것이 어찌 나의 마음이겠는가. 일전에 초계 문신(抄啓文臣)에게 시험을 보이면서 소식(蘇軾)의 사표(謝表)를 제목으로 내걸었는데 우등한 답안지 중에 '복념신(伏念臣)'이라는 하나의 장구(長句)가 경의 요즈음 자신을 위한 계책을 써낸 것 같았으니, 경은 소식과 다른 시대에 같은 상황에 놓였다고 할 수 있겠다. 그러나 요사이 경의 처의(處義)는 어찌 그리도 지나친가. 경은 이 판부사(李判府事 이명식(李命植))가 영은문(迎恩門)에서 아뢴 말을 들었는가?"

하여, 신이 대답하기를,

"강가에서 두문불출하느라 사람을 만나는 일이 드물었기 때문에 대신이 연석에서 아뢴 내용을 실로 들을 길이 없었습니다."

하였다. 상이 이르기를,

"이 판부사가 스스로 도청도설(道聽塗說)이라고 하였는데, 도청도설을 연석(筵席)에서 진달하여 남을 헤아릴 수 없는 죄과에 몰아넣었으니, 세상에 어찌 이런 일이 있을 수 있는가. 그의 지위가 대신이라서 마음먹고 용서하기는 했지만 세도(世道)에 대해 심히 개탄스럽다. 이명식(李命植)이 경에게 기꺼이 그렇게 하는 것은 무슨 이유인가? 영상이 경에게 너무 심하게 하는 것은 또 무슨 이유인가?"

하여, 신이 대답하기를,

"이명식은 가장 친한 친구이고, 영상은 같은 조정에서 일을 함께 하였는데 근자에 갑자기 이렇게 하니 그 까닭을 신이 감히 모르거니와, 설사 안다고 하더라도 어찌 감히 말하겠습니까."

하였다. 상이 이르기를,

"'도청도설' 4자가 이미 나왔으므로 경의 처지에서는 조금도 인혐(引嫌)할 만한 단서가 없다. 홍국영(洪國榮)이 정무를 담당하고 있을 때에 일찍이 나에게 말하기를 '모(某)가 유현(儒賢)의 상소를 보니 앞부분의 여덟 글자를 가지고 불만하는 말을 크게 드러내서 관료들에게 전파하였으니 도리로 볼 때 어찌 이렇게 할 수 있습니까.'라고 하였다. 내가 그 상세한 내용을 듣고 싶으니 경은 나에게 말해 주기 바란다."

하여, 신이 대답하기를,

"지난날 송덕상(宋德相)이 올린 상소의 앞부분에 '원빈이 세상을 떠났으니 종묘사직을 의탁할 곳이 없습니다.〔元嬪薨逝 宗社無托〕'라는 말이 있기에 신이 보고 놀라서 어떤 사람에게 말하기를 '원빈이 세상을 떠난 것이 국가로 볼 때 불행이라고 말하는 것은 괜찮다. 그러나 지금 「종묘사직을 의탁할 곳이 없다.」라고 하였으니, 원빈이 죽고 사는 것이 400년 종묘사직과 무슨 관계가 있는가. 그리고 「모양도리(某樣道理)」 네 글자는 더욱 지극히 헤아릴 수 없는 말이다.'라고 하였습니다. 신의 이 말을 들은 사람은 그 자리에 있던 한두 명에 불과한데 홍국영의 귀에 전해진 것에 대해서는 신 또한 어떤 경로를 통해서였는지 모르겠습니다."

하였다. 상이 이르기를,

"당시에 홍국영의 말투에서 경에게 화(禍)를 입히려는 기색이 있었으나 나는 이것으로 인하여 경의 충직함을 더욱 알게 되었다. 이것으로 말한다면 경은 실로 의리(義理)의 주인이다. 그런데 경을 알지 못하는 자들이 경에게서 억지로 작은 허물이라도 찾으려고 하니 어찌 통탄스럽지 않겠는가. 내가 경에게 부탁할 일이 한 가지 있다. 경이 서울에 있지 않은 뒤부터 경의 옛 친구들이 문란해져 기강이 없어서 아침에는 동쪽에 붙었다 저녁에는 서쪽에 붙었다 하여 모두 확고한 지조가 없으니, 이 또한 세도(世道)의 근심이다. 이후로 경은 부디 서울 집에 머물면서 전에 하던 것처럼 이들을 눌러서 동요하지 않게 한다면 이 또한 은혜에 보답하는 한 가지 일이라고 할 것이다."

하여, 신이 대답하기를,

"성상의 하교가 여기에까지 이르렀으니 신이 어찌 감히 받들기 어렵다고 답하겠습니까. 그러나 옛날에 관중(管仲)이 제 환공(齊桓公)에게 고하기를 '천한 자는 귀하게 만들지 못하고, 가난한 자는 부자로 만들지 못한다.'라고 하였는데, 참으로 이치가 극진한 말입니다. 지금 신은 욕을 당하고 버려진 사람이니 기강이 없는 사람들을 기강이 있게 하려고 하더라도 권세를 가진 사람들이 여러 가지 수단으로 꾈 것이니, 그들이 과연 저들이 제시하는 이끗과 녹봉을 버리고서 아무것도 나올 것이 없는 신을 따를지는, 반드시 그렇게 되리라고 보장하기 어렵습니다."

하였다. 상이 이르기를,

"만약 듣지 않는 자가 있으면 경이 본분을 지키지 않는 자를 지조해서 반드시 성토하라. 그렇게 한다면 어찌 징계하고 두려워하지 않겠는가."

하여, 신이 대답하기를,

"임금과 신하가 서로 하기 어려운 일을 하라고 주문하는 것은 요순(堯舜) 시대의 기풍입니다. 지금 전하께서 작은 일을 가지고 신에게 주문하시는 것이 이처럼 간곡하니 신은 이에 감히 사양하는 것을 일삼지 못하겠습니다."

하였다. 상이 이르기를,

"경은 늙었으니, 경이 아는 사람 중에서 반드시 경을 대신할 만한 사람을 얻어서 조정에서 미리 육성하고, 경 또한 육부(六部)의 예(例)와 조정의 계책을 가르쳐야 비로소 훗날 기용할 수 있을 것이니, 모쪼록 합당한 사람을 천거하기 바란다."

하여, 신이 대답하기를,

"성상의 하교가 이와 같으니 신은 황감(惶感)한 마음을 금할 수 없습니다. 그러나 인재를 천거하는 것은 대신(大臣)의 일이므로 신은 이 일에 간여할 수 없습니다. 더구나 신은 욕을 당한 사람으로서 자기 몸도 보존하지 못하는데 어느 겨를에 남을 알겠습니까. 이 일은 죽어도 감히 명을 받들 수 없습니다."

하였다. 상께서 재삼 하문하셨으나 신이 처음과 같이 굳게 사양하였다. 상이 이르기를,

"경이 고집하는 것이 이와 같으니 내가 굳이 다그쳐 묻지 않겠다."

하였다.

공조 판서의 직임을 사직하는 상소에 대해 비답을 내린 뒤에 특별히 내린 전교 갑진년(1784, 정조8)

辭工判疏賜批後別下傳敎 甲辰

하교하기를,

"공조 판서에게 비답을 내렸으니 즉시 패초(牌招)하고, 신칙하여 공무를 행하게 하라. 일전에 홍문영(洪文泳)에 대한 처분이 서용(敍用)하지 않는 것에 그친 것은 중신에게 조정에 나올 단서를 터 주기 위해서였다. 또 수부(水部)는 요직(要職)이 아니니 지금 나와서 숙배(肅拜)한다 해도 크게 낭패가 되지는 않을 듯하다. 어느 모르 보나 머뭇거려서는 안 된다. 이러한 뜻을 중신이 잘 알게 하고 즉시 들어와 숙배하게 하라."

하였다.-사직소는 22편 36판에 보인다.-

신하들에게 금령을 더욱 엄수하도록 밝게 유시한 비망기
洞諭諸臣申嚴禁令備忘記

하교하기를,

"근일 또 중신 채제공의 일로 소란이 자꾸 일어나 탄핵하는 소장이 몰려드니, 조정이 들끓는 것은 우선 놓아두더라도 내가 참으로 일일이 대응하느라 겨를이 없어 침식(寢食)도 거의 잊을 지경이다. 내가 이 중신의 일을 기필코 미루기만 하면서 허락해 주지 않는 것이 어찌 중신만을 위해서이겠는가. 나의 본뜻은 그동안 연석에서 이미 상세히 말하였다. 그런데 신하들은 내 말을 귀담아들으려 하지 않는다. 지론(持論)이 아주 과격한 자들은 내가 너무 지나치게 비호한다고 하고, 그 버금가는 자들은 내가 진안(鎭安)에 급급하여 우선 둘 다 옳다 하여 애매모호하게 만들려는 것이라 하는데, 이는 모두 나의 본뜻을 모르는 말이다. 비호니 진안이니 하는 것에도 많은 조리(條理)가 담겨 있다. 비호해서는 안 될 일을 비호하거나 진안해서는 안 될 일을 진안한다면 도리어 세도(世道)에 무궁한 해를 끼치게 되어 장차 추향(趨向)이 안정되지 않고 속습(俗習)이 날로 나빠질 것이니, 내가 비록 덕이 없는 사람이라 하더라도 어찌 차마 이런 일을 하겠는가. 만약 중신이 범한 잘못에 모든 사람들이 익히 아는 진상이 있고 단안이 있다면 이는 대동(大同)의 국론(國論)일 것이니, 내가 비록 비호하여 진안하고자 한들 되겠는가. 내가 분명하게 말할 것이니, 신하들은 자세히 듣기 바란다.

이른바 병신년(1776, 정조 즉위년) 봄의 일은 오늘날 신하들이 감히 뒤미처 제기할 수 있는 바가 아닐 뿐만 아니라 원안(原案)이 이미 세초(洗草)되었으니 지금은 빙고(憑考)할 것이 없다. 당시에 죄가 없음을 분명하게 밝혀 위로해 준 하교는 중신의 사직소 안에서 다 말하였다. 이른바 임인년(1782, 정조6) 봄의 일이라는 것은 이판부사(李判府事)가 거조(擧條)에서 "아무개와 더불어 아무 때 국안(鞫案)을 번복(飜覆)하려고 도모하였다는 문제는 아무개 집안 사람에게서 들었습니다." 하였는데, 지금 그 집안 사람은 죽기도 하고 유배를 가기도 하여 원래 지적하여 물어볼 데가 없다. 그렇다고 어디서 나온 말인지 어찌 대신(大臣)에게 질문할 수 있겠는가. 또 대신이라도 어찌 반드시 알겠는가. 이 외에 논핵된 사건들은 모두 이 두 해의 일처럼 조사하여 캐내기 어려우니, 중신이 곤경을 당한 전말의 대체는 이와 같을 뿐이다. 여기에서 나의 본뜻이 비호하려는 데 있지 않으며 또 진안하려는 데 있지 않다는 것을 알 수 있을 것이다.

아, 조정의 거조 가운데 형정(刑政)보다 큰일은 없다. 만약 조금이라도 불분명한 자취를 가지고 어떤 사람에게 갑자기 극률(極律)을 적용하여 무거운 벌을 내린다면 인심을 복종시키고 난적(亂賊)을 징토할 수 있겠는가. 한 중신의 생사에 관한 문제일 뿐이라면 실로 노심초사할 필요가 없겠지만, 내가 크게 두려워하는 것은 형정이 어그러지는 것이다. 내가 만약 온 조정이 시끄럽게 떠드는 주장에 이끌려서 부득이 사람들의 뜻을 따라 허락한다면 세상의 안목을 갖춘 자가 나를 어떠한 임금이라 하겠는가. 게다가 가장 두려운 것은 공의(公議)이다. 백세(百世) 전에도 그러하였거니와, 천년 뒤에도 그 공의를 국사(國史)에 적고 야사(野史)에 기록할 것이다. 임금이 형정의 어그러짐을 돌아보지 않는 것은 공의를 두려워하지 않는 것인데, 공의를 두려워하지 않고서도 나라가 위태롭지 않은 경우를 나는 듣지 못하였다. 오늘날의 조정 신하들이 여기에까지 생각이 미치지 못하는 것이 애석하다.

이로 인하여 또 가소로운 것이 있다. 첫 번째 일은, 신하들이 다시 감히 이러쿵저러쿵하는 일이 없어야 할 것이니, 차마 말하지 못하고 감히 말하지 못할 것이기 때문이다. 그렇다면 오늘날 청하는 바가 똑같은 일인데 전에 중지하였던 그 일을 근래 다시 뒤미처 제기한 것은 어째서인가? 또 두 번째 이하의 일로 말하더라도 근거가 없는 것으로 판명이 나거나 증거가 없어졌는데 일전에 한 재신(宰臣)이 사직 상소를 올리면서부터 갑자기 또 이처럼 번거롭게 하니, 조정의 거조가 과연 마땅한가? 내가 참으로 신하들의 행태에 대해 낯부끄러워 무어라 말해야 좋을지 모르겠다.

그리고 요즈음 죄주기를 청한 일은 또 어찌하여 일어났는가? 조정의 처분은 단지 그 자취를 잡고서 논단해야 한다. 마음속 생각을 주벌하는 형률이 경전(經傳)에 보이는가, 율령(律令)에 실려 있는가. 가령 윤득부(尹得孚)가 영합하거나 연연해하는 마음이 있어 몰래 그의 사주를 받았다 하더라도, 그 상소의 내용을 보아서는 실로 어느 단락 어느 구절이 그 증거의 단서가 되는지 알 수 없다. 더구나 이보다 더 큰 사건들도 증거가 불분명하다는 이유로 지난날에는 죄주지 않았는데 지금에 와서 도리어 억지로 죄목을 만든다면 당사자가 또한 두려워 복종하겠는가. 또 의리에 관계된 일이라 엄히 징토하지 않아서는 안 된다고 하는데, 이것도 반드시 그렇지 않은 점이 있다. 자취가 드러난 윤득부만 유배 보내거나 극형에 처하는 것이야 실로 무방하겠지만, 윤득부의 지친(至親)에서부터 절친한 벗들까지 연루시키는 것도 오히려 안 될 일인데, 더구나 윤득부와는 추향이 비슷하지도 않은 중신이야 말할 것이 있겠는가.

어제 연석에서 신하들이 혹 내가 중신에 대해 사사로이 좋아하는 바가 있는 것 같다고 하였는데, 이 무슨 말도 안 되는 소리인가. 병신년(1776, 정조 즉위년)과 정유년(1777) 이래로 난역(亂逆)이 번갈아 나왔지만 김귀주(金龜柱)나 홍인한(洪麟漢) 같은 처지에 있는 사람들도 만약 그 범한 죄가 용서할 수 없는 것이면 내가 모두 여러 말 하지 않고 일일이 그 죄에 따라 처벌하였지 일찍이 법을 굽히면서까지 은혜를 편 적이 없다. 그 외에 지위가 숭질(崇秩)에 이른 사람이라도 죄가 쌓이고 정적(情跡)이 드러난 자는 모두 상법(常法)으로 다스리면서 조금도 머뭇거리지 않았다. 내가 용단(勇斷)하는 데 뛰어나다는 것은 신하들도 거의 알 것이다. 이로써 따져 본다면 내가 중신에 대해 무슨 애석해할 것이 있다고 전에는 엄하게 하였다가 나중에는 소홀히 하여 형정(刑政)을 앞뒤로 판이하게 시행하겠는가. 지난번에 죄주기를 청한 일은 금령(禁令)에 분명히 있는 사안이었고, 이번에 죄를 성토하는 것은 경중이 자별하다.

아, 지금 이렇게 윤음을 내려 간곡히 말하는 것은 내 뜻이 어찌 한갓 비호하려는 것이겠으며, 한갓 진안하려는 것이겠는가. 하루 이틀 군신이 서로 버티고 있어 조정이 들끓는 꼴이 더 이상 말할 수 없을 지경이다. 그런데도 신하들은 오히려 쟁집(爭執)해 마지않고 있다. 이미 지난번에 내린 수교(受教)가 있으니, 나는 다시 말하지 않겠다. 모두 잘 알라."

하였다.

시원임 대신의 연명 차자에 대한 비답
時原任大臣聯箚批答

하교하기를,

"경들처럼 내가 가장 믿고 중시하는 반열에 있는 사람들이 오히려 서로 믿지 못하니, 어찌 서울과 지방의 뭇사람이 내 본뜻을 분명하게 알기를 바랄 수 있겠는가. 그 허물을 가만히 생각해 보면 오히려 누구를 탓하겠는가. 첫 번째 사안은-병신년(1776, 정조 즉위년) 봄에 있었던 요망한 환관의 일을 가리킨다.- 내가 다시 말하지 않겠다. 신축년(1781, 정조5) 7월 21일에 내린 전교와 경자년(1780) 12월 25일에 있었던 연석(筵席)의 대화 내용을 한 통 베껴 내어 종이 말미에 첩황(貼黃)[17]하니, 경들이 읽어 보면 알 수 있을 것이다. 두 번째 사안은-홍국영(洪國榮)과 반역을 도모했다는 모년(某年)의 의리를 가리킨다.- 찬배(竄配)되었던 가인(家人)이 아직 살아 있다면서 물어볼 데가 있는 것이라 하는데, 대개 그 가인이 찬배된 것은 경자년 가을이고 발론(發論)된 것은 임인년(1782) 봄이었다. 본 사안이 얼마나 중대한데 나랏일을 깊이 생각하는 대신(大臣)의 성의로 볼 때 어찌 3년 전에 들은 일을 이때서야 말하였단 말인가. 내가 일전의 비망기에서 '대신이 어찌 반드시 알고 있었겠는가.'라고 애매모호하게 말했던 것은 말을 드러내 놓고 하지 않기 위해서였고, 겸하여 대신을 비호하기 위해서였다. 그런데 이제 와서 경들이 이로써 나에게 거듭 아뢰니, 내가 비로

17 첩황(貼黃) : 임금이 직접 열어 보도록 봉하여 올리는 밀계(密啓)이다.

소 분명하게 말하지 않을 수 없다. 경들이 충후(忠厚)한 기풍을 생각지 않는 것이 애석하다. 차자에서 청한, 비망기를 도로 거두어들이라는 일은 모두 윤허하지 않겠다. 이에 나는 경들의 뜻을 계속해서 어기는 것을 면치 못하게 되었으니, 경들이 너그러운 마음으로 살펴주기 바란다."

하였다.

대신이 대명하고 있을 때 내린 전교
大臣待命時傳敎

하교하기를,

"비지에 눈에 거슬릴 만한 내용이 별로 없었는데도 경들은 엄한 비지라고 하니, 매우 이해하지 못하겠다. 경들이 만약 두려워 떨리는 말이라고 하고자 한다면 그 내용은 첩황(貼黃) 내용 중에 경자년(1780, 정조4) 겨울 연석(筵席)에서의 대화에 있지 않겠는가. 경들의 처의(處義)에, 중한 것을 버려두고 가벼운 것을 취하였다는 혐의가 없을 수 있겠는가."

하였다.

대신이 대명하고 있을 때 내린 전교
大臣待命時傳教

하교하기를,

"내가 실로 말을 함부로 하지 말아야 한다는 경계를 소홀히 하여, 마음에 들지 않아 하는 뜻을 간략하게나마 보였다. 이 또한 나의 망상이었는데, 경들을 이렇게 한밤중에 대명(待命)하게 만들었다. 이미 그 내용을 삭제하게 하였으니, 이제는 경들이 고집할 만한 단서가 조금도 없다. 매사에 어찌 이렇게까지 수고롭게 하는가. 경들이 마음을 가라앉히고 깊이 헤아려 주기를 간절히 바란다."

하였다.

세 대신이 차자를 재차 올린 데 대한 비답
三大臣再箚批答

하교하기를,

"경들의 일은, 경들이 볼 때 필시 마음속으로 후회스러울 것이다. 더구나 안팎에서 모두 보고 들을 텐데 말할 것이 있겠는가. 나의 정성과 신의가 믿음을 줄 수 있었다면 어찌 경들로 하여금 이런 절박한 곤경에 빠지게 했겠는가. 내가 스스로 허물하기에도 겨를이 없으니 경들에게야 무슨 잘못이 있겠는가. 현재의 급선무는 조정을 안정시키고 세도를 평안하게 만드는 것에 있다. 경들은 나에 대해 큰일을 함께하기에 부족하다고 여기지 않고, 혹 앞장서서 담당하여 도와줄 수 없겠는가."

하였다.

공조 판서를 체차해 주라는 전교

工判許遞傳教

하교하기를,

"포폄 계본(褒貶啓本)을 열어 볼 날짜가 며칠 남지 않았을 뿐만 아니라 현재의 처의(處義)로 볼 때 반드시 염우를 한번 펴고 싶을 것이니, 우선 해면을 허락하는 것이 실로 예의를 갖추어 신하를 부리는 방도에 부합할 것이다. 겸 공조 판서 채제공을 지금 우선 체차해 주라."

하였다.

교리 신기가 상소하여 무함한 것으로 인하여 신기를 사판에서 삭제하라고 명하는 전교

因校理申耆疏構捏 命削版傳教

하교하기를,

"중신(重臣)이 지난날 당했던 세 건의 일에 대해 내가 이미 중신을 위해서 남김없이 밝혀 주었으니, 아무리 말이 많은 무리라고 하더라도 이에 대해 말할 수 없을 것이다. 그런데 갑자기 또 아직 올라오지도 않은 상소에 있는 말을 애써 찾아내서 억지로 죄를 씌우고 극도로 무함하였다. 이 길이 한번 열리면 그 폐단이 어찌 중신 한 사람으로 그치겠는가. 그 외에 종이 가득 욕한 말은 몹시 무엄하다. 이런 버릇을 조기에 엄히 금하지 않는다면 조정에 온전한 사람이 없고 나서야 그칠 것이니, 멀리 귀양 보내는 법을 어찌 면할 수 있겠는가. 그러나 상소 내용에 80세 된 병든 노모가 있다고 하였으니, 이 점이 헤아려 주는 단서가 될 수 있겠다. 신기를 사판(仕版)에서 삭제하라."

하였다.

연명으로 상소한 비변사 당상을 파직하는 전교

聯疏備堂罷職傳敎

하교하기를,

“형정(刑政)이 어긋나고도 그 나라가 위태롭지 않았다는 말을 나는 듣지 못하였다. 그렇지 않다면 내가 한 중신에 대해 무슨 아끼는 것이 있어서 날마다 언로를 막는 것을 일삼겠는가. 내가 소홀히 생각하지 않는데 여러 신하는 아직도 내 마음이 확고하다는 것을 모르는가, 아니면 애써 승부를 가린 뒤에 그만두려는가? 일전에 차자에 대한 비답과 비망기에서 상세히 말하고부터, 가장 큰일을 이미 감히 다시 거론할 수 없게 되자 그 다음가는 일을 집요하게 물고 늘어졌다. 심지어 사직 상소의 구절을 날조해서 끌어다가 무리 지어 떠들어 대고 배척하였다. 내 처지에서 보면 더욱 그 졸렬함을 드러내고 있다는 것을 느끼게 된다. 여러 신하의 일은 거의 형칠(邢七)이 낭패를 봤던 것[18]보다 심하니 가소롭고 염려스럽다. 오늘 비변사 당상이 연

18 형칠(邢七)이……것 : 형칠은 송 철종(宋哲宗) 때의 간신(姦臣) 형서(邢恕)이고, 낭패는 언사(言事)가 도리에 어그러진 것을 말한다. 형서는 본래 정호(程顥)의 제자로서 사마광(司馬光), 여공저(呂公著) 등의 문하에 출입하여 명성이 자자했으나, 뒤에 장돈(章惇) 등 소인과 손잡고 사마광, 여공저 등 원우(元祐) 구신(舊臣)들을 모함하여 궁지에 빠뜨렸던 자이다. 정이(程頤)의 제자가 정이에게 “형칠이 오랫동안 선생을 모셨으나 전혀 지식이 없었기 때문에 뒤에 크게 낭패한 것입니다.”라고 하자, 정이가 “지식이 전혀 없다고 할 수는 없다. 다만 의리(義理)의 마음이 이욕(利欲)의 마음을 이기지 못해서 이런 지경에까지 이른 것이다.”라고 하였다. 《宋史 卷471 姦臣列傳 邢恕》《近思錄 卷7 出處》

명으로 상소한 일은 얼마나 괴이한가. 지위가 중재(重宰)에 이른 자들이 이와 같이 소란을 피우니, 여러 신하야 걱정할 것도 없지만 훗날 지금을 보는 자들이 조정에 인재가 있었다고 하겠는가. 정경(正卿)의 반열에 사람이 부족하여 자리를 채울 수 없다고 하지만 진실로 구하고자 한다면 또한 어찌 인재가 없겠는가. 이러한 경재(卿宰)는 결코 허물을 덮고 그대로 두어서는 안 되니, 연명으로 상소한 비변사 당상들을 모두 파직하고 서용하지 말라. 그 가운데 무장(武將)은 말을 내고 발론(發論)하는 것이 원래 문재(文宰)와는 조금 다르고 융원(戎垣 대장(大將)) 또한 자주 체차하는 자리가 아니니 우선 파직하는 법을 시행하라."

하였다.-이때 경재와 무장 들 중에서 파직된 자가 도합 15명이었다.-

전강 때의 연설
殿講筵說

병오년(1786, 정조10) 9월 10일 전강에 입시했을 때 대신(大臣) 이복원(李福源) 등이 세 건의 일을 다시 말하고, 이어 국방의 요충지를 담당하게 해서는 안 된다고 아뢰었다. 상이 이르기를,

"내가 분명히 말하겠으니 경들은 들으라. 환관의 공초(供招)에 관한 일은 외정(外廷)에서 알 수 있는 일이 아니니, 경들이 오늘 한 말은 본 사안과 전혀 가깝지 않다. 이는 중신(重臣)이 원래 한 당파의 영수이기 때문에 병신년(1776, 정조 즉위년)의 옥사 때에 흉악한 무리가 그 명망을 등에 업으려고 이런 말을 한 것이다. 의리를 번복한 일은 고(故) 상신(相臣)-이휘지(李徽之)-이 임인년(1782)에 아뢸 때 집안사람에게 들었다고 하였고, 그 후의 상소에서 길에 떠도는 말을 들었다고 핑계 댔으니, 길에 떠도는 말을 그대로 믿을 수 있겠는가. 그 후에 선정전(宣政殿)과 영은문(迎恩門)에서 아뢴 말을 경들은 들었는가? 미루어 떠넘긴 곳이 있고, -서명선(徐命善)- 스스로 빈 그림자라고 하였으니, 빈 그림자란 속언(俗言)에 '허사(虛沙)'라는 말이다. 옛날 허새(許璽)의 옥사(獄事)[19] 때에 서로서로 일러바쳐

19 허새(許璽)의 옥사(獄事) : 1682년(숙종8) 10월 21일 전 병사(兵使) 김환(金煥) 등이, 남인 허새, 허영(許瑛), 민암(閔黯), 유명견(柳命堅) 등이 복평군(福平君) 이연(李㮒)을 임금으로 추대하려 했다고 임술고변(壬戌告變)을 일으켰다. 이 사건은 김석주(金錫胄)가 심복인 어영대장 김익훈(金益勳)을 시켜 남인들을 제거할 목적으로 꾸민 무고였다. 따라서 심문 과정에서 조작의 혐의가 짙었으나 허새와 허영 등은 심한 고문

서 끝내 귀착되는 곳이 없었기 때문에 민간에서 일에 허망한 경우가 있으면 곧 '허사'라고 지목하니, 이것이 과연 믿을 만하겠는가. 설령 이런 일이 있었다고 하더라도 고 상신이 살아 있을 때에 대질하기를 청했어야 하는데 어찌하여 일언반구도 없었단 말인가. 지금 중신을 죄주려고 한다면 반드시 먼저 고 상신을 소급하여 죄주기를 청해야 일의 체모가 타당할 것이다. 그 외 한 건은 고 상신이 연석에서 아뢴 말이 근거가 없어진 뒤에 처음 나온 것인데 억지로 그 죄를 구성한다면 이것이 어찌 말이 되겠는가."

하였다. 대신이 아뢰기를,

"채제공이 평소에 기세가 있었기 때문에 고 상신이 겁을 내서 그 말이 이처럼 달라진 것입니다."

하여, 상이 이르기를,

"무고(無故)한 사람을 조정에서 편안히 있지 못하게 하니, 그렇다면 변방을 맡기는 것 또한 사람을 기용하는 방법이다. 내가 생각한 지 오래되었다. 행행(行幸) 때마다 소매 안에 밀부(密符)를 하나 넣어 두고서 중신을 만나면 꼭 주려고 하였으니, 이는 중신은 반드시 연로(輦路)에서 임금을 맞이하고 전송하는 것이 곧 그 규모이기 때문이었다. 일전에 마침 연로에 엎드려 있는 것을 보았으니 어찌 주지 않겠는가. 반드시 서쪽 변방을 맡겨 주었던 것은 중신이 일찍이 서백(西伯 황해도 관찰사)이 되어 백성들에게 혜택을 입혀서 백성들이 지금

끝에 사형당했고, 이덕주(李德周)는 장사(杖死)되었다. 그러나 남인 민암과 유명견 등은 무혐의가 입증되어 석방되었고, 사건의 일부가 무고로 판명되면서 오히려 김환은 귀양 갔고, 전익대(全翊戴)는 사형당했다.《肅宗實錄 8年 10月 27日, 11月 2日》

까지도 잊지 못하고 있다고 하였기 때문이다. 내가 경들의 행위를 헤아렸기 때문에 해당 조(曹)에서 단부(單付)한 계목(啓目)을 올리기를 기다리지 않고 이미 전임 병사(兵使)에게 교귀(交龜)하는 장소에 나가 대기하면서 신임 병사가 이르기를 기다리라고 하였다. 또 중신에게 유지(諭旨)를 내려, 문반(文班) 수령이든 남반(南班) 수령이든 무반(武班) 수령이든 명령을 어기는 자가 있으면 즉시 곤장을 친 뒤에 장계로 보고하라고 하였다. 내가 이미 이와 같이 하였으니 어찌 공무(公務)를 폐기할 단서가 있겠는가. 옛날에 일진일퇴(一進一退)할 때에는 서로 '역(逆)' 자를 덮어씌웠다. 지금은 진퇴하는 일이 없는데도 다시 이 버릇을 답습하여 곧바로 무고한 사람을 역적이라고 하였다. '역(逆)'이라는 한 글자가 그 사람에게는 생사의 갈림길에 놓이는 일일 뿐만이 아니니 두렵기가 어떠하겠는가. 그리고 처음에 논핵할 때에는 맡은 일의 잘잘못에 불과하였는데, 병조 판서에 제수하고 나서 비로소 역적이라고 지목하였다. 그 후로 관직에 제수할 때마다 한층 더 무거운 죄안을 덮어씌웠으니 천하에 어찌 이와 같은 역적이 있겠는가. 내가 임용한 사람이 많지만 조정에 이 중신만 한 사람이 없는데 한쪽에서 반드시 제거하려고 하니, 이것이 구습이 아니고 무엇이겠는가. 내가 비록 보잘것없지만 경들은 근거 없고 맹랑한 말로 농락해서는 안 된다. 중신은 나의 사사로운 사람이 아니니, 만약 실제로 죄가 있다면 내가 무슨 애석할 것이 있겠는가."

하였다. 이복원 등이 남을 무고(誣告)한 죄를 받기를 원하였다. 상이 이르기를,

"나는 단지 중신을 무고(無故)하고 온전한 사람으로 만들려는 것이고, 반좌율(反坐律)까지 적용하려는 것은 아니지만, 경들의 소행이

옳지 않다고 여긴다. 비록 남을 무고(誣告)한 형률을 시행하지는 않겠지만 조금 뒤에 경들은 그 책임을 면치 못할 것이다."

하였다. 상이 대내(大內)로 돌아간 뒤에 병조 판서 이명식(李命植) 등이 다시 운운하니, 상이 이르기를,

"많은 말을 하지 말라. 병조 판서는 참으로 언덕 위에서 구슬을 굴리는 듯한 형세이다."

하였다.

평안 병사로 부임할 때 정원에 내린 유지

平閫赴任時政院有旨

하교하기를,

"조정에는 기강보다 엄한 것이 없고 병사의 직임은 사체가 중대하며 더욱이 군율(軍律)과 관계되니, 요즈음 조정의 상황으로 미루어 보면 반증(反證)할 수가 있을 것이다. 병영(兵營)에 도착했을 때 지방 고을에서 체모나 예절 등의 일을 회피하는 경우가 있으면, 시종신(侍從臣) 이외에 문관(文官) 수령이나 음관(蔭官) 수령을 막론하고 죄과를 범한 자는 해당 수신(帥臣)이 우선 영문에 잡아와서 곤장을 치게 하라. 이는 기강을 보존하고 군율을 중시하는 뜻이다. 우선 이러한 뜻으로 평안 병사에게 하유하고, 열읍(列邑)을 신칙하여 범하지 말게 하라. 이와 같이 하교한 뒤에 조금이라도 문란한 일이 있으면 수령에게는 기율로써 등급을 더하여 처벌할 것이니, 이로써 일체 엄히 신칙하라."

하였다.

11일의 연설
十一日筵說

11일 입시하였을 때, 대신(大臣)과 이명식(李命植)이 앞의 말을 거듭 아뢰었다. 상이 이명식을 돌아보고 이르기를,

"어찌하여 조준(趙琝)에 대해서는 다시 말하지 않고 채제공만 논하는가. 경은 함께 논해야 옳다."

하니, 이복원(李福源) 등이 아뢰기를,

"어찌 남을 무고(誣告)하면서 삼사(三事)에 의거할 이치가 있겠습니까. 내쳐서 물리치소서."

하였다. 상이 이르기를,

"물러나고 싶으면 물러나면 될 것이다. 어찌 이 직임을 감당할 사람이 없겠는가. 채제공으로 말하면 이미 평안 병사가 되었으니 잘못된 무고를 씻기에 충분한데 어찌 이 직임을 수행하지 못하겠는가."

하였다.-대신이 물러 나와 대명(待命)하였다.-

이문원에서의 연설

摛文院筵說

12일 시원임 대신(時原任大臣) 및 비변사 당상(備邊司堂上), 삼사(三司)가 이문원의 재소(齋所)에 입시하였다. 상이 이르기를,

"오늘 입시하라고 명한 것은 오로지 채제공 때문이다. 경들이 매번 세 건의 일을 가지고 말하는데, 역대 이래로 어찌 이렇게 실체를 잡을 수 없는 역적이 있었겠는가. 내가 모년(某年)의 일에 대해 차마 말하지 못하고 지금까지 고식적으로 넘겨 왔다. 오늘은 화내지 않고 낱낱이 말하겠다. 첫 번째는 역적 환관의 일이다. 그 실상은 중신이 김수현(金壽賢)과 서로 아는 사이가 아니고, 당시에 뜻을 얻지 못한 무리가 중신의 말을 반드시 등에 업으려고 하였으나 중신은 그 일을 알지 못하였다. 이것은 종반(宗班)이 아는 것이 없는 상태에서 추대(推戴)에 들어온 것과 다를 것이 없다. 만약 이름이 역적의 공초에 나왔다는 것으로 꼬투리를 잡아 고집한다면, 조정 안에 이름이 역적의 공초에 나왔는데도 공(公)이 되고 경(卿)이 되는 데에 장애가 되지 않는 사람을 어찌 이루 다 셀 수 있겠는가. 둘째는 집안사람들의 말이다. 이것은 고(故) 상신(相臣)이 스스로 빈 그림자라고 하였으니, 다시 말할 필요가 없다. 셋째는 흉언(凶言)이다. 이른바 흉언이라는 것이 과연 무슨 말인가?"

하고, 신하들에게 차례로 하문하였는데, 모두 모른다고 대답하였다. 상이 이르기를,

"모르면서 억지로 역적이라고 하니, 고금 천하에 어찌 이런 일이

있을 수 있는가."

하니, 이복원이 아뢰기를,

"이른바 흉언이라는 것을 신이 알고 있으니, 역적 박상로(朴相老)의 말과 같습니다."

하였다. 상이 이르기를,

"아니다. 내가 말하겠다. 이것은 '어휘(御諱)……'라고 한 것이다. 당초에 조재한(趙載翰) 무리가 이 말을 지어냈기 때문에 고 상신이 연석에서 아뢴 말이 근거 없는 말이 된 뒤에 시기하고 질투하는 자들이 견강부회(牽强附會)해서 중신에게 끌어댄 것이다. 이 무리들은 모두 이미 복법(伏法)되었으니, 중신이 어찌 이런 말을 했겠는가. 이 말은 오늘 내가 비로소 환히 밝혀 말하였으니, 경들이 이른 바 세 조목이라는 것이 어찌 남김없이 근거 없는 말이 되지 않겠는가."

하였다. 연석에 나온 대신(臺臣)들이 조금 다투려고 하자 상이 큰소리로 이르기를,

"임금이 이미 단정해서 말했는데 관직이 대간(臺諫)이라고 하더라도 어찌 감히 이런 마음을 낸단 말인가. 오늘의 여러 신하가 없더라도 대체할 다른 사람이 없을 것을 근심하지 않는다. 입시한 경재(卿宰)들은 물러나고 싶으면 모두 물러나라."

하고, 이어 대신(臺臣)을 삭직(削職)하라고 명하였다.

전 정랑 김복인의 상소에 대한 비답
前正郎金復仁上疏批答

하교하기를,

"덧붙여 아뢴 것은 당금의 상황을 그려 내면서 진실을 말하였으니, 어찌 귀만 트였겠는가. 눈까지 번쩍 뜨였다. 강경하고 분명한 말이 그대처럼 소원한 처지에 있는 사람에게서 나올 줄은 생각지도 못하였으니, 보면서 나도 모르는 사이에 가려운 곳을 긁어 주는 것 같았다. 그러나 아래 한 구절은 크게 살피지 못한 점이 있다. 남에 대해 사람을 억지로 몰아세운다고 논하면서 그대가 도리어 남을 억지로 몰아세웠으니, 말을 가리지 않은 것이 애석하다. 이런 말을 하였는데 너그럽게 용서하고 지나간다면, 이보다 앞서 중신을 위해 애써 신원(伸冤)해 준 일이 다만 사사로이 좋아한 것이 되어 버리고 말 것이다. 전편(全篇)이 뛰어난 문장이라고 해서 잘못을 처벌하는 데에 주저해서는 안 된다. 그대는 그리 알라."

하였다.

또 내린 비망기

又下備忘記

하교하기를,

“전 정랑 김복인의 상소 가운데 시폐(時弊)를 언급한 것에 대해 방금 우악(優渥)한 비답을 내렸다. 근자에 중신 채제공의 일로 정신을 많이 소비하고 누차 하교를 내린 것이 어찌 중신 한 사람의 처지를 위해서였겠는가. 첫째도 조정의 신하들을 위해서이고, 둘째도 조정의 신하들을 위해서이다. 만약 이제부터 세도가 안정된다면 사람마다 뜻하지 않은 재앙에 걸리지 않을 것이고 애매모호한 죄에 걸리지 않을 것이니, 이는 실로 조정 신하들의 복이다. 국가도 어찌 함께 그 이익을 누리지 않겠는가. 조정의 신하들은 이러한 뜻을 충분히 인식하였는가?”

하였다.

채제공이 당한 첫 번째 건이 근거 없는 일이 된 것에 대한 전교

以所遭第一件脫空事傳教

하교하기를,

"평안 병사가 당한 일 중에서 첫 번째 건-환관의 공초를 가리킨다.-이 밝히기가 가장 어렵다. 대체로 그 말은 을미년(1775, 영조51)과 병신년(1776) 사이의 연석에서 나왔으나 곧바로 근거 없는 말로 밝혀졌다. 당시에 이 일을 가지고 또한 평안 병사와 수작하였는데, 조정의 신하들은 연석에서의 대화만 알고 있다고 하였다. 그러나 근거 없는 말로 밝혀진 전말에 대해 듣지 못한 자가 듣자마자 퍼뜨려서 그 일을 말하지 않는 사람이 없게 되었다. 이것이 바로 내가 연석에 나온 신하들에게 단정해서 말하면서 일의 체면이 온당치 못함을 돌아보지 않는 이유이다."

하였다.

죄가 있는 자를 내치고 허물이 없는 자를 등용하는 데 대한 전교
斥有罪 用無累傳敎

하교하기를,

“죄가 있는 자는 배척하고 허물이 없는 자는 등용하여 조정의 거조(擧措)가 분명하게 한결같이 바른 데에서 나오고, 지위가 높은 근신(近臣)이라고 해서 용서해 주지 않고 소원한 사람이라고 해서 잘못 죄과(罪過)에 걸리지 않게 한다면 무너진 기강을 진작할 수 있고 시끄러운 세속(世俗)을 안정시킬 수 있을 것이다. 그런데 6, 7년 내에 불행하게도 세상일이 너무 복잡다단하여 신하들이 시끄럽게 다투는 대로 내버려 두었으니, 내가 어찌 까닭 없이 그렇게 하였겠는가. 구원할 방편의 계책은 ‘백성들을 쉬게 하고 길러 준다.〔休養生息〕’라는 네 글자에서 거의 벗어나지 않는데, 지나치게 포용하여 임시변통하게 되고, 지나치게 부드럽게 대하여 속박하게 되었으며, 보살펴 준다는 것이 화를 기르게 되었고, 애매모호하게 처리해서 밝히기 어렵게 되었으니, 폐단을 구제하려고 했던 것이 도리어 폐단을 만드는 결과가 되고 말았다. 지난달 빈연(賓筵)에서 내가 단언한 일이 있었으니 이것이 어찌 그렇게 하지 않아도 되는데 그렇게 한 것이겠는가. 바로 허물이 없는 사람을 애매모호함에서 벗어나게 하고자 한 것이니, 이제부터는 상황이 조금 펴질 것이다. 그러나 김우진(金宇鎭)의 죄에 대해서는 돌보아 주려다가 도리어 결말짓지 못한 하나의 사안을 만들고 말았으니, 어찌 그의 집안을 보호하고 세신

(世臣)을 온전히 하는 본의이겠는가."

하였다.-이 아래 내용은 기록을 빠뜨렸다.-[20]

20 이 아래……빠뜨렸다 : 이 아래 연결된 내용은 다음과 같다. 병신년(1776, 정조 즉위년)에 역적 이덕사(李德師)와 조재한(趙載翰)의 옥사를 조정에서 조용히 처벌한 것은 차마 말할 수 없는 일이었기 때문인데, 김우진(金宇鎭)이, 이 옥사를 다스린 공로를 가지고 존호를 올리자는 의론을 올리고 계사(啓辭)의 초안을 작성한 일이 있었다. 이때 정조가 처벌하지 않고 불러서 꾸짖기만 하였는데, 김우진이 정조의 뜻을 헤아려 자숙하지 않고 더욱 방자한 행동을 하였다. 이에 정조가 김우진을 사판(仕版)에서 삭제하라는 명을 내렸다. 《日省錄 正祖 10年 10月 15日》

평안 병사에서 체차되어 돌아와 병부를 반납한 뒤에 서추의 직함에 대해 사은숙배하고 입시하라는 비망기

정미년(1787, 정조11)

平閫遞歸納符 命肅西樞入侍備忘記 丁未

하교하기를,

"조정으로 돌아온 지 이미 나흘이 되었고, 병부를 반납한 지도 이미 나흘이 되었으며, 대명(待命)한 지도 이미 나흘이 되었고, 머물러 기다리라는 명을 내린 지도 이미 나흘이 되었다. 그런데도 날마다 몇 차례 의례적으로 신칙하기만 할 뿐 아직껏 별도로 재촉하는 하교를 하지 않은 것은 나에게 생각이 있어서였다. 이 중신(重臣)이 그동안 위험한 고비를 수없이 겪고 겨우 사지에서 벗어나 이제 명백한 평인(平人)이 되었는데, 나오기를 면려하며 몰아붙여서 도리어 핍박하는 지경에 두고 싶지 않았다. 이 때문에 비로소 상소를 올리도록 허락하여 비답을 받든 후에 와서 기다리게 하였고, 비답을 받들고 나서는 또 사은숙배한 후에 입시하도록 하였다. 조정이 중신을 시종 곡진하게 대한 것이 이와 같았다. 그런데도 오히려 한나절 동안 연영문(延英門)에서 대죄(待罪)한다고 칭하였고, 승지는 대궐에 나온 지 이미 오래인데도 아직껏 소식이 없으니, 분의(分義)로 볼 때 매우 온당치 못하다. 지사(知事) 채제공을 엄하게 추고하여 사은숙배한 뒤에 대궐에 나오게 하라."

하였다. -평안 병사에서 체차되어 돌아온 뒤에 죄를 청한 상소는 23편 1판에 보인다.-

성정각에서의 연설

誠正閣筵說

성정각에 입시하였을 때에 상이 이르기를,

"경이 겪은 일들은 거의 사람이 견디지 못할 정도였는데 지금 경의 용모를 보건대 전보다 못하지 않으니, 경처럼 강인한 사람은 세상에 견줄 사람이 없을 것이다."

하니, 대답하기를,

"이는 참으로 신이 어리석고 우둔한 소치이지만 그 속은 이미 썩어서 남은 것이 없습니다."

하였다. 상이 이르기를,

"요즈음 조정의 신료들이 모든 일을 반드시 임금의 뜻을 엿보고 나서야 행하고 있다. 내가 경과 틈이 벌어지지 않았다면 아래에 있는 자들이 어찌 이런 식으로 일을 하겠는가. 심한 경우에는 내가 경을 관직에 제수하면 자기들끼리 암암리에 말하기를 '이것은 성상의 뜻이 모(某)로 하여금 또 한 번의 낭패를 당하게 하려는 것이다.'라고까지 하여, 떼 지어 일어나서 모욕을 주니, 이런 풍습이 옛날에 어찌 있었겠는가. 이 때문에 내가 매번 경으로 하여금 이런 지경에 이르게 하니, 이것은 나의 잘못이다. 임금이 스스로 증인이 되는 일이 사체(事體)에 온당치 못하다는 것을 내가 어찌 모르겠는가. 그러나 그들이 말하는 세 조목이라는 것에 대해, 내가 이미 그것이 잘못된 무고(誣告)임을 환히 알아서 전후로 명백하게 밝힌 것이 몇 차례였던가. 그런데도 끝내 나의 말을 믿어 주지 않았기 때문에 끝에 가서는 직접 신하들을 대하여 단정적으로 말하고 입증하였으니, 이는 부득이해서였다."

하니, 대답하기를,

"옛사람이 다시 살려 준 것을 호천망극(昊天罔極)의 은혜라고 하였는데, 성상께서 신을 다시 살려 주신 것이 전후로 몇 차례였습니다. 그리고 작년 9월 12일에 신하들에게 내리신 전교는 실로 서책에도 없는 특별하고 큰 은혜입니다. 그러나 신이 두려워하고 상한 나머지 죽을 날이 얼마 남지 않았으니, 조그마한 보답이라도 세세생생(世世生生) 갚겠다는 것으로 기약하겠습니다."

하였다. 상이 이르기를,

"경이 근년에 초야(草野)에서 방황하고 있을 때에 백성들의 바람이 경에게 쏠린다는 것을 나 또한 들어서 알고 있다. 내가 이미 다시 살려 주는 은혜를 베풀었으니, 경은 반드시 보답하기를 도모해야 할 것이다."

하니, 대답하기를,

"신이 나라의 은혜에 보답하려고 한다는 것은 신명(神明)이 알고 있습니다. 다만 신의 마음은 이와 같지만 재능이 그것을 이룰 수 없고, 또 그 정세(情勢)가 이번 생(生)에는 결코 관디(冠帶)를 착용하고 조정에 서서 조정의 사람들과 함께 일을 주선할 수 없습니다. 바라건대 성상께서는 다시는 신에게 직함을 내리지 말아서 다시 살려 주신 은혜를 끝까지 이루어 주소서."

하였다. 상이 이르기를,

"지금부터는 모쪼록 이전의 태도를 조금 고쳐서 지금 사람들에게 미움을 쌓아 내가 우려하게 하지 말기 바란다. 보답하기를 도모하라는 내 말은 오늘이나 내일을 말하는 것이 아니다. 의당 경을 부를 때가 있을 것이다."

하였다.

번암집

권수 하

사륜絲綸

어찰御札

사륜 絲綸

재상에 임명하는 비망기 무신년(1788, 정조12)

拜相備忘記 戊申

하교하기를,

"지금 어필로 경에게 정승 직책을 제수한 것이 어찌 내가 경을 사사로이 좋아하여 한 일이겠는가. 평소에 말이 충성스럽고 행실이 독실하였으니 정승에 제수한 것이 또한 늦었다고 하겠다. 경은 나의 간절히 기다리는 뜻을 헤아려 오늘 바로 숙배하여 덕이 없고 사리에 어두운 나를 보필하여 널리 시사(時事)를 구제하라."

하였다. 이어 전교하기를,

"이 돈유(敦諭)를 승지를 보내서 새로 임명한 우의정에게 전유(傳諭)하게 하라."

하였다.-서계는 28편 1판에 보인다.-

법령을 선포하는 전교

懸法傳教

하교하기를,

"정승을 임명하는 것은 지극히 신중한 일이니, 어찌 조금이라도 허술하게 헤아렸겠는가. 오늘의 거조는 이미 여러 해 전부터 마음속으로 헤아려 왔던 일이다. 지금까지는 중요하지 않은 직임이라도 제수하기만 하면 갈등만 일으키므로, 이 때문에 전혀 제기하지 않았으니, 이는 시비를 잠재우고 소란을 진정하여 서로 잊어버리고 성숙해지기를 기다리고자 한 것이었다. 이것이 어찌 이 대신 한 사람의 처지를 위해서이겠는가. 나의 의도 또한 깊고 장구했던 것이다. 대체로 재작년 가을에 빈연(賓筵)에서 단정적으로 내린 하교가 첫 번째 전환의 계기가 되었고, 그 후에 평안 병사로 제수한 전지가 두 번째 전환의 계기가 되었다. 이미 거듭 환하게 밝혔고 또 죄를 씻어 등용하였으니, 지금의 이 직책은 당연히 오게 되는 절차이다. 여러 신하가 잘못된 거조로 간주해서 다투어 서로 떠들어 대니, 어찌 이렇게도 지나치게 잘못 생각하는 것인가. 내가, 대동단결하고 크게 조화로운 정치를 하고자 하는 일념으로 자나 깨나 잊지 않고 있으니, 이것은 여러 신하가 항상 잘 알고 있는 바이다. 더구나 이 대신을 끝내 불우하게 둘 수 없다는 것을 여러 신하가 또한 필시 모르지는 않을 것이다. 그렇다면 오늘 후원(喉院)과 옥당의 일은 어찌 형식에 가깝지 않겠는가. 사람을 등용하거나 버리는 임금의 권한을, 여러 신하에게 휘둘려서 장차 신하들이 권한을 잡게 해서야 되겠는가. 요즘 풍속이 너무 어지러워서 조정의 체모와 사체(事體)조차 모르고 있으므로 이렇게 유시하지 않을 수 없었다. 이것은 바로 법령을 선포하는 뜻이고 사전에 경계하는 명령이니, 이렇게 모두 알게 하라."

하였다.-서계는 28편 1판에 보인다.-

친림하여 교지를 내리겠다고 명령을 내린 비망기

親臨宣教下令備忘記

하교하기를,

"어제의 거조(擧措)와 어제의 하교에서 내 생각을 이미 자세히 보여 주었고 또 법을 제정해 소란을 금하였으니, 지금 이후로는 많은 말을 하지 않겠다. 대관(大官)과 언관(言官)으로부터 서료(庶僚)와 백집사(百執事)에 이르기까지 다시 '채 우상(蔡右相)' 세 글자를 말하는 자가 있다면 임금 말을 믿지 않는 것이니, 불경(不敬)이 아니고 무엇이겠는가. 나는 결코 신하들에게 휘둘리지 않을 것이다. 먼저 이 뜻을 시원임 대신에게 전하여 즉시 각 관사에 통지하게 하고, 정원에서 이 전교를 삼사(三司)에 분부하라. 어젯밤의 돈유(敦諭)에 그래도 규례를 갖추려는 뜻으로 상소에 대한 비답을 받들기를 기다려 다시 돈유해서 재촉하겠다고 말하였는데, 지금의 모양을 보면 신하가 임금에게 대항하고 있으니 그 조짐을 자라게 해서는 안 된다. 오늘날 조정에 임금의 권위가 있다면 한 대신을 초치할 수 없겠는가. 내가 응당 연영문(延英門)으로 가서 대신에게 교지를 친히 내리겠다. 대신도 신하인데 이러한 때에 어찌 감히 구구한 사의(私義)를 돌아보겠는가. 즉시 들어와 숙배하라는 내용으로 승지를 보내어 우의정에게 전유하게 하라. 교지를 내릴 처소는 연영문으로 하라."

하였다.

사관을 보내 선유한 전교

史官宣諭傳敎

하교하기를,

"교지를 친히 내리기 위해 지금 연영문으로 가려고 한다. 시간이 이미 되었는데, 경의 분의(分義)로 볼 때 어찌 이처럼 지체할 수 있는가. 경은 모름지기 군신의 대의(大義)를 생각하서 즉시 들어와 우선 숙배 단자를 올리라는 내용으로 다시 사관을 보내 우의정에게 전유하게 하라."

하였다.

연영문에 친림하여 승지를 통해 보낸 전유
親臨延英門承旨傳諭

하교하기를,

"'세 번 상소하기 전에 나오게 하는 것은 예로써 신하를 부리는 도리가 아니라고 한 경의 말이 그럴듯하기는 하다. 그러나 세 번 상소하는 것은 세 번 상소하는 것이고, 친히 교지를 내리는 것은 또 별개의 일이다. 임금으로 하여금 문에 나와 경을 기다리게 하고, 경은 신하의 몸으로 앉아서 소명(召命)에 항거하니, 이것이 어찌 신하의 분의(分義)상 감히 할 수 있는 일이겠는가. 이때에 경이 금호문(金虎門) 밖에서 대명(待命)한다고 하는데, 가까운 거리에서 서로 버티는 것이 또한 어찌 말이 되는가. 경은 군신의 대의(大義)를 깊이 생각하여 즉시 들어와 나의 면유(面諭)를 들으라.'라는 내용으로 승지를 보내 다시 전유하고, 기필코 함께 들어오게 하라."

하였다.

연영문에 친림하여 승지를 통해 보낸 전유

親臨延英門承旨傳諭

하교하기를,

"'경이 다시 예로써 신하를 부리는 뜻으로 이렇게 혐의를 삼고 있는데, 경은 모름지기 생각해 보라. 예는 고금(古今)이 다르니, 세 번 상소한 뒤에 나와 벼슬을 받는 것은 지금의 예이고, 임금이 부르면 수레에 멍에 메우기를 기다리지 않고 즉시 달려 나오는 것은 옛날의 예이다. 더구나 교지를 친히 내리기 위해 몸소 법가(法駕)를 거둥한 것이 또 어찌 옛날의 예보다 더한 옛날의 예가 아니겠는가. 이에 헤아려 택한다면, 경은 필시 다른 할 말이 없을 것이다. 대의에 관계되고, 임금의 권위는 지극히 중대하니, 다시 깊이 생각하여 세속의 규례에 얽매이지 말기를 바란다. 시원임 동료 정승도 와서 대령하여 함께 나아가 맞이하라고 명하였으니, 이러한 사실을 모두 잘 알고 즉시 조정에 나오라.'라는 내용으로 데리러 간 승지는 다시 전유하라."

하였다.

데리러 간 승지를 통해 내린 전유

偕來承旨傳諭

하교하기를,

"'승지가 돌아와 아뢴 것을 연이어 들어 보니, 어제 여러 승지가, 상소한 뒤에 염치를 무릅쓰고 나와 숙배하는 것은 예를 다해 임금을 섬기는 도리가 아니라고 하면서 이처럼 고집한다고 하였다. 경이 너무 헤아리지 못하고 있는 것이 애석하다. 경에 대해 이러쿵저러쿵 비난하는 저 말들을 이미 엄하게 물리쳤으니, 경의 도리로 볼 때 단지 그들의 일은 그들에게 맡겨 두고 오직 의리로써 거취를 결정하기만 하면 된다. 오늘 교지를 친히 내리는 거조가 있었는데 경이 내 말에 전혀 귀를 기울이지 않았으니 나랏일에 수고로움을 다하는 의리에 어긋남이 없겠는가. 혹시라도 계속해서 버틴다면 형세상 부득이 내가 직접 그대에게 가서 맞이하여 올 것이니, 경은 모쪼록 잘 알기 바란다.'라는 내용으로 다시 데리러 간 승지로 하여금 전유하게 하라."

하였다.

정경을 보내서 내린 전유

遣正卿傳諭

하교하기를,

"'다시 듣건대 경이 문밖에서 석고대죄(席藁待罪)한다고 하니, 이것이 무슨 행동인가. 경이 조금 전에 내린 돈유(敦諭)를 듣고도 또다시 이와 같이 하니, 이것은 앉아서 나를 협박하는 것에 가깝지 않은가. 평소 임금을 예로써 섬겨 왔던 경의 정성으로 볼 때 어찌 이렇게 심하게 고집을 피울 수 있는가. 길게 말할 겨를이 없어 이에 정경(正卿)을 보내 나의 이런 뜻을 유시하게 한다. 경이 만일 들어오지 않는다면 경이 대명(待命)하고 있는 곳으로 가서 대궐 문 밖에서 교지를 내리겠다. 이렇게 한다면 그 거조가 어찌 보는 이들을 놀라게 하지 않겠는가. 이러한 내용을 모두 잘 알라.'라는 내용으로 함께 전유하라."

하였다.

연영문에서 교지를 내릴 때의 연설

延英門宣教筵說

무신년(1788, 정조12) 2월 12일에 연영문에 친림하여 교지를 내렸다. 입시하였을 때 신 채제공이 아뢰기를,

"신의 사죄(死罪) 때문에 지존께서 궐문에 친림하여 몸소 교지를 내리시는 일이 있게 하였으니, 이것은 모두 신의 죄이지만 신 또한 진달할 것이 있습니다. 신하를 예로 부리는 것은 옛 제도입니다. 그렇기 때문에 비록 양사(兩司)에 통청(通淸)된 자라도 새로 제수된 처음에는 오히려 반드시 상소하였고 또 패초에 나오지 않았으니, 이는 염방(廉防)을 조금이나마 보존하려는 이유에서입니다. 이렇게 하지 않으면 사유(四維)가 펴지지 않고 사유가 펴지지 않으면 임금의 권위가 무너집니다. 나라에 예가 없으면 나라라고 할 수 있겠습니까. 신같이 변변치 못한 자는 대관(大官)이라고 말하기에 부족하지만, 전하께서 이미 대관의 직함을 신에게 제수하여 신으로 하여금 어제 정승의 직책을 제수받고 오늘 숙배하게 하시니, 이는 실로 역사책에 없던 일입니다. 은혜로운 하교가 이와 같지만 지금 후원(喉院)과 옥당(玉堂)이 상소하여 번갈아 성토해서 한편에서는 개정(改正)하자는 논의를 하고 있는데 한편에서는 사은숙배하는 거조를 차린다면, 매우 거리낌 없는 자라도 결코 감히 이렇게 할 수 없을 것입니다. 신의 머리끝에서 발끝까지 모두 전하께서 하사하셨으니, 비록 끓는 물에 들어가고 타는 불 속에 들어가는 일이라도 나랏일에 수고로움을 다하는 신하의 의리로 볼 때 거절하지 않아야 하지만, 지금

전하의 이 조치는 속박하는 것 같습니다. 신 한 몸이야 돌볼 것도 없지만 분명 식견이 있는 자들의 비난을 불러들여서 성명께 누를 끼칠 것입니다. 신의 마음이 여기에서 어찌 답답하지 않겠습니까. 게다가 전하께서 이 법을 한번 연 뒤에는 만약 권신(權臣)이 있어서 곧바로 숙배하려고 하면, 그때 전하께서는 어떻게 물리치겠으며, 이 폐단은 또한 어떻게 막으시겠습니까. 조종조(祖宗朝)에서 법을 세운 규모는 느슨한 것 같지만 그 뜻은 심장(深長)하여 폐지해서는 안 됩니다. 전하께서는 어찌하여 이런 거조를 하십니까. 신이 이미 입시하였으니 또한 감히 멀리 벗어날 수는 없지만 신이 애석하게 생각하는 것은, 교지가 한번 내려지면 온 나라에 전파되는데, 논박하는 상소와 사은숙배하는 일이 한 종이에 함께 쓰이는 것은 역사책에 없던 일입니다. 신의 몸은 염려할 것이 못 된다고 하더라도 국가의 체통은 어찌 되겠습니까. 신의 죄상으로 보면 만번 죽어도 애석하지 않지만 전하께서 만약 신으로 하여금 사은숙배하는 것을 조금만 늦추게 해 주신다면 나라를 위해 목숨을 바치는 일이라도 신은 또한 감히 벗어날 계획을 하지 않을 것입니다. 오직 편안히 보전할 수 있는 은혜를 내려 주시기를 바랄 뿐입니다."

하였다. 상이 이르기를,

"지나치다. 내가 어찌 생각하지 않았겠는가. 옛날에도 당론(黨論)이 있을 때에 삼사의 논의가 번갈아 일어났지만 나와서 숙배한 대신이 종종 있었으니, 한 가지의 사례로 논할 수 없다. 상소로 말하면 더수룩지 않은 말에 불과하다. 내가 그대를 부린 지 오래되어 경을 깊이 알기 때문에 상례(常例)에 구애받지 않은 것이니, 몸소 거둥한 때에 또한 어찌 세 번 상소하는 규례를 논할 수 있겠는가. 세 번 상소하는 것과 친림(親臨)하는 것 중에 어느 것이 가볍고 어느 것이 무거운가? 오늘날 서로 다른 의론이 있기 때문에 법을 세우고 금령을 설치하는 조치가 있기에 이르렀으니, 지금이 어떤 때인가. 경이 먼저 숙배하고 나서 상소를 올리더라도 예를 갖춰 사양하는 도리에 필시 어긋나지는 않을 것이다. 만일 비상한 조치가 없었다면 어떻게 경이 나올 길이 있었겠는가. 이때를 당하여 경이 어떻게 사양하겠는가. 또 비상한 예를 갖추어 경을 부른 것은 경을 위해서만이 아니라, 또한 온 세상 사람들이 보게 하고자 해서이다. 내가 어찌 예로 신하를 부리는 도리를 모르겠는가. 친림하는 거조를 속박하는 것으로 논해서는 안 된다. 내가 이 일에 대해 생각한 지가 오래되었으나 반드시 잠잠해진 뒤에 행하려고 하였다. 그러므로 재작년 차대(次對)가 첫 번째 전환점이었고, 평안 병사에 제수한 것이 또 두 번째 전환점이었다. 그리고 오늘 나오지 않으면 언제 나올 수 있을지 알 수 없다. 그러므로 오늘 친림하여 교지를 전한 것은 참으로 이것 때문이다."

하였다.-우의정을 사직하는 첫 번째 상소와 두 번째 상소는 모두 23편 4, 7판에 보인다.-

분명하게 유시한 윤음

洞諭綸音

유시하기를,

"왕은 이르노라. 우상의 일에 대해 한번 분명하게 유시하지 않는다면 조정의 신하들이 어떻게 거취를 정해야 할지를 알 수 있겠는가. 그동안 명백하게 해명하여 진실로 덜 풀린 혐의가 없을 듯한데, 두 가지 일에 대해서는 위에서 임금이 차마 속내를 열어서 보일 수 없고 아래에서 신하가 감히 분명하게 말할 수 없어서 한 시대의 결정짓기 어려운 사안이 되었다. 내가 병오년(1786, 정조10) 9월 12일의 빈연(賓筵)에서 비로소 분명하게 유시하였지만, 연석의 하교는 사륜(絲綸)과는 달라 조정의 신하들이 다 자세히 알지 못하는 것은 형세상 그럴 수밖에 없으니, 문자로 온 나라에 포고하는 것을 또 그만둘 수 있겠는가.

대체로 말하는 자들이 우상에 대해 비난하는 것은 바로 세 가지 일이다. 첫째는 국초(鞫招 국청의 공초)이고, 둘째는 흉언(凶言)이고, 셋째는 가인(家人)의 설이다. 국초로 말하면, 김수현(金壽賢)과 이만식(李萬軾)의 공사(供辭)에 '모두 저들이 스스로 서로 주고받은 말일 뿐 우상은 애당초 참여한 적이 없습니다.……'라고 하였다. 이만식은 우상과 서로 알고 지내는 사이였기 때문에 저에게 유리하게 하기 위하여 우상을 팔았고, 김수현은 다시 이만식에게 들은 것을 가지고 거짓말을 꾸며 냈으니, 이것이 아무런 근거 없이 무함을 당하여 점점 애매하게 된 것이 아니겠는가. 사실은 이런 것에 불과하다.

더구나 우상 외에도 그들이 지목한 자가 몇 사람 있었으나, 그 심보를 논하면 행위는 같으나 실정은 다른 경우와 다름없기 때문에 모두 국안(鞫案)에 기록하지 말라고 명했던 것이니, 국초 한 가지 문제는 자연히 근거 없는 것으로 귀결된다.

흉언으로 말하면, 을미년(1775, 영조51) 연간에 갑자기 근거 없는 말이 홍국영(洪國榮)의 입에서 전파되어 평소 사이가 좋지 않은 사람들에게 빗댔는데, 끝내 누구한테 들었으며 누가 전했는지에 대해 분명하게 고하지 않고 말의 출처를 죽은 사람에게 돌렸다. 마침내 간악한 정상이 다 드러났으므로 내가 이에 대해 철저히 배척하고 깊이 분변하였으며, 또 우상을 만나서 이 일을 가지고 이야기를 나눈 적이 있다. 만약 흉언이 조금이라도 신빙할 만한 근거가 있었다면 내 자신에게 관계된 일과 같은데, 어찌 우상 한 사람을 곡진히 보호하고 사사로이 비호하려고 전장(典章)을 무너뜨리고 윤강(倫綱)을 무시했겠는가. 그러나 그 뒤로 '흉언' 두 글자가 온 세상에 전파되고 거짓말이 거듭 와전되어 많은 사람들의 의심이 한층 더 격렬해졌으니, 내가 만약 말을 하지 않았다면 누가 해명할 수 있었겠는가. 이 때문에 빈연에서 단정적으로 말하여 증거로 삼지 않을 수 없었다. 임금의 말을 믿을 수 없다고 한다면 그만이지만, 그렇지 않다면 이 한 가지 문제도 근거 없는 것으로 귀결된다.

가인의 설로 말하면, 최초에 성토(聲討)한 사람이 고(故) 상신이 판부(李判府 이휘지(李徽之))였는데, 그 차자(箚子)에 '길에서 들은 것을 연석에서 아뢰었습니다.'라고 하였으니, 그도 근거 없는 말로 여긴 것이다. 이는 많은 말을 기다리지 않고도 판명이 난 것이다. 더구나 홍낙빈(洪樂彬)은 그때 먼 변방으로 귀양 가서 그의 집에는 부녀자와 노복들만 있었으니, 이른바 가인이라고 하는 것은 부녀자들이 아니면 노복들이었을 것이다. 이것이 얼마나 큰일인데 부녀자나 노복들과 모의하였겠는가. 이 한 가지 문제도 근거 없는 것으로 귀결된다.

이 세 가지 안건 가운데에서 국초는 차마 말할 수 없는 문제에 속하고 흉언도 감히 말할 수 없는 문제에 속하므로 신하들이 언급하지 못하였다. 경자년(1780, 정조4) 봄에 이르러 홍국영이 쫓겨나자 가인의 설이 외척과 진신(縉紳) 사이에 퍼져서 우상의 일이 비로소 상소에 올랐다. 이로 인하여 구실을 삼고 손을 써서, 거짓을 가지고 사실이라고 하고 없는 것을 있다고 하여 온 조정이 소란하고 인심이 더욱 현혹되어, 사람을, 귀신도 아니고 사람도 아니며 살아 있지도 않고 죽지도 않은 지경에 두었다. 이것은 우상 한 사람에게만 죽어서도 눈을 감을 수 없는 원한이 될 뿐 아니라, 장차 후세에 끝없는 폐단을 열어 놓는 것이다. 공격하는 자는 진짜 허실(虛實)을 알지 못하고 공격받는 자는 이 일이 있는지 없는지도 깨닫지 못하고 있으니, 고금 천하에 어찌 이런 일이 있겠는가.

내가 비록 부덕하지만 전일(專一)한 한 마음은 사람들을 면려하고 도야하는 데에 있는데 우상의 일이 있고부터 조정의 기상이 어그러져 해마다 심해지고 날마다 심해지니, 만일 큰일을 하려고 한다면 어찌 크게 변화할 방도를 생각하지 않을 수 있겠는가. 이번에 비상한 조치가 있었으니, 사실을 분명하게 유시하는 것을 그만둘 수 없었다. 이렇게까지 하였는데도 의혹을 풀지 않고 다시 소란을 야기한다면, 역적이라고 무함하는 자도 역적이다. 나는 두 번 말하지 않겠다."

하고, 이어 전교하기를,

"우상의 일로 분명하게 유시하는 윤음(綸音)을 써서 내리니, 정부와 중추부, 이조와 병조의 낭관에게 패(牌)를 보내 불러서 이 윤음을 베껴 속사(屬司)의 백관에게 반포하게 하고, 한 본(本)은 삼사(三司)에 반포하고 또 한 본은 사관을 보내어 여러 대신에게 돌려 가며 보이게 하라."

하였다.

형조 판서 윤시동의 상소로 인하여 특별히 내린 비망기
因刑判尹蓍東疏 別下備忘記

하교하기를,

"형판(刑判)의 상소는 곧 하나의 풍파이니, 사람의 고집이 마침내 여기까지 이르렀다. 이러한 때에 경이 지나치게 인의(引義)하고 사양한다면 경을 밀어내려고 하는 많은 사람의 뜻에 부응하는 셈이 될 뿐인데, 경은 어찌하여 심사숙고하지 않는가. 지금 그들의 말이 지극히 모질기는 하지만 어찌 지난날의 풍파에 비하겠는가. 지난날 이와 같이 했던 것도 경을 꺼려서였고, 요즘에 이와 같이 하는 것도 경을 꺼려서인데, 경이 어찌 이로 인하여 조정에서 불안해할 것이 있겠는가. 본 사건에 대한 의견이 서로 다른 것은 그럴 수밖에 없는 형세이다. 하물며 내가 처분한 것은 오로지 먼저 받아들인 의견에 주안을 둔 것이 아니니 더 말할 것이 있겠는가. 어느 모로 보나 모두 경이 떠날 만한 의리가 없다. 모름지기 남의 말에 신경 쓰지 말고 국가를 위해 몸을 아끼지 않는 성의를 다하여 나의 특별한 지우(知遇)에 보답하기를 바란다. 오늘 조정에 나오도록 하는 것은 그대가 할 수 없는 일을 강요하는 데 가까우니, 한번 차자를 올려 비답을 받들기를 조금 기다렸다가 특별히 돈유(敦諭)하겠다. 먼저 사관을 보내 나의 이러한 뜻을 하유하게 하니 경도 체찰(體察)하라."

하였다.-서계(書啓)는 28편 3판에 보인다.-

대사헌 김재순의 상소에 대한 비답
都憲金載順疏批答

하교하기를,

"서계(書啓)의 자구(字句)를 끄집어내어 대신(大臣)을 마음껏 비방하였으니, 이러고도 조정에 아직도 나라의 기강이 있다고 하겠는가. 어제 우상의 서계를 보았는데 내용이 분명하고 강직하여, 보다가 나도 모르게 정신이 번쩍 들었다. 상단(上段)에서는 발휘(發揮)하였고 중단(中段)에서는 사리를 분명히 밝혔으며 하단(下段)에서는 방어하였으니, 서계 하나의 힘이 천 근의 무게와 맞먹을 만하였다. 이러한 풍모와 필력을 요즘 사람들에게 보이면 부끄러워 얼굴이 붉어지고 두려운 마음이 들지 않는 사람이 없을 것이다. 그런데도 오히려 무슨 마음으로 이처럼 소란을 일으킨단 말인가."

하고, 이어 김재순을 삭직(削職)하라고 명하였다.

인의하고 도성을 나갔을 때 내린 별유
引義出城時別諭

하교하기를,

"이처럼 시끄럽게 떠드는 것을 싫어하였는데, 눈 한번 깜짝할 사이에 뭇사람의 비방이 사방에서 이르러 경에게 끝내 눈[雪]을 무릅쓰고 초야로 숨어들게 하는 일이 있었으니, 추악하고 독한 무리의 해가 예로부터 그러하였다. 저들이 협박과 모욕으로 몰아붙이는 데 대해 나는 느슨하고 천천히 대응하여 저들의 사나운 기세를 막으려는 것이다. 이것이 이른바 편안히 있으면서 상대가 지치기를 기다린다는 것이니, 경이 어찌 수고할 것이 있겠는가. 요즘의 일에 대해 말하면 앞으로 나아가야 할 뿐 뒤로 물러나서는 안 된다. 내가 또 경을 위해 마음과 힘을 다 기울여, 용광로를 설치해서 금(金)과 철(鐵)에 불을 붙여 함께 녹여서 주조하듯이 평평탕탕하게 일을 과감히 해 나간다면, 나와 경이 함께 그 이로움을 누릴 터인데 무엇을 두려워하고 걱정하겠는가. 이에 경을 불러들이려고 사람을 보내면서, 거취를 정하는 데 가장 중요한 의리로 먼저 유시하는 것이다. 예사롭게 돌아오도록 재촉하는 것은 형식적인 일에 속하므로 모두 생략한다. 경은 속히 원대한 계획을 강구하고 오늘 당장 돌아오라. 아, 법령이 여기에 있는데, 저들이 어찌 감히 다시 경에게 누를 끼치겠는가."

하고, 이어 전교하기를,

"지금 내린 별유를 승지는 우의정에게 전유하고, 함께 들어오라."

하였다. -서계는 28편 4판에 보인다.-

법령을 선포하기에 앞서 내린 전교
先法傳敎

하교하기를,

"비록 대신을 위해 나오기는 했지만 근일의 처분에서 상당히 규각(圭角)을 보였다. 이로 인하여 상소가 날로 쌓여 가고 마음을 다해 꾸짖고 떠들어 대어 거의 치고받고 싸우는 난장판과 같아졌으니, 모양이 매우 아름답지 못하다. 임금의 권위와 국법(國法)이 본래 있으니 이에 의거하여 일이 생기는 대로 대응하는 것은 진실로 어려운 일이 아니다. 하지만 지금 대신을 조정으로 나오도록 하는 방도를 생각하면 양쪽 모두의 소요를 종식시키는 것보다 더 좋은 것이 없다. 대저 조덕린(趙德鄰)의 일을 처분하면서 선왕의 뜻을 삼가 계승하는 것이라고 말하였으니, 지금 어찌 감히 다시 일삼겠다고 운운하겠는가. 하물며 조진도(趙進道)의 사실이 있으니 더 말할 것이 있겠는가. 대신을 반드시 맞아들이려는 나의 생각이 확고하다는 것을 조정의 신하라면 누가 모르겠는가. 그런데도 승부를 겨루려고 한다면 신하의 본분이 있다고 하겠는가. 이러한 뜻을 정부(政府)에서 선포하게 해서 중외(中外)로 하여금 잘 듣고 처음 정한 법령을 범하지 못하게 하라."

하였다.-서계 3통은 모두 28편 5, 6, 8판에 보이고, 체직해 주기를 청하는 차자는 23편 9판에 보인다.-

성정각에서의 연설 우의정 때이다.
誠正閣筵說 右議政時

무신년(1788, 정조12) 12월 26일 빈대(賓對)를 할 때에 신 채제공이 아뢰기를,

"신은 윤시동(尹蓍東)이 올린 상소 중의 말에 대해 오래전부터 한번 분명히 변별하려 하였는데, 두려워서 아직까지 실행하지 못하였습니다. 오늘 연석(筵席)이 마침 조용하니 다 아뢰겠습니다. 윤시동의 상소 중에 '기사년(1689, 숙종15)과 무신년(1728, 영조4)의 남은 종자(種子)'라고 한 말은 나라 사람의 절반을 기사년과 무신년의 당(黨)으로 몰아넣으려는 것입니다. 사람이 선하지 못한 말을 하는 것이 어찌 이 지경에 이르렀단 말입니까. 연석에서 말을 하면서 감히 색목(色目)을 입에 올려서는 안 되지만, 곡절을 말하면서 반드시 말을 빙빙 돌리고 회피하려고 하면 실정이 완전히 드러나지 못하고 말에 진실성이 부족하게 되니 신은 이렇게 하고 싶지 않습니다.

남인(南人)의 명색(名色)이 청남(淸南)과 탁남(濁南)으로 나뉜 것은 숙묘(肅廟) 1년부터 비롯되었습니다. 그 당시 허적(許積)이 고명대신(顧命大臣)으로서 권세가 대단하였기 때문에 이익을 추구하고 영화를 탐하는 무리가 대부분 붙좇았으니 이들을 '탁남'이라 하였습니다. 문정공(文正公) 허목(許穆)은, 허적이 나라와 집안에 해가 된다는 것을 분명히 알고서 허적을 대면하여 배척하고, 상소하여 허적을 논박해서 고결한 풍채가 늠름하였으므로 당시에 의를 좋아하는 선비들이 한목소리로 추앙하여 그를 붙좇지 않은 이가 없었

으니, 이들을 '청남'이라고 하였습니다.

이후로 허적의 서얼자(庶孼子) 허견(許堅)이 역적 종친인 이정(李楨), 이남(李枏)[1]과 결탁하여 반역을 도모하다가 경신년(1680, 숙종6)에 이르러 당여(黨與)까지 주륙(誅戮)당하였으나, 청남 일파만은 화란의 밖에서 초연하였습니다. 기사년(1689)에 이르러 남인이 또다시 정국을 맡아 명의(名義)를 저버렸습니다. 그 중에 이만원(李萬元), 이동표(李東標), 이후정(李后定) 같은 이들은 모두 상소를 올려 극렬히 논박해서 벌을 받는 것을 영광으로 여겼습니다. 지방에서는 진선(進善) 정시한(丁時翰)이, 서울에서는 판서 유하익(兪夏益) 등이 서로 이어 상소하기도 하고 탁남을 공격하여 청남을 돕기도 하였습니다.

신의 백종조(伯從祖) 채명윤(蔡明胤)으로 말하면, 6년 동안 한 번도 조정에 서지 않았으나 명망이 드높아서 온 세상이 추중(推重)하였습니다. 이 때문에 갑술년(1694)의 환국(換局) 초기에 맨 먼저 홍문록(弘文錄)에 올랐습니다. 그 외에 옛 충신 박태보(朴泰輔)의 연명 상소에 이름이 나열된 자도 그 수가 얼마나 되는지 알지 못합니다. 이들은 모두 청남 중에서 특히 드러난 자로, 평소 언론과 행동이 이른바 탁남과는 물과 불이 서로 어울리지 못하는 것과 같을 뿐만이 아니었습니다. 그런데 정국의 형세가 바뀐 뒤에 색목이 다른 편에서

1 이정(李楨), 이남(李枏) : 인조의 셋째 아들인 인평대군(麟坪大君) 이요(李㴭)의 아들 복창군(福昌君)과 복선군(福善君)이다. 뒤에 서인(西人) 김석주(金錫胄) 등이, 남인(南人) 허견(許堅) 등이 이남을 임금으로 추대하기로 역모(逆謀)하였다고 무고하여 막내아우 복평군(福平君) 이연(李㮒)과 함께 모두 사사(賜死)되었다.

는 이들을 분리해서 보려 하지 않고 섞어서 남인으로 지목하여 한결같이 명의(名義)에 죄를 지은 무리로 귀결 지어, 벼슬길을 막으면서 그 막는 힘이 부족할까 염려하였습니다. 청남인 자들은 또한 스스로 탁남이 아니라고 말하는 것을 부끄럽게 여겨 문을 닫고 한마디 말도 없었습니다. 그들이 이렇게 자처(自處)하는 것은 괴이할 것이 없지만, 국가에서 곧은 자를 등용하고 곧지 않은 자를 버리는 정사로 말한다면 후세에 고상한 언론을 하는 선비들이 어찌 한탄하지 않겠습니까. 무신년(1728, 영조4)에 이르러 탁남의 자손이 하늘의 해를 다시 보지 못할까 두려워하여 역변(逆變)에 동참하는 지경에 이르렀으나, 청남의 주장을 따르는 자는 한 사람도 그 속에 들어간 자가 없었습니다. 이것이 청남과 탁남의 대략적인 시종(始終)입니다.

신이 삼가 생각건대 김일경(金一鏡), 박필몽(朴弼夢)처럼 흉역(凶逆)한 자가 없었는데도 선대왕께서는 일찍이 조정 신하들 중에 평소 명색이 김일경, 박필몽과 같은 자라고 해서 그들과 뒤섞어서 버리지 않았고, 그 마음이 김일경, 박필몽과 같지 않은 자를 살펴서 등용하여 정국을 맡게 하셨습니다. 유사 이래로 역적 가운데 김하재(金夏材)보다 더한 역적이 없지만 우리 성상께서는 또 조정 신하들 중에 명색이 역적 김하재와 같은 자라고 해서 성상의 마음에 의심하지 않고, 성대히 등용하여 일대(一代)의 일을 막 마무리하셨습니다. 그런데 지금 만약 어떤 사람이 갑(甲)이라는 자를 뒤섞어서 역적 김하재의 종자(種子)라고 칭하고, 을(乙)이라는 자를 뒤섞어서 김일경, 박필몽의 무리라고 칭한다면, 김일경, 박필몽, 김하재와 명색을 같이하는 자들이 어찌 편안히 받아들일 수 있겠으며, 조정의 형정(刑政) 또한 어찌 이 같은 무분별함을 용납할 수 있겠습니까.

지금 윤시동이 말한 '기사년(1689, 숙종15)과 무신년(1728, 영조4)의 무리……'라는 것은 실로 당론(黨論)이 생긴 이래로 없었던 일이니, 국가의 처지에서 또한 밝게 분별하여 통렬히 배척해야 할 것입니다. 옛사람이 말하기를 '그 일은 공격하고 그 사람은 공격하지 않으며, 그 사람은 공격하고 그 당여는 공격하지 않는다.'라고 하였습니다. 이와 같은 사리를 윤시동에게 요구할 수는 없지만, 요구할 만한 사람이 못 된다고 하여 그대로 내버려 둔다면 이는 나라 사람의 절반이 모두 악명(惡名)을 받는 것이니, 천하에 어찌 이러한 일이 있겠습니까. 전하께서는 해와 달처럼 밝아서 비춰 보지 않는 것이 없으니, 신의 말이 아니라도 어찌 혹시라도 빠뜨리고 비춰 보지 못하시겠습니까마는 신은 삼가 몹시 한탄스러움을 금할 수 없어 번거롭게 해 드리는 것을 피하지 않고 감히 이렇게 두려움을 무릅쓰고 진달합니다."

하였다. 상이 이르기를,

"구중심처(九重深處)에서 한 해를 마치자니 자연 우울하였는데, 지금 경의 말을 들으니 참으로 후련하다. 똑같이 세신(世臣)이고 똑같이 사부(士夫)인데, 한 사람이라도 불순한 자가 있으면 그 당파 전체와 그 가문 전체의 벼슬길이 영원히 막히니, 이는 실로 고금에 없던 일이다. 내가 그동안 연석에서 누차 이런 뜻을 보인 것은 바로 이 때문이었다. 또 선조(先朝)에서 당파를 초월하여 널리 인재를 등용한 성덕(聖德)이 지극하였는데 세상일에 어려움이 많아 오히려 이 일을 거행할 겨를이 없으셨으니, 진실로 크고도 어려운 한 가지 일을 나에게 남겨 주신 것이다. 오늘날의 급선무는 바로 이 의리를 밝히는 데 있다. 그러나 먼저 규모를 바르게 하고 나서야 탕평의 치화(治化)

를 논할 수 있다. 나는 이것이 선조의 뜻을 계승하는 하나의 일이라고 생각한다. 입시한 신하들 또한 모두 이 뜻을 아는 것이 좋겠다." 하였다.

현륭원으로 이장할 때 정원에 내린 유지

顯隆園遷奉時政院有旨

기유년(1789, 정조13)에 총호사(摠護使)로서 대여(大轝)를 받들고 새 원소(園所)에 나아갔다.

하교하기를,

"강가에서 전송하고 돌아오니 이 마음을 더욱더 가눌 길이 없다. 새벽이 되면 이곳을 떠나 출발하겠지만, 이러한 때 나의 안절부절못하는 마음을 경들은 어찌 하유해야만 알겠는가. 대여(大轝)를 받들고 갈 때의 모든 일을 다 경들에게 맡겼으니, 경들은 부디 나의 마음을 잘 이해하고 일마다 정성을 다하라. 내일은 일찌감치 대여를 받들고 출발해야 밤이 깊어지기 전에 새 원소에 도착할 수 있을 것이다. 군령(軍令)은 총호사가 알맞게 헤아려서 마련하고, 군령을 거행하는 절차는 분병조(分兵曹)의 당상으로 하여금 하게 하라. 새 원소에 도착한 뒤 결과(結裹)를 풀고 등상(凳上)에 안치할 때에는 위를 높게 하고 아래를 낮게 하라. 7일 내가 원소에 나아갈 때는 밤이 되어야 도착할 듯하니, 마지막 가칠(加漆)을 마친 뒤에 칠포(漆布)를 이어 붙이고, 이어 결과를 하고서 어가가 도착하기를 기다리라. 만일 술시(戌時) 초(初)가 지나면 또한 즉시 산으로 올라가서 기다리라는 뜻을 미리 잘 알게 하라. 영가(靈駕)를 배종하는 군병과 여사군(轝士軍) 등을 각별히 위로하되, 군병에게 낮에는 요기(療飢)를 하게 하고 밤에는 죽을 먹이라. 이제 제중단(濟衆丹) 1봉(封)을 내리니, 만일 다치거나 아픈 사람이 있으면 원역(員役)이나 군인(軍人)을 막론하고 즉시 나누어 주라. 여사군과 차비군(差備軍)에게는 어제 제물(祭物)과 퇴선(退饍)을 농(籠)에 싸서 먼저 보냈으니 별군직 이유경(李儒敬)으로 하여금 분총관(分摠管) 임률(任嵂), 도감의 도청 이만수(李晩秀)·이익운(李益運)과 함께 입회하여 일일이 두 차례로 나누어 골고루 먹이라. 과천참(果川站) 이후의 준여(餕餘)도 편의대로 나누어 먹이라."

하였다.

함께 오라는 비망기
偕來備忘記

하교하기를,

"경은 이번 소란스러운 일에 참여한 적도 없고 또 다른 사람이 지목하여 배척한 말과 관계도 없다. 그리고 조금 전에 내린 자전(慈殿)의 하교가 과연 어떠하였는가. 곤욕을 당한 대신들도 모두 마지못해 집으로 돌아갔는데, 이러한 때에 계속해서 도성 밖에 물러나 있어 시사(視事)에 대한 취품(取稟)을 자연히 들이지 못하게 하고 있으니, 어찌하여 나라의 체모와 신하의 본분에 대해서는 생각하지 않는가. 여러 말 할 필요 없으니, 경은 헤아리라."

하고, 이어 전교하기를,

"승지를 보내어 전유하고, 함께 들어오게 하라."

하였다.

서계에 대한 비답을 받든 후에 내린 전교
書啓承批後傳敎

하교하기를,

"'어젯밤의 돈유(敦諭)와 오늘 새벽의 서계에 대한 비답을 통해서 속에 품고 있던 간절한 마음을 다 밝혔으나, 경이 사양하는 것은 갈수록 더욱 심해졌다. 시사(視事)에 대해 취품(取稟)하지 말라고 한 것과 약원(藥院)을 임시로 감하(減下)하도록 한 것은 나의 지나친 조치였다고 하였는데도 거취(去就)에 대해 마음을 바꿀 생각이 없으니, 나라의 체모와 사체(事體)로 볼 때 과연 어떠하겠는가. 수상(首相)이 어젯밤에 명을 듣고 즉시 들어왔을 때 사람들의 비난에 대해 자세히 해명해 주었으니 지금은 다른 것을 돌아볼 겨를이 없는 것이다. 경은 그 당시에 이장(移葬)하는 일을 총감독하는 곳에 있었으니 영상의 처의(處義)와 비교할 때 더욱 차이가 있다. 그런데도 지금 고집하여 「대례(大禮)를 마치고 난 뒤에는 즉시 사직 단자를 올리려고 생각하고 있었습니다.」라고 하였으니, 어찌 매우 지나치지 않은가. 이와 같이 한다면 비망기를 어찌 환수할 수 있겠으며, 대신(大臣)들을 어찌 인접(引接)할 수 있겠는가. 즉시 도성 안으로 들어와서 대신들과 함께 연석에 나아오라.'라는 내용을, 데리러 간 승지로 하여금 서계에 대한 비답과 같이 전유하고, 이어 명소(命召)를 전해 준 뒤에 기어코 함께 들어오게 하라."

하였다.-서계 3통은 모두 28편 8, 10, 11판에 보인다.-

대명하지 말고 들어오라는 일로 내린 비망기
勿待命入來事備忘記

하교하기를,

"'조금 전에 데리러 간 승지의 서계와 서명 계사(胥命啓辭)에 대한 비답에서 나의 뜻을 모두 말하고서는 선뜻 마음을 바꿀 것이라고 생각하였으나, 지금 사양하는 뜻이 더욱 견고하여 한결같이 깊이 인책한다고 한다. 어젯밤 조정에 나아왔던 대신(大臣)들이 아직도 궐 안에 있으나 또한 인접하지 못하고 있으니, 사체로 헤아려 볼 때 과연 어떠하겠는가. 돈면하기에 다급하여 다른 말을 할 겨를이 없거늘 경은 어찌하여 깊이 헤아리지 않는가. 어떻게 해야 도성으로 들어올 수 있겠으며, 어떻게 해야 명을 받들 수 있겠는가? 이와 같이 서로 버티는 것은 대단히 안타까우니, 경은 부디 안심하고 대명(待命)하지 말고 들어오라.'라고 다시 전유하고 기어코 함께 들어오라."

하였다.

재상의 직임을 해면하는 전교
免相傳敎

하교하기를,

"조정의 상황이 안정될 동안 환수하겠다고 이미 선언하였다. 여러 대신(大臣)이 지금 애써 소명을 받들어 연석에 나오기까지 하였는데, 좌상은 거취에 대해 마음을 바꿀 생각을 하지 않는다. 여러 대신의 말을 따르려고 해도 좌상이 조정에 나오기 전에는 안정되었다고 할 수 없다. 지금에 이르러서는 국가의 체통이 중하지 신하를 공경히 예우하는 것은 다음 문제이다. 형세상 계속해서 돈면(敦勉)하기 어려우니 좌의정 채제공을 재상의 직임에서 해면한다."

하였다.

권유가 상소하여 무고한 일로 인하여 특별히 내린 돈유

경술년(1790, 정조14)

因權裕疏誣 別下敦諭 庚戌

하교하기를,

"내가 경을 기용하여 여기에까지 이른 것이 어찌 사사로이 경을 좋아하여 곡진히 비호해서이겠는가. 경을 위해 걱정하고 억울해하는 온 세상 사람들의 여론을 펴 주고, 경을 위해 기대하는 도민(都民)들의 여망에 부응하여 온전하게 보전하고 또 뒤이어 보살펴 준 것이다. 이리저리 고심하다가 경을 등용하여 국정을 맡긴 것은 첫째도 공(公)을 위해서이고, 둘째도 공을 위해서였으니, 나와 경에게 무슨 사사로움이 있겠는가. 그러나 모두 고르게 하기 어렵기 마련인 물정(物情)은 남의 아름다움을 이루어 주는 것을 좋아하지 않고, 이미 고질화된 당습(黨習)은 한쪽 말만 들어주는 조짐이라고 함부로 추측하였다. 조치와 시행이 사심 없이 공정한 데서 나왔는데도 표면만을 보는 자들은 작게는 눈을 휘둥그레 뜨고 크게는 시끄럽게 떠벌려서 일마다 추론하여, 한번 떠보는 짓을 하고 쟁탈하는 단서를 열어 놓았다. 경을 의정부에 둔 몇 년 동안에 사람을 바꾸어 가며 번갈아 나온 상소는 거짓말 아닌 것이 없어 경이 거의 하루도 조정에서 편안히 있을 수 없게 하였다.

아, 경은 한 사람일 뿐이니, 지난날의 경은 오늘날의 경과 같은데, 지난날에는 어찌하여 칭찬하는 자가 많고 오늘날에는 어찌하여 공격하는 자가 많은가. 세속에서 말하는 물정이라는 것이 당습에서 나오지 않은 것이 없다는 것을 여기에서 더욱 알 수 있다. 내가 일찍이 처음 연석에서 경을 대했을 때 제일 먼저 '사당을 제거하자.〔祛黨〕'라는 말을 제기하여 서로 보완하는 제일의 의티로 삼자고 하지 않았던가. 외부에서 나온 다소간의 말은 경으로서는 모두 생각지도 못했던 것이니, 무슨 허물할 것이 있겠으며, 무슨 손상될 것이 있겠는가. 내가 생각건대 경은 물러날 생각을 염두에 두어서는 안 된다. 더구나 지금 의정(議政)의 지위에는 경 외에 달리 나의 근심을 나눌 자가 없으니 눈에 가득한 백성의 근심을 누구에게 자문하겠는가. 이에 경을 정중히 부르러 가는 인편에 나의 속마음을 대략 폈으니 경은 즉시 마음을 바꾸어 내가 본래 경을 등용한 애타는 마음과 지극한 성의에 부응해야 할 것이다."

하고, 이어 전교하기를,

"이 전유(傳諭)를 사관을 보내어 좌의정에게 가서 전하게 하라."

하였다.-서계는 28편 12판에 보이고, 재상의 직임을 해면해 주기를 청한 차자는 23편 26판에 보인다.-

정언 조진정이 무고한 상소로 인하여 특별히 내린 처분 전교
因正言趙鎭井誣疏 特下處分傳敎

하교하기를,

"상소를 듣다가 좌의정의 성명에 이르러서는 너무도 괴이하고 의아하였다. 그래서 차례차례 들어 보니 글자마다 단락마다 화를 일으키려는 마음에서 나오지 않은 것이 없었다. 당파를 위해서라면 기꺼이 목숨을 바치려고 하는 이와 같은 버릇으로 어찌 감히 나의 의중을 떠본단 말인가. 이처럼 상소하는 자가 열 사람이나 백 사람이 있다고 하더라도, 어찌 대신(大臣)의 머리털 하나 흔들 수 있겠는가. 남을 공격하는 이와 같은 말버릇을 지위가 낮은 사람에게 써먹는 것은 일찍이 본 적이 있지만, 대신에게야 어찌 이처럼 조목조목 논열(論列)할 수 있단 말인가. 어느 일은 그렇지가 않고 어느 일은 더욱 그렇지가 않다고 대신을 위해 자세하게 구분하여 해명하는 것은 구차하기만 할 뿐이니, 모두 우선 그대로 놓아두겠다.

근래 이 대신을 정승의 자리에 둔 것은 실로 국가의 표준을 세우려는 고심에서 나왔다. 어느 당파가 등용되거나 침체되며 쇠락하거나 득세하는 것을 막론하고 오직 인품을 보고 인재를 뽑아 이들을 모두 수용하여 함께 기름으로써, 이 나라의 대대로 벼슬하는 신하들이 모두 나라를 위해 즐겁게 일하게 하려고 하는데, 그대는 과연 어떤 사람이기에 감히 교화에 저항하여 하교를 따르지 않는단 말인가. 이런 자를 대수롭지 않게 보고 범범하게 대한다면 내가 어찌 '광활한 천지를 뜰이나 길거리처럼 가까이 여기고 온 세상도 한집처럼 여긴다.〔庭衢八荒 胡越一家〕'[2]라는 전첩(殿帖)과 '탕탕평평(蕩蕩平平)'이라고 써 붙인 당액(堂額)에 부끄럽지 않겠는가. 이 밖에 한 명의 중신과 세 명의 옥당을 이번 기회에 싸잡아 거론한 것은 각 항목의 잠꼬대와 같은 말에 비하면 오히려 하찮기 그지없는 일이다. 이 대신을 등용한 이상 지금 그를 흔들고 헐뜯는 데 대하여 처분을 엄하게 내리지 않는다면, 어떻게 다른 사태를 막고 뒷사람들을 두려워하게 하겠는가. 정언 조진정에게 투비(投畀)하는 법을 시행하라."

하였다.

2 광활한……여긴다 : '광활한 천지를 뜰이나 길거리처럼 여긴다.'라는 말은 유령(劉伶)의 〈주덕송(酒德頌)〉에 나오는 "해와 달을 빗장과 창문으로 삼고 광활한 천지를 뜰과 길거리로 여긴다.〔日月爲扃牖, 八荒爲庭衢.〕"라는 구절을 원용한 것이다. '온 세상을 한집처럼 여긴다.〔胡越一家.〕'라는 말은 《자치통감(資治通鑑)》 당 태종(唐太宗) 정관(貞觀) 7년에 나오는 말로, 호(胡)는 북방 민족이고 월(越)은 남방 민족으로 서로 멀리 떨어져 있지만 이를 한집처럼 똑같이 대한다는 뜻이다.

돈면하는 별유
敦勉別諭

하교하기를,

"'경이 남의 배척을 받아 온 것이 지금까지만 해도 지루하다고 하겠는데, 오늘 조진정(趙鎭井)의 상소에 이르러서는 능멸하는 것이 지극하여 비할 데 없을 만큼 헐뜯었다. 만약 당파를 초월해서 인재를 고루 등용하려는 나의 고심과 성의가 신료들에게 믿음을 주었다면, 조진정과 같은 자가 어디에서 나오겠는가. 더구나 그의 상소문 안의 모든 조항은 어찌 꾸짖고 욕한 것이라고만 할 수 있겠으며, 어찌 억지로 상대의 결점을 찾아낸 것이라고만 할 수 있겠는가. 조금 전에 조진정을 투비하라고 한 전교에서 큰 뜻을 대략 다 말함으로써 경이 나와서 명에 응하도록 권면하였으니, 어찌 다시 다른 말을 하겠는가. 경에게 바라는 것은 사물마다 각각 그 사물의 이치에 맡겨 두고 순리로 대응하면서 한결같이 진퇴(進退)의 의리만을 독실히 하고, 이러한 때에 나에게 수응(酬應)하는 번거로움을 끼치지 않는 것이다. 촛불을 켜고 선유(宣諭)하느라 나의 뜻을 다 표현하지 못하였다. 부디 모두 양해하고 마음 편히 나랏일을 돌보라.'라는 내용으로 사관(史官)을 보내어 전유(傳諭)하게 하라."

하였다.

인의하고 물러나 용산에 있을 때 내린 별유
引義退處龍山時別諭

하교하기를,

"'내가 재계하고 있을 때에도 대신을 공경하고 예우하는 취지를 특별히 생각하여 연일 경의 일로 수응하지 않을 수 없었으니, 내가 알고 있던 경과 크게 다르다. 더구나 며칠 전에 내린 돈유(敦諭)는 얼마나 진지하고 정중하였는가. 경이 이를 보았으면, 자신의 몸도 자기의 소유가 아니라는 생각을 가지고 망설이지 않고 나오는 것이 신하의 분수나 인정으로 볼 때 참으로 당연하다. 그런데 경은 이와 반대로 집에서 금오(金吾)로 가고, 금오에서 도성 밖으로 나가고, 도성 밖에서 강가의 정자로 갔으니, 행위가 갈수록 더욱 심해지고, 떠나려는 뜻이 갈수록 더욱 굳어졌다. 여기에서 경은 세속 사람들의 행태를 면치 못하였으나, 내가 준비해 둔 말은 「반드시 불러들이겠다.[必致]」라는 2자뿐이다. 이와 같이 하는 동안에 임금과 신하가 서로 버티는 것은 듣는 사람들을 번거롭게만 할 뿐이니, 경은 모쪼록 즉일로 도성에 들어오고 즉시 조정에 나아와서 나의 면유(面諭)를 들으라.'라는 내용으로 승지가 전유하라."

하였다.-서계 3통은 모두 28편 14, 15, 16판에 보인다.-

데리러 간 승지를 통해 내린 별유

偕來承旨別諭

하교하기를,

"명소(命召)를 받아 둔 지 이틀이나 되었는데도 경을 다그치지 않았던 것은 명소가 도착할 때마다 돌려주는 것이 도리어 성실하지 못하기 때문이며, 또 병이 쾌차하여 자신의 힘으로 연석(筵席)에 나올 수 있기를 다소 기다리려고 했기 때문이다. 내가 경에게 한마디 물어볼 것이 있다. '처의(處義)를 도외시할 수 없어 분의(分義)는 돌아볼 겨를이 없습니다.……'라고 한 것은 깊이 헤아리지 못했다고 할 수 있다. 내가 공경과 예우를 극진히 다했는데도 경은 마음을 돌리지 않았고, 내가 온갖 방법으로 타일렀는데도 경은 노력해서 응하지 않았다. 그저 떠나가려고만 하고 조정에 나오려는 생각이 없으니, 마치 서로 대항해서 힘겨루기를 하는 것 같다. 경은 결국 나와 승부를 겨룰 수 있다고 여겨서 이와 같이 나를 본체만체하고 나의 말을 들은 척 만 척하는가?

내가 덕이 적고 우매하기는 하지만 신하를 쓰거나 버리는 권한은 나 한 사람에게 있는데, 대신(大臣) 한 사람을 조정에 불러들이지 못해서 구차하게 전의 주장을 꺾고 애써 처음의 견해를 바꾼다면 '예악(禮樂)과 정벌(征伐)이 조정으로부터 나온다.'라고 말할 수 있겠는가. 경이 나오거나 나오지 않는 것을 경의 선택에 맡기니, 지금 와서 경이 또 무슨 말로 대꾸할 것인가. 경은 모쪼록 잘 생각하라. 나는 재차 말하지 않겠다."

하였다. 이어 전교하기를,

"이 별유와 명소(命召)를 좌직(坐直)하는 승지가 가지고 가서 전하고, 함께 도성에 들어오라."

하였다.-서계 4통은 모두 28편 17, 18판에 보이고, 변무소(辨誣疏)에 대한 별유를 내린 뒤에 거듭 해직을 청하며 올린 상소는 모두 24편 17판에 보인다.-

구전으로 엄한 하교를 누차 내리고 대명하던 곳에서 집으로 돌아간 뒤에 내린 전교[3]

口傳嚴敎屢降 自待命所還第後傳敎

하교하기를,

"'날씨가 이처럼 더우니 조정에 나와서 연석에 나오는 것은 건강을 더 해칠 우려가 있다. 경은 즉시 안심하고 집으로 돌아가라. 그리고 「병이 낫기를 기다렸다가 조정에 나아가겠으며 이어 차대(次對)를 행하겠습니다.」라는 뜻으로 사관을 통해 부주(附奏)한다면, 조금 전에 내렸던 여러 하교는 주서(注書)의 기록에 싣지 못하게 함으로써 경의 마음을 편안하게 해 주겠다.'라고 사관을 보내어 전유하게 하라."

하였다.

3 집으로……전교 : 이 부분은 문집을 편집할 때 제목을 잘못 붙였다. 이 전교는 1790년(정조14) 6월 4일 채제공이 금오(金吾)에서 대명(待命)하고 있을 때에 정조가 채제공에게 집으로 돌아갔다가 병이 나은 뒤에 조정에 나오라고 회유한 전교이다. 이 전교를 받고 채제공은, 집으로 돌아갔다가 며칠 뒤에 조정에 나아가겠다고 약속하는 부주를 올린다. 《日省錄 正祖 14年 6月 4日》

파직하는 비망기

罷職備忘記

차자를 올려, 강화 유수(江華留守)를 상경하여 교귀(交龜)하지 말도록 하고, 강화 경력(江華經歷)을 내직으로 옮기지 말라고 청하였다. 차자는 24편 17판에 보인다.

하교하기를,

"대신은 내가 공경하고 예우해야 할 대상이지만 '임금을 섬기는 데 예를 다하는 것을 사람들은 아첨한다고 한다.'라고 성인이 말하지 않았던가. 그런데 지금의 대신은 '아첨하는 것'에서 지나치게 걸어져 도리어 예를 다하지 않아 억측하는 말이 차자에까지 올랐다. 자기보다 낮은 사람에게도 드러나지 않고 일어나지 않은 일을 억지로 가져다 붙이면 서로 공경하는 도리가 손상되는 법인데, 더구나 임금과 재상 사이이겠는가. 대신이 이처럼 본분을 다하지 않으니 내가 또 어찌 뜻을 굽혀 공경하고 예우할 필요가 있겠는가. 지금 기강이 해이해져 백관을 감독하고 통솔하는 자리에서 이렇게 말을 가리지 않는 잘못이 있으니, 이러한데도 주저한다면 후일의 폐단을 이루 말할 수 없을 것이다. 좌의정 채제공을 파직하라."

하였다.

상신 서명선의 상(喪)에 조문 간 일에 대해 특별히 내린 전유 신해년(1791, 정조15)

往弔徐相命善之喪 特下傳諭 辛亥

하교하기를,

"애초에 내일 차대(次對)를 행하려다가 경이 병을 앓고 있다는 말을 듣고 잠시 망설였는데, 오늘 경이 고(故) 상신 서 영중추부사(徐領中樞府事)에게 가서 조문하였다는 소식을 들었다. 처음에는 무릎을 치며 탄복하였고 이어 또 공수(拱手)하고서 경의를 표하였으니, 일전에 시회(諡會) 이후 개탄스럽게 여기던 마음이, 물이 흘러가듯 구름이 사라지듯 흔적도 없이 사라졌을 뿐만이 아니다. 만일 경이 도량이 크고 마음이 넓으며 나라와 공익을 위하여 《명의록(明義錄)》의 큰 의리가 있는 것만 알고 그 외에는 돌아보지 않는 것이 아니라면, 어찌 이렇게 남들은 할 수 없는 일을 하여 병든 몸에 추위를 무릅쓰고 분연히 갈 수 있었겠는가. 여기에서 내가 경을 알아본 것이 잘못되지 않았음을 더욱 잘 깨닫게 되었다. 만일 고 상신이 지각이 있다면 이처럼 진실로 충성스럽고 큰 경의 마음을 저버렸음을 부끄러워할 것이다. 무성한 말만 믿은 것 때문에 필시 후회가 많을 터인데 세상을 떠난 이를 일으켜 경에게 사죄하게 하지 못하는 것이 한스럽다. 추위를 무릅쓰고 다녀오느라 몸이 더 상하지는 않았는가? 내일은 재계일이기도 한지라 차대를 안 하려고 특별히 사관을 보내 나의 이러한 뜻을 전하게 하니 경은 모쪼록 잘 알라."

하였다.-부주(附奏)는 28편 20판에 보인다.-

장단에 부처되었다가 석방된 뒤에 직첩을 돌려주라고 내린 비망기 임자년(1792, 정조16)

長湍付處蒙宥後 還授職牒備忘記 壬子

하교하기를,

"비록 숨김없이 말해야 한다는 뜻이기는 했지만 지난번에 지나친 처분을 내려서 본래의 실상 외에 세세한 절목까지 갖추도록 요구했던 것은, 그가 우뚝하게 수립한 것이 옛사람의 선견지명에도 부끄럽지 않았기 때문이다. 그는 이 일을 고집하면서 주인으로 자처했는데 그렇다면 어제 대계(臺啓)를 윤허한 뒤에 선한 자는 세상에 알리고 악한 자는 미워해야 하는 형정(刑政)의 정신에 비추어 볼 때 결코 하루도 늦추어서는 안 된다. 삭출된 채제공을 석방하고 그의 직첩을 돌려주라."

하였다.

서용하여 중추부에 부직하라는 전교

敍用付西樞傳敎

하교하기를,

"전 좌의정 채제공을 지난번에 문책한 것은 먼저 수립한 바가 있는 이 대신부터 흔들리지 않게 하고자 해서였다. 그렇게 한 뒤에야 세도(世道)가 진정될 수 있고 시끄럽게 떠드는 말들이 종식될 수 있으며, 사람들의 생각이 같아질 수 있고 나라의 기강이 존엄해질 수 있기 때문이었다. 그러나 백발의 원로가 눈 덮인 황량한 교외에서 지낸 지 여러 날이 되었다. 지금 세초(歲抄)하는 때를 맞아 응당 대신부터 거두어 서용해야 할 것이니, 중추부에 서용하는 치처 정사(置處政事)[4]를 오늘 행하라."

하였다.

4 치처 정사(置處政事) : 대신(大臣)이 사직하여 체차된 뒤, 이조 당상(吏曹堂上)이 체직된 뒤, 직각(直閣)과 대교(待敎)가 체차되거나 파직된 뒤, 삼사(三司)와 춘방(春坊)이 체차된 뒤에 정해진 규례에 따라 조처하는 정사를 말한다. 특히 대신의 경우, 영돈녕부사나 판돈녕부사, 영중추부사나 판중추부사로 제수하는 정사를 말한다.

돈면하는 전교
敦勉傳敎

하교하기를,

“경의 속마음과 선견지명을 모르는 것이 아니다. 하물며 조정 전체의 벼슬아치들 중에 자진해서 바른말을 하는 자는 오직 경 한 사람이었다. 그렇게 보면 경이 이번에 받은 처분이나 사람들의 구설에 오른 것은 턱없이 맞지 않는 것으로, 선방(禪房)에 앉아서 고량진미를 얘기하는 것보다도 심하다고 할 것이다. 그러나 그것이 내가 경을 이해하지 못해서 그런 것이겠으며 세상 또한 경을 이해하지 못해서 그런 것이겠는가. 그게 다 그렇지는 않을 것이다. 그렇다면 과연 경이 스스로 불러들인 것이 아니겠는가. 나는 원로로서 경을 예우하고 국사(國士)로서 경을 대우하고 있는데, 경이 나에게 보답하기 위해서는 털끝만 한 것이라도 모두 아뢰어야 하는 도리로 볼 때 혹 직분을 다하지 않은 점이 있는 것은 아닌지 모르겠다. 속마음과 선견지명은 그것대로 속마음과 선견지명이고, 겉에 나타난 사실은 그것대로 겉에 나타난 사실이다. 대체로 마음이 중하니 겉에 나타난 하찮은 형적에 무슨 구애될 것이 있겠는가마는 대신은 여러 일반 백집사(百執事)들과는 달라서 한 번 말하고 침묵하는 데 따라 세도와 국가 기강의 쇠퇴와 융성이 달려 있고, 한 번의 행동에 따라 사람들이 떠들고 일어나고 잠잠해지는 것이 갈리게 된다.

경의 지난번 거조(擧措)가 나를 너무 의지하여 그저 마음과 입만 믿고서 그리한 것이라고 한다면 옛날 대신들이 놀란 듯이 하고[5] 위태로울 것을 생각한다[6]는 뜻에 부족한 점이 있는 것이 아니겠는가. 이것이 내가 한탄하다 못해 호되게 꾸짖지 않을 수가 없었고, 꾸짖는 것이 심해서 엄하게 감처하지 않을 수가 없었던 이유이다. 이렇게 되자 전후좌우에서 틈을 엿보던 자들이 쇠뇌를 쏘고 돌을 굴리면서 혹시라도 자기가 남보다 헐후하게 하는 것을 부끄럽게 여겼던 것이다. 그것이 모두 지공무사한 마음에서 나왔다고 할 수는 없지만, 경의 마음은 제쳐 두고 경의 자취만을 꼬집어서 하루라도 그 직위에 있으면 그 책임을 다하려고 한 것이니, 어떻게 그 말들이 하나하나 실정에 맞기를 바라겠는가. 그렇다면 경이 비록 자기 해명을 하더라도 중신 정창순(鄭昌順), 이문원(李文源) 등의 상소 내용에 대해 힘껏 변명할 수 없을 것이다.

일전에 크게 조치하고 나서 그 이전의 일들에 대해 금령을 내려 다시는 제기하지 못하도록 하였다. 그러나 내가 듣기로 임금과 정승은 한 몸이라고 하였다. 임금이 정승에 대하여 혹시 하고 싶은 말이 있는데도 어찌 금령에 구애되어 머뭇거리며 말하지 못하겠는가. 그

5 놀란 듯이 하고 : 《도덕경(道德經)》 13장에 "'총애와 모욕에 놀란 듯이 한다.'라는 말은 무슨 뜻인가? 총애는 낮은 것이니, 그것을 얻어도 놀란 듯이 하고 잃어도 놀란 듯이 한다는 뜻이다.〔何謂寵辱若驚? 寵爲下, 得之若驚, 失之若驚.〕"라고 한 말을 인용한 것이다. 여기에서는 총애를 받더라도 안이하게 생각하지 않고 늘 긴장해야 한다는 의미로 사용되었다.

6 위태로울 것을 생각한다 : 《춘추좌씨전(春秋左氏傳)》 양공(襄公) 11년 조(條)의 "《일서(逸書)》에 '편안할 때 위태로울 것을 생각해야 한다.'라는 말이 있는데, 미리 생각하면 대비가 있게 되고, 대비가 있으면 환란을 당하지 않게 된다.〔書曰居安思危, 思則有備, 有備無患.〕"라는 말에서 인용한 것으로, 편안할 때 비상시를 대비해야 한다는 말이다.

리고 조정 신료들이 만일 이것으로 인하여 다시 경을 공격한다면, 그것은 걱정하지 말라. 내가 수중에 태아검(太阿劍)을 꽉 잡고 있으니, 내가 비록 심히 부덕한 사람이나 결코 대신이 아무 까닭 없이 낭패를 당하게 만들지는 않을 것이다. 지금부터는 나아가서는 충성을 다할 것을 생각하고 물러나서는 임금의 허물을 바로잡을 방도를 모색하는 데 더욱 노력하라. 그리고 사람들에게서 약간의 말이 있는 것은 받아들여서 자신의 허물로 삼아 버리고, 남들보다 지나친 처분에 대해서는 경을 훌륭히 완성하기 위한 것이라고 생각하라. 즉일로 길을 떠나 서울 집에 돌아와서 아직 못다 아뢴 속마음을 모두 털어놓으면, 나로서는 마음을 쏟아 경을 임용한 데 대해 할 말이 있게 되고, 경으로서도 몸을 돌보지 않고 나를 섬기는 도리에 부끄럽지 않을 것이다. 이에 아침이 되기를 기다려 이 윤음을 불러 쓰게 하고 이어 초본을 사관(史官)에게 주어 경에게 전유하게 하니, 경은 그 뜻을 잘 헤아리라."

하였다.-서계는 28편 21판에 보인다.-

검암 점촌에서 올라와 도성 밖에 이르렀을 때 내린 전교
自黔巖店村進至城外時傳教

하교하기를,

"진심으로 말한 이 유지를 듣고 몸을 돌보지 않는 의리를 생각한다면 서둘러 출발해서 내가 두 번 말하게 하지 않을 것이다. 김 판중추부사(金判中樞府事 김종수(金鍾秀))가 했던 일이므로 이 대신이 결코 사양하지는 않을 것이니, 어찌 사관이 돌아오기를 기다릴 것이 있겠는가. 채 판중추부사가 올라올 때 탈 역마와 배행(陪行) 등의 일에 대해서는 각기 맡은 차사원들이 관례대로 거행하고, 도백(道伯)은 하직 인사를 하지 말고 즉각 달려가도록 경기 감영에 분부하라."

하였다.

상소에 대한 비답을 내린 뒤에 각신을 보내 위문하는 전교
上疏下批後 遣閣臣勞問傳敎

하교하기를,

"'어제의 상소에는 금령에 저촉되는 말이 많았으나 임금과 정승은 일체라는 의미에서 내가 이미 격식을 깨고 돈유(敦諭)에서 언급하였으니, 대신이 금령을 무릅쓰고 사직 상소에서 언급한 것에 대해 일률적으로 물리치기가 어렵다. 또 이번의 갈등은 모두가 금령에 관계되는 것들인데 본심을 털어놓으라고 하고서 원래의 상소를 받아들이지 않는다면 들어오기를 바라면서 길을 막아 버티는 것과 무엇이 다르겠는가. 그러나 또다시 생각해 보니 일전에 김 판중추부사가 승정원에 보내온 차자는 승지로 하여금 밖에서 상의하여 즉시 되돌려 주게 하였다. 그렇다면 한 대신에게는 가차 없이 금령을 적용하고 한 대신에게는 법을 굽힌 것이 되어, 누구는 옥죄고 누구는 봐준다는 혐의가 없지 않겠는가. 이 때문에 주저하며 고민하다가 밤이 깊어서야 비답을 내렸다. 아침에 일어나 중추부에 물으니, 아직 성둔에 들어왔다는 보고가 없다고 녹사(錄事)가 와서 고했다고 하여 답답한 나머지 더욱 염려스럽다. 추위를 무릅쓰고 어렵게 오느라 몸이 더 손상되지는 않았는가?' 각신을 보내 이 유지를 가지고 도성 밖의 채 판중추부사가 머물고 있는 곳에 가서 전유하고 그의 안부를 묻고 동정을 살핀 다음 이어서 부계(附啓)할 말을 물어보고 오게 하라. 만약 집으로 돌아갔다는 말을 듣는다면 한번 만난 것이나 진배없으니, 숙배를 언제쯤 할지는 다시 며칠 동안 날씨를 살펴보고 결정해도 될 것이다. 이 뜻 또한 전유하게 하라."

하였다.-상소는 25편 24판에 보이고, 서계는 28편 23판에 보인다.-

수원부 유수에 제수하면서 내린 교서 계축년(1793, 정조17)
水原府留守教書 癸丑

교서에,

"왕은 이르노라. 즉위한 이후 재물을 넉넉히 비축해 온 것은 소중한 일에 쓰기 위해서였다. 다행히 황천(皇天)과 조종(祖宗)의 말 없는 보살핌을 받아 용이 서리고 범이 걸터앉은 듯한 택조(宅兆)어 영원토록 끊이지 않을 큰 운수를 영구히 모셨으니, 소중한 이 지역은 실로 주(周)나라의 풍읍(豐邑)이나 한(漢)나라의 패읍(沛邑)[7]과 같이 융성할 것이다. 그러므로 이곳을 수호하는 방도를 더욱 부지런히 하고 치밀하게 해서 체모가 존엄하고 제도가 엄숙해지게 하는 것은, 나 소자에게는 정리(情理)로 보나 예법으로 보나 당연한 일이다. 비유하자면 종묘의 예법에서 먼저 백관(百官)의 아름다움을 말하는 것과 같으니, 이 일이 소중한 것이 이와 같다.

이곳 수원부는 원침(園寢)을 정하면서부터 관방(關防) 측면에서 더욱 중요하게 되었다. 하늘이 만든 아름다운 요해처에 선친의 의관을 길이 봉안하기에 앞서 미리 행궁(行宮)을 건립해서 먼저 우러러 의지하는 마음을 부치고, 영정을 모셔 혼정신성(昏定晨省)의 정성을 대신하니 사모의 정이 북받쳐 올라 억누를 길이 없었다. 매년 300일 동안 하루도 빠짐없이 손꼽아 기다린 것은 오직 예를 행하는

7 주(周)나라의……패읍(沛邑) : 풍읍(豐邑)은 주나라 문왕이 처음 도읍으로 삼았던 곳이고, 패읍은 한 고조(漢高祖)의 고향이다.

하루였고, 전알을 마친 뒤 환궁할 때 수원부 경계의 고갯마루에 어가를 멈추고 바라보며 머뭇거리다 보면 나도 모르게 발걸음이 더디어지곤 하였다. 그래서 그때마다 지방관을 앞에다 불러 놓고 정성을 다해 수호하라는 뜻으로 신신당부하였다. 그러나 그 직책은 일개 고을 수령이고 품계를 물어보니 3품이었다. 적임자를 얻어 그 직임을 맡기는 것이 실로 작위(爵位)와 관계되지는 않지만 조정의 거조란 작위가 무겁지 않으면 위엄이 서지 않는 법이다. 관방은 우선 놔두고라도, 나를 대신해서 행궁의 여러 가지 일을 정리하는 신하의 직임을 어찌 3품의 고을 수령에게 맡길 수 있겠는가. 그러나 모든 일은 옛것을 따르는 것보다 좋은 것이 없다. 남한산성은 보장(保障)의 기능만 할 때에는 대신(大臣)을 부사(府使)로 삼아 거류(居留)하게 하고 문관 재신(宰臣)만을 차임했지만, 보장이 되고 나서는 무장(武將)을 남한산성에 통의(通擬)하였다. 하물며 수원부처럼 중요한 지역은 말할 것이 있겠는가. 그리하여 지금부터 부사를 유수로 승격하고, 이에 경에게 수원유수 겸 장용외사 행궁정리사(水原留守兼壯勇外使行宮整理使)를 제수한다. 오직 대신(大臣)과 무장 중에서 반드시 특지를 내려 제수할 것이고, 또 판관(判官)을 두어 보좌하게 할 것이다.

장용영을 설치한 지 여러 해가 되었지만 아직 장신(將臣)의 호칭을 정하지 못한 것은 외사(外使)가 나오기를 기다렸기 때문이다. 장용영 병방(壯勇營兵房)을 장용 내사(壯勇內使)로 삼고, 어영사(御營使)를 어영대장이라 칭하듯이 장용영의 문서에서는 대장(大將)이라 칭하고, 도제조(都提調)를 두어 그 법식을 갖추되 역시 경리청(經理廳)의 도제조를 삼공(三公)이 예겸(例兼)하는 것처럼 하

라. 호위 대장은 관청을 합하여 소속시키도록 하라. 내외영(內外營)의 군수와 군량을 마련하고 조처하는 일은 모두 국가의 경비에 의존하지 않게 할 것이니, 이것이 소중한 일에 쓰기 위해 재물을 넉넉히 비축해 온 까닭이다.

내가 자나 깨나 늘 마음 쓰는 것은 선왕을 사모하고 백성을 보호하는 데에 있다. 두 가지가 다른 듯하지만 작용 면에서는 같으니, 이 백성은 곧 선왕의 백성이기 때문이다. 지금 백성을 보호하려 한다면 먼저 폐단을 제거해야 하는데, 가장 큰 폐단으로 말하면 군영(軍營)이 많은 것보다 심한 것이 없다. 이 때문에 내가 등극한 후 처음 행하는 조참(朝參)에서 네 가지 조목을 들어 유시하였는데, 네 가지 조목 가운데 오직 군(軍)과 민(民)이 그 둘을 차지하였다. 말을 하는 것은 장차 행하려고 해서인데, 말만 하고 그 말에 부응하지 못하는 것은 내가 아무리 부덕하더라도 그렇게까지 하지는 않는다. 서울과 지방의 신민들로 하여금 이 교서를 잘 보아서 은미한 뜻을 헤아리게 하고, 이곳을 경영(經營)하여 우리 후인들을 계도하고 보우함으로써 억만년토록 우리 국운이 영원하기를 비는 나의 본뜻을 알게 하라. 그러므로 이렇게 교시하니, 잘 알았으리라 생각한다."

하였다.

유수영의 장본에 대해 회유하라고 정원에 내린 유지
留營狀本回諭事政院有旨

하교하기를,

"'경이 본부(本府)의 기민(飢民)에게 식량을 지급한 뒤에 기민의 숫자를 개록(開錄)하여 급히 장계(狀啓)하였다. 이제는 유수부(留守府)가 되었으니, 농사 형편 같은 사안 등은 다른 수신(守臣)의 예에 따라 직접 장계로 보고하라.'라고 회유하라. '경이 임지로 돌아간 지 여러 날이 되었다. 계획을 세워 시행하고 조처하는 일들은 과연 실마리가 잡히며, 백성들을 위무하고 구제하는 일에 대해서도 각각 방법을 찾았는가? 모쪼록 규모를 정립하는 데 부지런히 힘써서 후인의 모범이 되게 하라.'라고 함께 회유하라. '본부에 상영(上營)과 이아(貳衙)를 설치하였으니, 아문이 증가하면 반드시 아전과 백성들이 고통받을 것이다. 지금 창설하는 초기에는 모든 일을 관대하게 처리하도록 힘쓰라. 고을 수령을 만날 때마다 이전에 번번이 신신당부했던 것은 새로 정착한 민호에 관한 일이었다. 민호 중에서도 장교와 아전의 문제점은 우선 유의해야 하며, 장교와 아전 중에서도 아전에게 더욱 유의하여 그들이 생활할 수 있도록 해 주라. 장교는 변장(邊將) 등에 차임되면 그나마 융통성을 발휘하여 혜택을 볼 수 있을 것이다. 경은 모쪼록 이러한 뜻을 유념해서 상황에 따라 좋은 쪽으로 처리하라.'라고 역시 회유하라.[8]"

하였다.

8 라고 역시 회유하라 : 이 부분은 문맥이 맞지 않아 《일성록》 정조 17년 2월 8일 기사에 의거하여 뒤에 '事亦爲回諭'를 보충하여 번역하였다.

영의정에 특별히 제수하며 내린 돈유

領議政特授敦諭

영의정 채제공에게[1] 돈유하기를,

"재상으로 뽑힌 사람이 모두 303인이었으나 영의정에 오른 자는 경까지 합하여 대략 100여 명이다. 대저 보상(輔相)이 중임이나 영의정은 더욱더 중요한 자리이므로 적임자를 찾기 어려워 자리를 채우지 못한 때가 있었던 것은 예로부터 이미 그러하였다. 더구나 지금은 옛날보다 갑절은 더 인재를 얻기 어려우니, 내가 어찌 자세히 살피고 신중히 하지 않을 수 있겠는가. 내가 경을 유심히 살펴본 지 여러 해이고, 화성(華城)은 바로 선침(仙寢)을 모신 곳이다. 수원부로 승격한 초기에 원로를 얻어 그 중망을 빌리려는 생각을 했기 때문에 어쩔 수 없이 경을 한번 나가게 하였다. 경이 임명된 이래로 큰 강령을 정리하고 자잘한 일들도 두루 살펴 밤낮으로 부지런히 하였으니, 도리어 그 때문에 경을 염려하는 마음이 간절하였다. 그때 마침 경이 올린 축성 방략(築城方略)을 보고 더욱더 노상(老相)이 정신을 쏟은 것에 감동하였다. '100리 길을 가는 사람은 90리를 절반이라고 말하지 말라.'라고 하였으니, 이것은 바로 시작이 반이라는 뜻이다. 이미 이렇게 일을 시작하였으니 그것을 이루는 공은 바로 오직 감독을 부지런히 하는 데에 달려 있다. 또 어찌 반드시 근력을 쓰는 일이까지 거듭 수고할 것이 있겠는가. 경에게 영의정의 직임을 제수하고 이제 사관을 보내어 속히 돌아오도록 권면하는 바이니, 경은 모쪼록 당일로 길에 올라 도성 밖에 와서 신임 유수와 임구를 교대한 뒤에 숙배하라."

하였다. -사관을 통해 올린 부주(附奏)와 사직 상소에 대한 비답을 받은 뒤에 올린 서계 두 통은 모두 28편 25, 26판에 보인다.-

금등을 보여 줄 때의 연설
金縢頒示筵說

계축년(1793, 정조17) 8월 8일. 대신, 경재(卿宰), 문관·음관(蔭官)·무관 2품 이상, 삼사(三司)의 제신(諸臣)이 입시할 때 대신 이하가 자리에 나아갔다. 홍낙성(洪樂性) 등이 문후하였으나 상이 한참 동안 대답하지 않았고, 목소리가 매우 작았다. 홍낙성이 아뢰기를,

"성상께서 하교하는데도 신들이 알아들을 수 없으니, 말씀을 조금 크게 해서 연석에 나온 신하들이 성상의 하교를 잘 알게 해 주시기를 바랍니다."

하여, 상이 이르기를,

"경들을 소견한 것은 나의 뜻을 말하고 싶어서이다. 요즈음 천리(天理)가 어두워지고 인륜(人倫)이 끊어졌으니, 천리와 인륜을 만세토록 드러내어 밝히는 도리로 볼 때 어찌 한번 말하지 않을 수 있겠는가."

하고, 경재들에게 앞으로 나아오라고 명하였다. 홍낙성 등에게 하교하기를,

"가슴이 울렁거려 말을 하려 해도 목소리가 저절로 작아진다. 근래의 상황 중에서 밖으로 드러난 것으로 보면, 연석에 나온 신하들도 어찌 생각하는 것이 없겠는가. 차마 말하지 못할 것을 말하고 감히 제기하지 못할 것을 제기하는 것은 '의리를 밝히고 윤리와 기강을 바로잡는다.〔明義理 正倫綱〕'라는 여섯 글자에 불과할 뿐이니, 이 일로 경들에게 묻고 싶다."

하니, 홍낙성 등이 대답하지 못하였다. 상이 이르기를,

"한밤중에 경재들을 한자리에 불러서 이렇게 말하는 것은, 이것이 바로 생사의 갈림길이기 때문이다. 만약 명확히 분석하여 밝혀 두지 않으면 사람이 사람답지 못하고 나라가 나라답지 못하게 되어, 끝내 의리가 어두워지고 인륜이 뒤집어지고 말 것이기 때문이다. 경들의 입을 빌려 이 의리를 드러내어 밝히고 싶지만 경들이 끝내 한마디도 않고 기어이 나로 하여금 말하게 하니 어찌 개탄스럽지 않은가. 이 일은 관계되는 바가 얼마나 중대한가. 그런데 경들 이하가 모두 감히 말할 수 없는 큰 의리를 가지고 기화(奇貨)로 삼는 것이 마치 이인(李䄄)의 일을 가지고 기화로 삼는 것과 같다.[9] 일이 막중한 것에 관계되는데, 감히 그것을 기화로 삼는다면 오늘날 조정에 목숨을 보전할 자가 아마 드물 것이다. 전 영상의 상소 내용을 경들은 과연 누구에게 들었으며 또한 무슨 일을 죄로 삼는가?"

하니, 홍낙성은 아뢰기를,

"원래의 상소를 보지 못했습니다."

하고, 박종악(朴宗岳)과 김이소(金履素) 등은 아뢰기를,

"신들도 보지 못했으나 전 좌상 김종수(金鍾秀)의 두 차자(箚子)는

9 경들……같다 : 정조의 이복동생인 은언군(恩彦君) 이인(李䄄)은 아들 상계군(常溪君) 이담(李湛)이 반역에 연루되었다는 이유로 1786년(정조10) 강화부(江華府)에 안치되었다. 본문은 정조 17년 8월 8일 기사이므로 이 시기에는 정조와 신하들이 은언군을 처벌하는 문제를 놓고 힘겨루기를 하고 있었다. 즉 정조는 은언군을 비호함으로써 신하들의 기를 꺾으려 하고, 신하들은 은언군을 처벌함으로써 정조의 힘을 약화하려고 한 것이다.《日省錄 正祖 17年 8月 8日》 따라서 여기에서 기화(奇貨)라는 말은 대단히 중의적인 의미를 담고 있다.

보았습니다."

하였다. 상이 이르기를,

"이 일에 죄가 있다면 전 영상을 어찌 애석해하겠는가. 전 영상의 상소 가운데 한 구(句)의 말은 모년(某年)[10] 큰 의리의 핵심이다. 내가 양조(兩朝)[11]의 아름다운 덕을 드러내어 밝히려는 마음으로도 오히려 한 번도 제기할 수 없었으니, 이는 참으로 일이 모년에 관계되기 때문에 감히 말하지 못하고 차마 제기하지 못한 것이다. 전 영상의 상소 가운데 '비(非)' 자 한 구로 말을 시작하고 '즉(卽)' 자 한 구로 말을 끝맺었는데, '즉' 자 이하는 모년에 관계된 일로 지극히 중대하다. 설사 전 영상이 나라를 위하여 한목숨을 버릴 각오로 양조의 아름다움을 천양하려는 고심과 정성에서 그렇게 했다고 하더라도, 나도 감히 말하지 못하는 것을 전 영상이 감히 말했으니, 겉으로 드러난 것만 잠깐 보면 그 죄는 용서받기 어렵다. 내가 비지(批旨)에서 부월(鈇鉞)보다 엄한 뜻을 이미 보였으니 오늘날 조정의 신하로서 어찌 놀라고 통분해하지 않을 수 있겠는가. 전 좌상이 성토하는 것도 형세상 당연하다.

그러나 전 영상이 남이 감히 말하지 못하는 일을 감히 말한 것은 대체로 곡절이 있다. 전 영상이 지신(知申 도승지)이었을 때 선조(先朝)께서 휘령전(徽寧殿)에 임어하시어 사관을 물리치고 지신 홀로 앞으로 나아오도록 명하여 직접 쓰신 한 통의 글을 지신에게 신위(神位) 밑의 욕석(褥席) 속에 감추어 두게 하셨다. 전 영상의 상소 가운

10 모년(某年) : 임오년(1762, 영조38)으로, 사도세자가 죽은 해를 가리킨다.

11 양조(兩朝) : 영조와 사도세자를 가리킨다.

데 '즉' 자 아래 한 구절은 바로 금등(金縢) 가운데 있는 말이다. 즉위 초인 병신년(1776, 정조 즉위년) 5월 13일, 문녀(文女)[12]의 죄악을 드러내어 공포할 때 전 영상이 윤음을 교정하는 일에 참여하여 이 일을 아뢰었고, 승지와 한림을 보내 확인한 일이 있다. 이번에 사직 상소에서 이렇게 유언이나 다름없는 말을 한 것은 혼자서만 이 일을 알고 있기 때문에 홀로 그 일을 말하였으니, 충성스러운 마음과 의로운 용기에서 나왔다고 해야 할 것이다. 전 좌상이 이 일의 내막을 모르고 겉으로 드러난 것에만 의거하여 지난여름 이후로 감히 말하지 못할 말을 했다는 의리를 들어 성토한 것도 충성스러운 마음과 의로운 용기에서 나온 것이다.

금등에 있는 말은, 한 가지는 아버지로서 자식을 사랑하는 마음이고, 한 가지는 자식으로서 부모에게 효도하는 마음이니, 이 얼마나 아름다운 덕인가. 그런데 단지 감히 말하지 못할 일이라는 이유로 차마 제기하지 못하는 영역에 두어서, 장차 가려져 드러나지 못하게 되었는데, 지금 전 영상의 상소에서 일의 실마리가 이미 드러났으니 잠자코 있을 수 없다. 그 관직으로 보면 대신(大臣)이고, 그 말로 보면 정승의 상소이다. 원래의 상소는 비록 불살라 버리라고 명했지만 상소문을 쓸 때 틀림없이 본 사람이 있을 것이며, 상소문을 바칠 때 또 본 사람이 있을 것이므로 '즉' 자 아래 구의 말이 뒷날에 결국

12 문녀(文女) : 영조의 후궁인 숙의(淑儀) 문씨(文氏)이다. 김상로(金尙魯)와 결탁하여 영조와 사도세자의 사이를 이간질하고 사도세자를 영조에게 무함하여 폐위한 뒤에 뒤주에 가두어 죽게 하였다는 죄목으로 1776년(정조 즉위년) 8월 10일에 사사(賜死)되었다.

전파될 것이니, 내가 한때에 차마 할 수 없는 말을 차마 하지 않는다면 양조의 아름다운 덕을 드러내서 밝힐 수 없을 것이다. 이것이 내가 감히 말할 수 없는 것인데도 감히 말하려고 하는 이유이다. 내가 비록 불초하지만 천지의 법도와 인륜의 큰 강령에 관계되는 일에 대해서는 스스로 마음에 부끄러움이 없다고 생각하기 때문에 남에게 요구하지 않는 것이다. 이미 이러한 뜻으로 전 영상의 상소에 대한 비답에서 언급하였으나, 이번에 말하고 싶은 일은 근자의 사달 이후에 특별히 그렇게 하지 않을 수 없는 의리가 있어서 그렇게 했다는 것이다. 지난여름 구전(口傳)으로 하교한 뒤에 전 영상이 이미 '감히 언어로써 성상을 번거롭게 해 드릴 수 없지만 또한 의리가 어두워지고 막히도록 할 수도 없습니다.'라고 말한 것 또한 마음속에 지키는 바가 있는 것이다. 그리고 '동호의 붓〔董狐之筆〕'[13]이라는 네 글자는 그 뜻이 대체로 '뒷날 동호와 같은 훌륭한 사관이 있어 전하의 마음을 이해하고 신들의 마음을 이해한다면 드러내어 밝히는 것을 일삼을 필요가 없을 것입니다.……'라는 것이니, 이를 흉언(凶言)이라고 할 수 있겠는가."

13 동호(董狐)의 붓 : 동호는 춘추 시대 진(晉)나라의 사관(史官)이다. 진 영공(晉靈公)이 조순(趙盾)을 죽이려 하자 조순이 도망갔다가, 조천(趙穿)이 영공을 죽인 뒤에 조순이 돌아오자, 동호가 "조순이 그 임금을 죽였다.〔趙盾弑其君.〕"라고 기록하여 조정에 보였다. 조순이 자기가 죽이지 않았다고 강변하자, 동호가 "그대는 일국의 정경으로 도망을 하면서 국경을 넘지도 않았고, 돌아와서는 역적을 토벌하지도 않았으니, 그대가 죽인 게 아니고 누가 죽였단 말인가."라고 하였는데, 이 일과 관련하여 공자가 "동호는 옛날의 훌륭한 사관이었다. 그의 서법은 숨기는 일이 없었다."라고 찬양한 고사가 전한다.《春秋左氏傳 宣公2年》

하고, 상이 마침내 금등 가운데 두 구절을 작은 종이에 베껴 옮긴 것을 여러 대신에게 내려 보이라고 명하였다. 그 글은 "혈삼이여, 혈삼이여. 그 누가 안금장[14]과 전천추인가. 오동이여, 오동이여. 나는 귀래망사지대[15]를 후회하노라.〔血衫血衫, 孰是金藏千秋? 桐兮桐兮, 予悔望思之臺.〕"였다. 이어 하교하기를,

"내가 이덕사(李德師)와 조재한(趙載翰)을 처형하던 날에 문녀와 김상로(金尙魯)도 처분하였는데 이미 그때 금등에 있는 선조의 본의에 대해 넌지시 그 단서를 드러내 보였다. 내가 비록 보잘것없으나 헤아려 본 뒤에 한 가지 견지하고 있으니, 어찌 이랬다저랬다 할 수 있겠는가. 내가 이 말을 차마 할 수 없지만 하는 것은 내게 생각하는 것이 있어서이니, 온 세상 사람들로 하여금 전 영상의 상소 내용이 위에서 말한 바와 같고 전 좌상이 엄하게 성토한 것도 내막을 모르는 데에서 나온 것일 뿐임을 알게 하고 싶어서이다.

14 안금장(安金藏) : 당나라 측천무후(則天武后) 때의 충신이다. 당시에 태자로 있던 예종(睿宗)이 반역을 꾀한다는 무고(誣告)가 일어나자 태자의 측근들이 국문을 받게 되었는데 형신(刑訊)을 견디지 못하여 모두 거짓으로 자백하였으나, 안금장만은 태자의 무함을 밝히기 위해서 칼로 배를 갈라 창자를 꺼내어 보임으로써 태자의 결백을 주장하였다. 《新唐書 卷191 安金藏列傳》《舊唐書 卷187上 安金藏列傳》

15 귀래망사지대(歸來望思之臺) : 한 무제(漢武帝)의 아들 여태자(戾太子)가 강충(江充)의 모함을 받아 죽음을 면치 못하게 되자 부왕의 군사를 절취하여 강충을 죽이고 자기도 목매어 죽었다. 그 후 무제는, 아들이 억울하게 죽었음을 깨닫고 있던 중 고침랑(高寢郞) 전천추(田千秋)가 "아들이 아비의 무기를 희롱한 데 적용하는 형률은 태형(笞刑)인데 천자의 아들이 잘못하여 살인했다면 무슨 죄에 해당하겠습니까?"라고 하는 말을 듣고 크게 후회하여, 마침내 사자궁(思子宮)을 짓고 아들이 돌아오기를 기다린다는 뜻의 귀래망사지대를 쌓았다. 《漢書 卷63 武五子傳》

또 분명히 밝혀 두지 않으면 안 될 일이 하나 있다. 오늘날 신하들은 매번 한 가지 문제가 일어나면 곧 그것을 제멋대로 추측하는 버릇이 있다. 전례(典禮)에 관한 문제에 대해 의심하지 않아야 할 것을 의심하니, 이것이 어찌 감히 마음에 싹틀 수 있는 일인가.

즉위한 초기에는 으레 정청(庭請)이 있은 뒤에 애써 따랐다. 그러나 내가 세 번 사양하는 것에 그치지 않고 세 가지 일에 대해 고사(固辭)하였던 것은 신하들에게 나의 뜻을 따르게 하고 싶어서였다. 첫째는 강왕(康王)이 면류관을 벗은 일이 예(禮)가 아니라는 이유로 선유(先儒)들의 비난을 면치 못했으므로,[16] 내가 차마 궐문에서 하례를 받지 못하겠다고 한 일이었다. 둘째는 영릉(永陵)[17]을 추숭하는 일은 비록 선조(先朝)의 유언이 있었지만 다시 더 신중을 기하는 것이 옳다는 것이었다. 셋째는 왕대비전의 칭호에 대하여 '왕(王)' 자 위에 '대(大)' 자 한 자를 감히 더 놓을 수 없다는 것이었다. 그러나 세속적인 견해에 구애되어 아래 한 가지 외에는 모두 거론할 수 없게 되고 말았다. 이것도 오히려 이러한데 어찌 감히 전례에 관한 문제를 의논할 수 있겠는가. 병신년(1776, 정조 즉위년) 3월 10일의

16 강왕(康王)이……못했으므로 : 주 성왕(周成王)이 죽자 강왕이 상복(喪服)을 입었다가 다시 길복(吉服)으로 갈아입고 즉위식을 거행하여 군신(群臣)의 하례를 받은 다음 다시 상복으로 갈아입었다. 이 일에 대해 소식(蘇軾)은, 성왕이 죽어 장례도 치르기 전에 군신(君臣)이 모두 길복을 입는 것은 예(禮)가 아니고, 변례라고 할 수도 없으며, 삼년상 기간 중에 상복을 벗고 길복을 입는 것은 어느 때이든 타당하지 않으니 주공(周公)이 살아 있었다면 필시 이렇게 하지는 않았을 것이라고 하였다. 《書經集傳 康王之誥》

17 영릉(永陵) : 영조의 맏아들 진종(眞宗)과 효순왕후(孝純王后) 조씨(趙氏)의 능이다.

하교를 보면 나의 본의를 알 수 있을 것이다. 오늘 차마 말할 수 없지만 말한 일은 한 번의 빈대(賓對)로도 말할 수 있고, 한 장의 전교로도 유시할 수 있었다. 그런데도 반드시 모두 조정에 나오게 하여 이 일을 분명하게 유시하는 것은 대체로 〈대고(大誥)〉의 뜻[18]으로 사람마다 이해하게 하고 일마다 밝게 알아듣도록 타이르고 싶었기 때문이다. 지금부터 다시 이 일을 빙자하여 시끄럽게 말하는 일이 있으면 누구나 그것을 성토할 수 있으니, 앞으로 이 일을 드러내서 밝힐 책임을 오로지 경들에게 맡기겠다."

하고, 마침내 물러가라고 명하였다.

9일. 판중추부사 김종수(金鍾秀)가 입시하였다. 김종수가 문후를 마치자, 상이 이르기를,

"경은 어제의 일을 들었는가?"

하니, 김종수가 아뢰기를,

"미처 상세히 듣지는 못했습니다."

하였다. 상이 이르기를,

18 대고(大誥)의 뜻 : 주 무왕(周武王)이 은(殷)나라를 이기고 나서 주(紂)의 아들 무경(武庚)을 그 땅에 봉(封)하고서 삼숙(三叔)인 관숙(管叔), 채숙(蔡叔), 곽숙(霍叔)에게 감시하게 하였다. 그 후 무왕이 붕(崩)하고 성왕(成王)이 어린 나이로 즉위하자 주공(周公)이 성왕을 보필하였다. 이에 삼숙이 유언비어를 퍼뜨려 주공을 모함하니, 성왕이 주공을 멀리하였다. 성왕이 모함이라는 것을 깨닫고 다시 주공을 맞아들이자 삼숙이 무경과 함께 반란을 일으켰다. 이에 성왕이 주공에게 토벌하라고 하면서 천하에 크게 유시를 내린 내용을 기록한 것이 〈대고〉이다. 《書經集傳 大誥》 여기에서는 정조가 채제공의 상소에 대해 전 신료들에게 영조의 금등을 열어 보이면서 사실 관계를 분명히 하였기 때문에 한 말이다.

"어제 의리를 밝히고 윤리와 기강을 바로잡는다는 취지를 이미 신하들에게 유시하였는데, 한번 말을 꺼내면서 내 마음이 어떠했겠는가. 더구나 어찌 이미 했던 말을 차마 다시 말하겠는가마는 오늘 경을 보았기 때문에 말하지 않을 수 없다. 내가 전에 차마 말하지 못했던 것을 오늘 차마 말하는 이유를 먼저 말하겠다. 대체로 모년(某年)의 사변(事變)은 차마 꺼내지 못할 일이기 때문에 감히 말할 수 없었고, 차마 말하지 못할 일이기 때문에 차마 꺼내지 못했다. 양조(兩朝)의 아름다운 덕을 드러내어 밝히는 데 관한 일이지만 아직도 차마 꺼낼 수 없고 감히 말할 수 없었기 때문에 차라리 가려져 드러나지 않게 한 지가 지금까지 몇십 년이 되었다. 그러나 끝내 감히 말을 꺼내지 않는다면, 차마 꺼내지 못하고 감히 말할 수 없다고 하더라도 양조의 아름다운 덕이 실로 이 때문에 드러나지 않을 염려가 있고, 세상의 변고가 거듭 생기는 것도 여기에서 연유한다. 이 일에 대해 한번 말을 하여 사람마다 알게 한 뒤에야 양조의 아름다운 덕이 천추만세에 밝게 드러날 수 있을 것이다. 이 일은 관계되는 것이 중하고, 세상의 변고가 거듭 생기는 일도 이로부터 영원히 그치게 될 것이다.

전 영상의 상소에 '비(非)' 자 아래와 '즉(卽)' 자 아래라는 말이 있는데, '비' 자 이하도 이미 차마 꺼낼 수 없고 감히 말할 수 없지만 '즉' 자 이하는 더욱 차마 꺼낼 수 없고 감히 말할 수 없다. 대체로 모년의 망극한 사변 중에서 긴요한 부분이고, 병신년(1776, 영조52)에 상소로 청하여 세초(洗草)한 것 중의 핵심적인 부분에 관계된 일이기 때문이다. 전 영상이 설령 나라를 위하여 한 목숨을 버릴 마음이 있었다 하더라도 차마 꺼낼 수 없고 감히 말할 수 없는 일을 제기하여 나에게 들려준 것은 죄이다. 설령 그 마음이 지난날의 일을 드러내어 밝히려는 뜻에서 나왔다 하더라도 도리어 차마 듣지 못할 말로 막중한 자리에까지 미친 것은 죄이고, 말이 모년의 일에 미쳐서 선조(先朝)에게까지 미친 것 또한 죄이다. 그래서 내가 그의 상소를 한번 보고는 그가 무슨 마음에서 이런 상소를 올렸는지 곧바로 판단하지 못하여 비답과 전유(傳諭)에서 부월(鈇鉞)보다 엄한 뜻을 보였으니, 이를 보고 들은 많은 신하들이 공격하려고 하는 것은 경뿐만 아니라 누구든 똑같은 심정이 아니었겠는가.

다만 전 영상이 차마 꺼낼 수 없고 감히 꺼내서도 안 되는 말을 홀로 말한 데는 그럴 만한 연유가 있었다. 선대왕께서 휘령전(徽寧殿)에 임어하셨을 때 전 영상이 지신(知申)으로 입시했는데, 사관을 문밖으로 물러나게 한 뒤에 선대왕께서 한 통의 글을 주면서 신위 아래 욕석(褥席)에다 솔기를 뜯고 넣어 두게 하셨으니, 이것이 금등(金縢)의 글이다. 나 또한 이 글을 반시(頒示)하는 것이, 관계가 막중하고 시일이 급하다는 것을 모르지는 않았으나 원통한 심정을 지닌 채 줄곧 지금까지 참아 온 것은 오로지 차마 말할 수 없었기 때문이다. 그러나 문녀(文女)를 처분하는 전교의 내용 중에 대략 언급한 일이 있었다. 전 영상의 상소에서 '즉' 자 이하는 곧 모년 이전에 흉도들이 한 흉악한 말을 쓴 것인데, 모년 이후에 선대왕께서 바로 깨닫고 이 금등의 글을 써 두셨고, 전 영상만 이 사실을 알고 있었으니, 그가 홀로 말한 것은 이 때문이다.

이 상소가 나온 뒤로 조정이 시끄럽게 들끓었으나 그대로 방임하고 있었는데, 내가 차마 꺼낼 수 없었기 때문에 우선은 감히 말하지 못했던 것이다. 오늘에야 한번 말하지 않을 수 없는 의리를 생각해 내고 나서 비로소 말하게 되었다. 내가 세초하는 일로 상소했던 것은 이와 같은 글이 세상에 남아 있지 않게 하고 싶어서였다. 그러나 내 마음은 오히려 밤낮으로 불안하고 염려스러웠다. 초야(草野)의 조각난 문서도 본래 와전된 데다 또 와전되는 일이 많은데 더구나 정승의 상소는 일의 체모가 중하니 말할 것이 있겠는가. 비록 봉한 채 돌려주어 불살라 버리게 하라고 명했지만, 정원 안에 본 사람이 있을 것이고, 연석(筵席)에서 들은 사람이 있을 것이며, 또 베껴 쓸 때에도 필시 듣고 본 사람이 있었을 것인데, 그렇게 하는 사이에 한 번 전해지고 두 번 전해지면 틀림없이 세상에 전파될 것이기 때문이었다. 이제 와서 내가 차마 말할 수 없고 감히 꺼내 말할 수 없는 일이라고 하여 도리어 차마 말할 수 없는 일이 세상에 전파되도록 내버려 둔다면 세상에서 이를 보는 사람들이 앞으로 어떻게 볼지 모를 일이다. 그렇다면 한때 차마 말하지 못하는 것은 작은 일이고, 차마 말할 수 없는 일이 후세에 널리 퍼지게 하는 것은 관계된 바가 크니, 이것이 어제의 일이 있었던 이유이다.

이 기회를 빌려 경들에게 분명히 유시할 것은 우리 양조의 자애롭고 효성스러운 성덕(聖德)을 후세에 뚜렷하게 밝히는 일이다. 그리고 또 지금 시끄러운 일로 말하더라도 두 대신이 죄를 면하게 하는 것도 양조의 은혜가 미쳤기 때문이라고 할 수 있을 것이다. 대체로 전 영상은 홀로 알고 있었기 때문에 차마 말할 수 없는 것을 말하였고, 경은 단지 겉으로 드러난 것에만 의거하여 차마 말할 수 없는 것을 말했다 하여 공격하였으니, 그 마음은 똑같이 나라를 위하여 정성을 다하려는 데서 나온 것이나 그 행적은 큰 차이가 있었던 것이다. 이제는 근본을 거슬러 올라가 분명하게 유시하였으니, 차마 말할 수 없는 것을 말한 대신이나 차마 말할 수 없는 것을 말한 사람을 공격한 대신이나 모두 죄줄 만한 이유가 없어졌다. 전 영상이 그 일을 직접 보고 감히 유언이나 다름없는 말을 하였으니, 흉악한 말이 아닐 뿐만 아니라 실로 충성으로 귀결되었으며, 경 또한 이 때문에 도리어 공격당하는 것을 면하게 되었다. 이번 이 일은 경들의 처지를 위하려는 의도에서 나왔지만 경들도 양조의 두터운 큰 은혜를 입은 것이라 할 수 있겠다. 경들이 온전히 보전되는 것이야 오히려 작은 일에 속하지만, 앞으로 의리가 밝아지고 윤리와 기강이 바로잡혀 나라가 나라답게 되고 사람이 사람답게 된다면 의리를 기화(奇貨)로 삼아 스스로 흉역의 죄과에 빠지는 자가 결코 없을 것이다. 경은 어떻게 생각하는가?"

하니, 김종수가 아뢰기를,

"5월 그믐날 빈대(賓對)에서 물러난 뒤에 '비' 자 아래와 '즉' 자 아래의 말을 신도 과연 들었으나 다만 '비' 자와 '즉' 자는 듣지 못했습니다. 신은 그때 마음과 뼈가 모두 떨렸으나 차마 꺼낼 수 없는 말을 감히 꺼냈다는 것으로만 말을 하는 것도 감히 할 수 없었기 때문에 단지 '동호의 붓'이라는 네 글자를 가지고 제기했던 것입니다. 지금 성상의 하교를 받드니 '비' 자 아래와 '즉' 자 아래에 과연 제기한 곡절이 있었으며, 양조의 아름다운 덕을 드러내어 밝히는 일에 크게 관계되니, 더구나 어찌 감히 이것으로 성토할 수 있겠습니까. 그리고 '동호의 붓'이라는 네 글자는 《명의록(明義錄)》에 들어 있는 말입니다."

하였다. 상이 이르기를,

"그 뜻이 가리키는 바 또한 경의 말과 다르다. 그 말은 '전하의 마음으로 마음을 삼고, 신하의 마음으로 마음을 삼는다면 훌륭한 사관일 것입니다.……'라는 것이니, 그 뜻이 어찌 흉악한 말에서 나왔겠는가. 위 항목의 감히 말할 수 없는 말이 이미 충심에서 나왔고 악의(惡意)에서 나온 것이 아니니 이 또한 심각하게 보아서는 안 된다."

하니, 김종수가 아뢰기를,

"신은 전번에 올린 상소에서 오로지 그의 상소를 반시(頒示)하여 죄인지 아닌지를 결정하자고 청했습니다. 소본(疏本)을 보여 주신다면 신이 삼가 다시 아뢰겠습니다."

하였다. 상이 이르기를,

"전 영상에게서 찾아다 보여 주겠다. 경은 연석에서 물러난 뒤에 오늘 주고받은 말을 기록해서 한 통 들이라."

하였다.

10일. 상이 희정당(熙政堂)에 임어하여 차대(次對)를 행하였다. 판중추부사 김종수가 추후에 입시하였다. 상이 이르기를,

"어제 서로 주고받은 말을 경은 과연 연설(筵說)르 작성하여 왔는가?"

하니, 김종수가 아뢰기를,

"기록하여 가지고 왔습니다."

하였다. 상이 들이라고 명하여 살펴본 뒤에 하교하기를,

"기록한 것 중에 원만하지 못하거나 통창하지 않은 부분이 간혹 있다. 경이 잠시 합문 밖으로 물러나 쉬고 있으면 차대를 파한 뒤에 다시 불러 만나 보겠다."

하고, 이어 김종수에게 잠시 물러나라고 명하였다. 잠시 후에 상이 성정각(誠正閣)에 임어하여 김종수에게 다시 입시하라고 명하였다.

상이 이르기를,

"전 영상의 상소 중 그 대요(大要)에 대해서는 경이 이미 이해했을 것이다. 그리고 '동호(董狐)의 붓'이라는 네 글자에 대해서도 굳이 심각하게 볼 필요가 없다."

하니, 김종수가 아뢰기를,

"신이 원래의 상소를 못 보았기 때문이니, 석연치 못한 점이 있는 것은 그 때문입니다."

하여, 상이 이르기를,

"경이 우선 물러나 빈청(賓廳)에 잠시 앉아 있으면 원래의 상소를 가져다 보이겠다."

하였다. 이어 쓰라고 명하고 전교하기를,

"이제는 영중추부사의 원래 상소를 반시해도 안 될 것은 없다. 그러나 이 얼마나 감히 제기할 수도 없고 차마 말할 수도 없는 일인가. 그렇다면 또한 어찌 의례적으로 반시할 수 있겠는가. 원래의 상소를 가져다 대신들에게 내보이는 것이 사리에 맞을 것이다. 봉하여 돌려보낸 소본(疏本)이 있으면 즉시 빈청에 봉하여 들이라고 사관을 보내 영중추부사에게 전유하게 하라."

하였다. 가주서 이홍달(李弘達)의 서계(書啓)에,

"신이 영중추부사 채제공이 머무르고 있는 곳에 달려가 전유하니, 영중추부사가 '신이 지난번에 올렸던 소본을 즉시 빈청에 봉하여 들이라고 하교하셨으니 신이 얼마나 황송하고 감격하였겠습니까. 다만 신이 수성(水城)에 있을 때 사관이 원래의 상소를 가지고 와서 전해 준 하교에 「이 소본을 굳게 봉하여 내리니 비록 집안사람에게라도 뜯어 보이지 말라.」라고 하셨습니다. 신은 이에 황송한 마음을 금치 못해 사관이 문밖으로 나가자마자 곧바로 불태워서 초본까지 한 글자도 남겨 둔 것이 없습니다. 지금 봉하여 들이고 싶어도 그럴 수 없습니다. 그때 소본이 이미 대내(大內)에 들어갔으니 혹시 《일성록》 중에 초록(抄錄)한 것이 있으면 참으로 천만다행이겠습니다마는 어찌 감히 바라겠습니까. 전교가 내렸으니 사실대로 알려 드리지 않을 수 없으나 이 점이 더욱 신이 용서받기 어려운 죄입니다.'라고 하였습니다."

하였다. 상이 이르기를,

"알았다. 《일성록》에 있으니, 봉해 둔 각신(閣臣)이 손으로 직접 베껴 가지고 가서 빈청에 보이도록 하라."

하였는데, 상소에 운운하였다.-26편 1판에 보인다.- 또 하교하기를,

"병신년(1776, 정조 즉위년) 5월 13일에 밝게 선포한 윤음 안에 은미한 뜻을 대략 말하였으나 대신이 상소에서 한 말이 이와 같은 뒤에는 도리어 감히 말하지 못하고 차마 말하지 못한 일을 여러 신하가 차마 말하고 감히 말하게 되었다. 이것이 경재(卿宰)들을 불러서 한번 유시하지 않을 수 없었던 본의를 먼저 말하고, 다음으로 원래의 상소를 가져다가 대신과 여러 신하에게 내보인 이유이다."

하였다. 검교직제학 서유방(徐有防)이 가주서 홍낙유(洪樂游)와 함께 등본(謄本)을 가지고 가서 판중추부사 김종수에게 보였다. 김종수가 보고 나서 사관을 통하여 부주(附奏)하기를,

"신이 삼가 베껴서 내려 주신 전 영상의 소본을 보니, 전에 들었던 것과 차이가 있고, 신의 마음 또한 전과 달라졌습니다."

하였다.

우의정에 거듭 제수하면서 내린 전유 을묘년(1795, 정조19)
重拜右議政傳諭 乙卯

하교하기를,

"'오늘은 연초에 조참(朝參)하는 날이고, 지금은 곧 올해 처음으로 신하들을 격려하는 때이다. 서로서로 도와주고 의지하는 일을 가까이에서 보좌하는 신하들에게 맡기지 않고 누구에게 맡기겠는가. 정치가 뜻대로 되지 않고, 풍속이 말을 따르지 않은 지 오래되었다. 삼공(三公)과 백관(百官)이 저마다 자기 일에 충실하지 않아서 수고로움과 편안함이 뒤바뀌었는데, 사치가 날로 심해지고, 허위(虛僞)가 날로 더해지며, 참소와 아첨이 날로 늘어나고, 기만하는 것이 날로 고질화되고 있다. 이 중에 하나만 있어도 조정이 조정 역할을 하지 못하는데, 하물며 한꺼번에 있어서 10여 년 동안에 모두 모였으니, 훗날 훌륭한 사관(史官)이 역사책에 기록한다면 오늘의 이 시기는 어떤 세상이라고 하겠는가. 내가 스스로 지금의 정치 상황을 보면 초심(初心)을 저버린 것이 많으니, 밤중에 일어나 어탑(御榻) 주위를 배회하면서 나도 모르게 혼잣말을 하게 된다. 보상(輔相)의 책무가 어느 때인들 긴중하지 않겠는가마는 오늘 거듭 임명하면서 내가 마음을 쓴 것이 더욱 범범하지 않다. 오늘의 모양새를 가지고 오늘의 규모를 변화시켜 눈을 비비고 다시 보고 목을 길게 빼고서 고대하는, 확연히 쇄신되는 효과를 이루는 것을, 나의 명을 받들고 보좌하는 경들에게 바라고 있다. 인재를 잘 선발하여 어려운 상황을 구제해서 나로 하여금 처음의 마음을 이루게 하고 조정을 옛날 훌륭한 시대로 끌어올린다면 경들의 은혜가 어떠하겠는가. 재상을 임명하는 때에 먼저 나의 마음속 생각을 만에 하나나마 말하는 것이니, 경들은 안심하고 즉시 사은숙배하여 나의 면유(面諭)를 들으라.'라는 내용으로 승지를 보내 전유하게 하라."

하였다.-서계 3통은 모두 28편 32, 33, 34판에 보이고, 사직소는 26편 17판에 보인다.-

징토의 일로 연석에서 다투다 물러 나와 용산에 있을 때 내린 전교

以懲討事筵爭決退 出處龍山時傳教

하교하기를,

"대신을 공경하는 의리에 대해 대략이나마 알고 있으니, 이렇게 하는 것은 구속하고 독촉하려는 것이 아니라 경이 미적거릴 수 없게 하려는 것이다. 문안하는 날에 면전에서 간곡히 하교하였고, 경을 데리러 간 사관이 올린 서계(書啓)에 대한 전교에서 거듭 나의 뜻을 보여주었다. 더구나 다음 달이 내일이니, 이 얼마나 만수무강을 축원하고 경사를 기념해야 하는 막중한 때인가. 조정 신하가 어찌 감히 오늘 이전의 처신에 관한 한가로운 말을 제기하여 이러한 때에 내 귀를 더럽히겠는가. 경이 이러한 의리를 안다면 오늘 도성으로 들어오라. 그렇지 않으면 작게는 경을 처음 우의정에 임명할 때 초빙했던 예에 따라 연영문(延英門)에 나가 경이 도성으로 들어오기를 기다렸다가 인견(引見)하여 면유(面諭)할 것이고, 크게는 어가(御駕)를 대령하라는 명을 내린다 하더라도 나는 지나치다고 생각하지 않는다. 이처럼 말을 하고도 내가 어찌 식언을 하겠는가. 경의 거취를 여기에서 정할 수 있을 것이다. 부디 임금의 소명을 받으면 지체하지 않고 즉시 달려간다는 의의(意義)를 생각하라."

하였다.

출사하기를 권면하는 전교

勉出傳敎

좌의정으로 승진하였을 때이다.

하교하기를,

"연석에서의 하교를 승지로 하여금 기록하여 보내게 하라. 그리고 좌상이 나와 숙배하여 인원이 갖추어진 뒤에야 각 전(殿)과 궁(宮) 이하에 과세문안(過歲問安)을 들이라는 뜻으로 하교하라. 이것은 대신의 거취에 관계되므로 문적(文跡)이 없어서는 안 되니, 해당 방(房)은 잘 알아서 다시 비변사 낭청이 전유하게 하여 사체(事體)를 보존하라."

하였다.

명을 받들어 사은숙배할 때 내린 전유

膺命肅謝時傳諭

하교하기를,

"지금 승지가 미품(微禀)하는 말을 들으니, 우상이 연석의 하교를 전한 것으로 인하여, 좌상이 이미 조방(朝房)에 왔으나 사은숙배는 억지로 하기 어렵다고 구두로 정원에 전달했다고 한다. 집 안은 궐 밖에 비해, 궐 밖은 전정(殿庭)에 비해 원래 원근(遠近)의 구별이 있으나 만약 조금이라도 억지로 움직일 수 있다면 어찌 연석에서의 하교를 식언이 되게 할 수 있겠는가. 과세문안(過歲問安)을 한 뒤에야 출궁해서 나아가 전배(展拜)할 수 있을 것이다. 이 하교를 듣는다면 정세(情勢)가 없는 대신은 설령 병이 있다고 하더라도 한때 오르내리고 왕래하는 증상에 불과할 것이니, 잠시 나와서 명을 받들더라도 억지로 하기 어려운 지경에는 이르지 않을 듯하다. 이 뜻을 승지는 좌의정에게 전유하라."

하였다.

삼사의 논계에 윤허한 뒤 이어서 죄명을 환수하라고 명하면서 내린 전교 병진년(1796, 정조20)

三司論啓允從後 仍命罪名收還傳敎 丙辰

하교하기를,

"이런 우대를 하면서 이런 처분을 내린 것은 소중한 사람을 존중하고 뒷날의 폐단을 염려한 데에서 나왔다. 논계에 대한 비답에서 이미 말하였거니와, 대체로 소중하게 여기는 것이 지극히 중요하기 때문에 우대하는 문제는 돌아볼 겨를이 없다. 그러나 이 뜻을 보인 것으로 충분하니 어찌 날짜가 멀고 가까운 데에 의미가 있겠는가. 그리고 어제의 일에 다른 사람을 연루시키고 싶지 않다. 하료(下僚)도 그러한데 더구나 대관(大官)은 말할 것이 있겠는가. 영상은 긴 휴가를 받았고, 우상은 마침 외부에 있다. 어제의 일이 어제 있었던 것은 이미 생각한 바가 있어서이니, 서용(敍用)하는 문제를 오늘까지 기다린 것 또한 그의 처지를 곡진히 위하는 뜻에서였다. 율명(律名)이 조금 무겁기는 하지만 소중히 여기는 것을 위하는 일에 관계되니 먼저 한번 허락하는 것은 예로 신하를 대우하는 데에 해로울 것이 없다. 처음 뜻을 이루려고 하는데 어찌 날을 넘길 수 있겠는가. 전 좌의정 채제공의 죄명을 모두 환수하고 사관을 보내 속히 명소(命召)를 전하고, 이어 도성에 들어오게 하라."

하였다.-견책을 청하는 상소는 26편 34판에 보인다.-

대간이 비평하는 상소를 올린 뒤 위로하고 권면하는 전교[19]

무오년(1798, 정조22)

臺評後慰勉傳敎 戊午

하교하기를,

"'경(卿)이 물러나기를 청한 것이 간절한 데에 그치지 않았지만, 팔순의 영상(領相)은 우리 조정에서 매복(枚卜)[20]한 300여 인 중 경이 최초이니, 아름다운 일이다. 내가 경에게 우선은 사퇴를 간청하지 말라고 간곡히 권한 것은 경이 내년 봄에 팔순을 맞이하기 때문이다. 이것이 일단 사직 단자를 올리는 것에 대한 의정부의 고사(故事)에 의거해서 경에게 집에서 편히 조섭하는 것을 허락한 이유였으니, 이것이 과연 일의 체모에 무슨 해가 된단 말인가. 저렇듯 시끄럽게 떠들어 대는 사람들의 말이 모두 경을 이 지경에 이르게 하였으니, 내가 경에게 몹시 부끄럽고 한탄스럽다. 대신(臺臣)은 이미 처분하

19 대간이……전교 : 《일성록》에 따르면, 정조 20년 병진년(1796) 10월 22일 사간 이우규(李羽逵)가 상소하여 당시의 영의정 홍낙성(洪樂性)과 좌의정 채제공(蔡濟恭)을 한꺼번에 비난한 데 대해, 정조가 이우규를 삭직하고 홍낙성과 채제공을 위무하고 권면하는 차원에서 전교를 내렸다. 그러므로 무오년에 내린 전교라는 원주는 문집 편찬 시의 착오인 듯하다.

20 매복(枚卜) : 의정(議政) 중에 결원이 생겼을 때, 왕명에 따라 시임(時任) 의정들이 빈청(賓廳)에 나와서 그 후보자로 원임(原任) 의정의 좌목(座目)을 써서 승전색(承傳色)을 통해 입계(入啓)하는 일이다. 시임이 없을 경우에는 원임들이 입시하여 전단자(前單子)에 낙점을 받았고, 원임 가운데 적임자가 없을 경우에는 새로운 인물을 추가하여 뽑았다. 《六典條例 吏典 議政府 枚卜》《銀臺條例 吏攷 大臣》

였으나 경을 결코 버리지 않겠다는 뜻을 거듭 확고하게 하기 위하여 입시한 사관으로 하여금 연석의 하교에서 미처 다 말하지 못한 뜻을 전하게 한다.'라는 내용으로 사관이 영상에게 전유(傳諭)하라.

'영상만 그러한 것이 아니라 경이 사람에게 이런 말을 듣게 된 것도 내가 경에게 거취를 뜻대로 하지 못하게 하였기 때문이니 얼마나 두려운 일인가. 더구나 상소에서 구사한 말이 매우 신랄하여 협잡하는 의도를 가릴 수 없으니, 세도(世道)와 조정의 기상을 생각할 때 한심하다고 말하는 것도 오히려 의례적인 말에 속한다. 그러나 내가 놓지 않는 것은 영상이 곧 경이고, 경이 곧 영상이라는 점이다. 없는 흠을 억지로 찾아내는 것이 지나쳐서 대신을 모멸하였고, 도멸하는 것도 부족하여 또 감히 모함하였다. 경이 만약 이에 대해 그들의 말에 따라서 스스로 가벼이 여기는 뜻을 사람에게 보인다면 이것이 어찌 지난날 경에게 중임을 맡긴 본뜻이겠는가. 경이 혹시 듣지 못하였을까 싶어서 대강의 내용을 입시한 사관에게 가서 전하고 아울러 위로하고 권면하는 뜻을 말하게 한다. 나머지는 의당 이어서 상세하게 말할 것이니 이런 뜻을 우선 잘 알라.'라는 내용으로 사관이 좌상에게 전하고 오라."

하였다.-서계 3통은 모두 28편 43, 44, 45, 46판에 보이고, 걸해소(乞骸疏)는 27편 30판에 보인다.-

재상의 직임을 해면하는 전교

解相傳教

하교하기를,

"'경은, 먼저 재상 직임을 해면해 주면 벼슬에서 물러나겠다는 청을 하지 않겠다고 사관이 돌아올 때에 말과 글로 부주(附奏)하였다. 경이 어찌 나를 속이겠는가. 내가 경을 믿으니, 경이 잠시 직임 내려놓는 것을 허락하겠다. 또한 이미 말을 하였으므로 경이 맡고 있는 의정의 직임을 우선 해면하겠다. 다시 바라건대 건강이 조금 나아지기를 기다리고, 또 비가 갠 뒤에 날씨가 청량해질 때를 기다려 나와서 중추부의 직임에 대해 숙배하고, 이어 연석에 나오라.'라는 뜻으로 사관을 보내 전유하게 하라."

하였다. -부주는 28편 46판에 보인다.-

사관을 통해 문안하는 비망기 기미년(1799, 정조23)

史官存問備忘記 己未

하교하기를,

"금년에 80세가 되었으니 궤장(几杖)을 하사하는 예는 기다리고 있었던 일이다. 사관을 보내 문안하고, 해당 조(曹)로 하여금 원임 내각 제학(內閣提學) 채 판부사에게 옷감과 음식물을 보내게 하라."

하였다.-기유년(1789)에 기로소에 든 이후 매년 연초가 되면 특별히 노인을 우대하는 은전을 내려, 승지나 사관 또는 낭관이나 부관에게 명하여 문안하게 하였다.-

사관을 보내 병문안하는 전교
遣史官問疾傳教

하교하기를,

"'연이어 각리(閣吏)가 알아 온 것으로 인하여 어젯밤에 사관을 보냈는데, 차도가 있다는 말을 들었고, 또 경이 기운을 내서 대답할 수 있다고 들었다. 오늘 아침에 또 각리가 알아 온 얘기를 들으니 밤보다 나아졌다고 하는데 그사이에 차도가 어떠한가?'라는 내용으로 다시 사관을 보내 채 판부사를 병문안하게 하라."

하였다.-다음 날 또 이런 명을 내렸다.-

어의를 보내 간병하라는 전교
遣御醫看病傳敎

하교하기를,

"채 판부사 집에 어의를 보내 간병하게 하라."

하였다.-이틀 뒤에 또 약물을 가지고 가서 곁을 떠나지 말고 간병하라는 명을 내렸고, 각리(閣吏)를 보내 병문안하였다. 어찰(御札) 세 통은 모두 아래에 보인다.-

죽음을 애도하여 내린 전교
隱卒傳敎

하교하기를,

"백성을 근심하는 일념으로 밤중부터 새벽까지 잠을 이루지 못하고 있었는데, 이러한 때에 세상을 떠났다는 보고를 들었으니, 진실로 이 사람이 어찌 이 지경에 이르렀단 말인가. 이 대신에 대해서 나는 실로 남들은 알지 못하고 혼자만이 아는, 깊이 투합되는 점이 있다. 이 대신은 세상에 드문 인물이다. 타고난 품성이 걸출하게 기력(氣力)이 있어 일을 만나면 곧장 앞으로 나아가고 두려워하지도 굽히지도 않았으며, 포부를 시(詩)로 표현한 것이 비장하고 강개하였기 때문에 사람들이 연(燕)나라와 조(趙)나라의 유풍(遺風)[21]이 있다고 하였다. 젊은 나이에 벼슬을 시작하여 선왕께 인정을 받아 전곡(錢穀)을 관할하고 군대를 관장하였으며, 임금의 글을 윤색하고 약원(藥院)의 직임에 정성을 다하였다. 그리하여 주대(奏對) 때마다 선왕의 웃음이 새로웠는데 그때는 아직 수염이 세지 않았었다.

내가 즉위한 이후로 그를 비난하는 말이 비등하였으나 뛰어난 재

21 연(燕)나라와 조(趙)나라의 유풍(遺風) : 옛날 연나라와 조나라 지역에는 기개(氣概)가 꺾이지 않고 강개(慷慨)하며 격앙(激昂)하는 인물들이 많이 배출되었으므로 '연조풍(燕趙風)'이라는 말까지 나오게 되었다. 그중에서도 특히 형가(荊軻)가 연나라의 개백정이나 축(筑)을 잘 연주하는 고점리(高漸離)와 술집에서 어울려 비분강개한 심정으로 노래를 부르면서 노닐다가 진 시황(秦始皇)을 찔러 죽이기 위해 자객으로 떠나간 고사가 유명하다. 《史記 卷86 刺客列傳》

능을 꺾지는 못하였으니, 이에 위태로운 처지의 그를 발탁하여 재상의 지위에 올려놓았다. 내각을 거쳐서 기로사에 들어가 나이가 80에 이르렀기에 구장(鳩杖)을 하사하려고 하였다. 그 지위가 높고 임금을 가까이서 보필하는 직임에 있었으며, 내가 돌보아 주는 성의가 두텁고 내린 은총이 성대하여 한 시대의 사람들로 하여금 모두 입을 열지 못하고 기가 죽게 하였다. 그러니 임금의 신임을 독차지했다고 할 수 있고, 옛날에도 들어 보기 어려웠던 일이다. 50여 년 동안 조정에서 벼슬하면서 지켜 온 굳은 의리는 더욱이 탄복할 만하였는데, 이제는 모두 끝났도다.

세상을 떠난 판중추부사 채제공의 집에서 거행하는 모든 일은 규례를 살펴서 하겠지만, 승지가 치조(致弔)하는 일은 홍 영부사(洪領府事 홍낙성(洪樂性))의 예에 따르고, 내각의 속관(屬官)을 보내어 상주를 위로하는 일과 호상(護喪) 등의 절차는 각신과 대신의 전례에 따라서 하라. 성복일(成服日)의 치제는 승지가 맡아서 거행하겠지만, 내각의 치제는 또한 김 봉조하(金奉朝賀 김종수(金鍾秀))의 예에 따라 제문을 지어 내리기를 기다려서 각신을 보내도록 하라. 녹봉을 3년간 지급하고, 장례 전에 시호를 의논하라고 분부하라."
하였다.

사제하는 제문 賜祭誄文 묘에 비를 세우라고 명하였다.

의정부영의정 규장각제학 화성부유수 장용영외사(議政府領議政奎章閣提學華城府留守壯勇營外使) 사시(賜諡) 문숙공(文肅公) 채제공(蔡濟恭)의 장례일에 각신(閣臣)을 보내어 그 영전에 대신 영결을 고하게 하노라.

왕은 이르노라 若曰
큰 소나무가 곧게 위로 솟고 松喬上竦
깎아지른 듯한 산이 굳건하게 선 모습 山巀脚牢
경이 참으로 이와 같았으니 卿式似之
결코 시속을 따라 바뀌지 않았네 判不桔槔
우뚝이 홀로 자임하니 挺然獨任
세 가지 의리를 한결같이 견지하였네 義三秉一
비서각(秘書閣)에서 사서(史書)를 편수할 적에 木天編史
손에는 직필(直筆)을 잡고서 手握弗律
사특한 무리를 형벌로 응징하니 斧鉞狐鼠
해와 별 같은 충성이었네 日星忠藎
남쪽에서 나온 유언비어는 사람을 놀라게 하기 쉬웠고 蜀訛易驚
나라에 공물(貢物)을 바치지 않았는데 巴賨不贐
환하게 분변하고 확실히 밝혀서 洞辨廓闢
우리의 교화 안으로 돌아오게 하였네 返我鄒魯
도승지로서 임금 앞에 무릎을 꿇고서 知申膝席
피눈물을 비처럼 흘렸고 血涕如雨
스스로 단심(丹心)을 지녀 自持寸丹
천지와 귀신 앞에서도 떳떳이 말할 만했으니 質諸天神
만 사람의 힘센 장사도 그 뜻을 빼앗지 못하고 萬育莫奪
백겁의 세월에도 닳지 않으리라 百劫無磷
경의 타고난 품성은 蓋卿稟賦

뛰어나고 영특하여	俊爽英特
차라리 마판에 엎드린 천리마가 될지언정	寧驥櫪伏
수레를 끄는 말은 되려 하지 않아	不駒轅促
기개는 구름에 닿을 듯하고	薄雲氣槩
국량은 조수(潮水)를 삼킬 만하였네	呑潮局量
문장으로 발휘하면	發之於文
강개하고 청초하여	忼慨瀏亮
장자(莊子)의 정수요 열자(列子)의 진액이며	莊精列液
사마천(司馬遷)의 골수이고 반고(班固)의 근골이고	馬髓班筋
축을 치고 연나라 노래를 부르며[22]	燕凾歌筑
호위하는 군대를 새로 만들었네	抗隊新䥫
비난하는 글이 상자에 가득해도	篋雖魏盈
내가 결코 의심하지 않았고	杼不曾投
나는 현경이 아니었는데	予匪懸鏡
경은 실로 허주였으니[23]	卿實虛舟
만뢰[24]는 근원으로 돌아가듯 조용해지고	萬籟歸竅

22 축을……부르며 : 220쪽 주21 참조.

23 나는……허주(虛舟)였으니 : 현경(懸鏡)은 허심탄회하게 서로 속마음을 털어놓고 대하는 것을 의미하고, 허주는 사람이 타지 않고 무심하게 떠다니는 빈 배로, 사사로운 마음으로 따지지 않고 허심탄회하게 처하는 것을 말한다. 당나라 장구령(張九齡)의 〈제장연공문(祭張燕公文)〉에 "현경으로 사람을 대하고 빈 배로 사람들을 건네주었네.〔懸鏡待人, 虛舟濟物.〕"라고 한 말을 인용한 것이다. 《曲江集 卷17》

24 만뢰(萬籟) : 천지간의 모든 소리, 즉 인뢰(人籟)·지뢰(地籟)·천뢰(天籟)를 말한다. 《莊子 齊物論》

세 등급의 성품이 천지의 조화에서 나오듯 하여 三品出鑪
번암에서 일어나 起來樊巖
탄탄대로를 걸어 요직에 올랐네 坦履康衢
아, 경이 군주를 만난 것은 嗟卿巷遇
선왕의 밝으신 안목 때문이었으니 寧考則哲
특별히 경연(經筵)에 두시어 特置經幄
예문관 검열 때부터 알아주었네 知自簪筆
우나라의 용처럼 若龍於虞
왕명을 출납하고[25] 出納王命
정나라의 교처럼 若僑於鄭
국가의 외교 문서를 윤색하였네[26] 潤色辭令
입으로는 임금의 약을 맛보았고 口嘗御藥
손으로는 제왕의 문장을 지었으며 手綴天章
위의가 정돈되고 엄숙하니 魚魚雅雅
적불과 창형[27]이었네 赤芾蒼珩
경을 알고서 경을 등용한 것은 知卿用卿
내가 굳게 자신하였기 때문이었네 予篤自信

25 우(虞)나라의……출납하고 : 용(龍)은 순 임금의 신하로, 왕명 출납을 담당하는 납언(納言)의 직책을 맡았다. 《書經 舜典》

26 정(鄭)나라의……윤색(潤色)하였네 : 교(僑)는 춘추 시대 정나라의 대부 공손교(公孫僑), 즉 정자산(鄭子産)이다. 국가의 사명(辭命) 즉 외교 문서를 작성할 때 그가 윤색을 맡았다고 한다. 《論語 憲問》

27 적불(赤芾)과 창형(蒼珩) : 적불은 주불(朱芾)로 제왕이 신하에게 내리는 명복(命服)이고, 창형은 푸른색으로 된 옥으로 관식(冠飾)의 횡옥(橫玉)이다.

좋은 계책 있으면 반드시 채택하였으니	有謨必采
경이 품고 있는 포부를 취해서였고	取卿抱蘊
간독(簡牘)이 있으면 반드시 칭찬하였으니	有牘必詡
경이 지키는 의리를 가상히 여겨서였고	嘉卿秉執
일이 있으면 반드시 자문하였으니	有事必咨
경의 해박한 식견을 좋아해서였고	喜卿諧洽
시를 읊으면 반드시 화답하였으니	有唱必酬
경의 풍류와 운치를 사랑해서였네	愛卿風韻
가시나무를 등에 지겠다고 한번 부르짖자	一號負荊
온 세상이 염파(廉頗)와 인상여(藺相如)로 여겼고[28]	擧世廉藺
태아검(太阿劍)의 서슬이 빛나니	太阿如水
누가 감히 시기하겠는가	疇敢弧車
벼슬하여 조정에 선 지가	策名立朝
오십여 년이니	五十年餘
청화한 요직에	淸華要膴
어느 관직인들 마땅하지 않았으리	奚適不宜
호조와 병조	度支中權
예문관과 중추부를 두루 역임하였네	藝苑樞司

28 가시나무를……여겼고 : 전국 시대 염파(廉頗)와 인상여(藺相如)의 고사이다. 염파는 조(趙)나라의 대장(大將)으로 있었는데, 나중에 인상여의 지위가 더 높아지자 승복하지 않고 인상여를 욕보이고자 하였다. 그러나 인상여가 국가의 이익을 위하여 매번 염파와 마주치는 일을 피하자, 이 말을 들은 염파가 윗옷을 벗고 가시나무를 등에 지고서 인상여를 찾아가 사죄하였다.《史記 卷81 廉頗藺相如列傳》여기에서는 채게공과 김종수(金鍾秀)가 화해한 일을 가리킨다.

규장각에 올랐다가 延登奎閣
강한에 자취를 이어 接武江漢
빛나는 부절 지니고 나가 煌煌六節
유수와 관찰사를 역임하였네 藩留及閫
곧 재상으로 임명하였으니 乃立之相
점을 친 것도 꿈을 따른 것도 아니었고[29] 不卜不夢
거센 물결을 버티고 서 있는 우뚝 솟은 바위이고 捍流屹石
큰 집을 지탱하는 큰 동량이어서였네 支廈巨棟
은택이 수많은 백성에게 미치고 澤漉羣黎
복록이 구족에 끼쳤는데 祿仁九族
부귀한 집안에서 삼베옷을 걸치고 桃門韋布
재상 집안에서 도롱이를 입었네 槐庭襏襫
서루[30]의 초상화가 西樓七分
위로 수성에 응하니 上應壽星
흰머리에 상아홀 든 모습 鶴髮象笏
아직까지 전형으로 남아 있다네 尙有典型
이즈음 화성(華城)에 행궁을 조성하여 爰宅于華
청승의 어로(御路)[31]를 나서니 靑繩路臨

29 점을……아니었고 : 점을 친다는 것은 신하 중에서 점괘가 길하게 나오는 사람을 임명한다는 의미이고, 꿈을 따른다는 것은 은나라 고종(高宗)이 부열(傅說)을 얻을 때 고종의 꿈에 상제(上帝)가 고종에게 좋은 신하를 내려 주는 꿈을 꾸었던 일을 가리킨다. 《書經 大禹謨, 說命上》

30 서루(西樓) : 태조(太祖)가 60세에 기로소(耆老所)에 들어가 서루에 자신의 이름을 썼는데, 그 뒤로 기로소를 가리키는 말로 쓰이게 되었다. 《肅宗實錄 45年 1月 12日》

봄 이슬 흠뻑 적셨는데	采采春露
손으로 소나무 그늘을 가리켰네	手指松陰
일흔의 나이로 정월 초하룻날	大耋元朝
이른 아침 문안하는 반열에 나왔는데	聽漏起居
윤택한 안색 밝은 눈동자로	渥顔炯眸
단정히 공수(拱手)하고 차분히 걸었네	端拱穩趨
경은 여든을 기약했으나	卿期八齡
나는 백세를 누리리라 여겼더니	予謂百歲
서쪽에서 온 한 기운이	西來一氣
감히 사특한 기운을 부렸네	敢肆沴沴
세상에 드물게 나는 인물이건만	間起人物
경 또한 기성(箕星)을 타고[32] 떠나고 말아	卿亦乘箕
조정에 노성한 대신이 없으니	朝無老成
나라의 일 장차 어찌할 것인가	國其何爲
또 듣건대 어버이께 효성스럽기로	且聞孝親
경만 한 이가 드물었다는데	罕如卿者
이제는 끝나고 말았으니	今焉已矣

31 청승(青蠅)의 어로(御路) : 푸른색의 노끈으로, 전하여 임금이 있는 곳을 뜻한다. 왕건(王建)의 〈온천궁행(溫泉宮行)〉에 "시월 초하룻날 천자가 오셨는데, 푸른 끈 친 어로에는 먼지 한 점 없었네.〔十月一日天子來, 青繩御路無塵埃.〕"라고 하였다.

32 기성(箕星)을 타고 : 《장자》〈대종사(大宗師)〉에 "부열은 도를 터득하고 무정을 도와 천하를 모두 소유하였으며, 죽은 뒤에는 별이 되어 동유성을 타고 기성과 미성에 올라 열성과 나란히 있게 되었다.〔傳說得之, 以相武丁, 奄有天下, 乘東維, 騎箕尾, 而比於列星.〕"라고 하였는데, 여기에서는 채제공의 죽음을 부열에 견준 말이다.

한 차례 눈물만 흘릴 뿐이네	有淚一灑
나라 사람들은 방아 찧는 노래를 그쳤건만[33]	舂杵遽撤
나는 아직 궤장을 내리지 못하였네	几杖未錫
사람과 함께 없어지지 않은 것은	不與人亡
서가에 가득한 문고(文稿)이니	滿架牙軸
문집을 간행하여	徵付剞劂
오래도록 전하려 하네	將壽其傳
친히 제문을 지으니	親製誄文
오백여 자가 되고	五百餘言
평소의 일을 두루 서술하니	歷鋪平素
나의 글에 부끄러움이 없네	予筆無愧
아들 홍원에게 이르노니	寄語弘遠
선친을 욕되게 하지 말고 한결같이 따를지어다	毋忝毋貳

수구(首句)는 굽히지 않는 기상을 형용하였다. 제2구는 따르려 해도 도리가 없음을 기록하였다. 제3구는 세 가지 큰 절의를 총괄하여 말하였다. 제4, 5구는 신임의리(辛壬義理)[34]의 엄함을 말하였고, 제6, 7구

33 나라……그쳤건만 : 방아를 찧을 때에 두 사람이 서로 메기고 받는 노래를 부르면서 하는데, 지금은 채제공이 죽었기 때문에 온 나라 사람들이 방아를 찧을 때에 노래를 부르지 않는다는 말이다. 《禮記 曲禮上》

34 신임의리(辛壬義理) : 신축년(1721, 경종1)과 임인년(1722) 두 해에 걸쳐 노론(老論), 소론(少論) 간에 뒷날 영조(英祖)가 되는 연잉군(延礽君)의 세제(世弟) 책봉과 대리청정(代理聽政) 문제를 둘러싸고 대립하다 신임옥사(辛壬獄事)가 일어났는데, 이때 노론이 내세운 명분을 말한다. 남인(南人) 역관의 딸인 희빈(禧嬪) 장씨(張氏)

는 무신의리(戊申義理)[35]의 엄함을 말하였다. 제8, 9구는 곧 모년의리(某年義理)의 핵심이다. 제4구부터 제9구까지는 제3구에서 총괄하여 말한 세 가지 큰 절의를 풀이하였다. 제10구는 또 빼앗을 수 없고 닳지 않는 지조와 공적으로 맺었다. 제11, 12, 13구는 성품을 범범하게 논하였고, 제14, 15, 16구는 문장에 발휘된 것을 말하였다. 제17구에서 20구까지는 세상의 큰 변고를 말하였다. 제21구에서 제26구까지는, 선조(先朝)의 지우(知遇)를 만나 세상에 드문 은혜를 입었는데, 옥당(玉堂)은 곧 중비(中批)의 시작이고 승지(承旨)는 곧 선조께 인정받은 자리였으며, 편차인(編次人)과 내국 제조(內局提調)는 다른 사람의 이력과 더욱 다르므로 아울러 특별히 썼다. 제27구부터 제31구까지는 곧 내가 그 사람을 알아보고 그 사람을 기용한 실적이다. 제32구는 당시에 한목소리로 공격하던 자들이 모두 무릎을 꿇고 절한 내용을 썼다. 제33구는

소생인 경종은 남인에 동정적이던 소론의 보호를 받아 왔는데, 경종이 즉위하자 과거 그의 세자 책봉을 반대했던 노론은 위기를 느껴 그의 병약함과 후사(後嗣)가 없음을 빌미로 연잉군을 세제로 책봉하고 나아가 대리청정까지 추진하다가, 소론의 김일경(金一鏡) 등이 목호룡(睦虎龍)을 사주하여 노론 사대신(老論四大臣)인 김창집(金昌集), 이이명(李頤命), 이건명(李健命), 조태채(趙泰采)를 역모로 무고케 함으로써 사대신 이하 노론 일파를 극형에 처하게 하였다.

35 무신의리(戊申義理) : 경종(景宗)의 갑작스러운 죽음과 왕세제(王世弟) 연잉군(延礽君)의 즉위로 정권에서 배제된 이인좌(李麟佐) 등 소론의 일부 세력과 남인의 과격 세력이 소현세자(昭顯世子)의 증손인 밀풍군(密豐君) 이탄(李坦)을 추대하고 무력으로 정권쟁탈을 꾀하였다. 이인좌가 스스로를 대원수라 자칭하고 무신년(1728 영조4) 3월 15일 상여에 무기를 싣고 청주에 진입하여, 충청 병사 이봉상(李鳳祥) 등을 살해하고 청주성을 점령하였으나 후에 관군에 대패하면서 반란군은 진압되었다.《英祖實錄 4年 3月 15日, 3月 24日》이 사건을 무신란이라 하고, 이 무신란을 토역한 정당성을 주장한 의리를 무신의리라고 한다.

위의 구를 이어서 전적으로 맡긴 이유를 말하였고, 제34구 이하는 그가 역임한 관직을 낱낱이 기술하였다. 제39, 40구는 재상으로 삼은 이유를 말하였다. 제41, 42구는 공사(公私)의 사실을 말하였고, 제43, 44구는 그의 나이가 많음을 말하였다. 제45, 46구는 내가 장차 늙어서 물러나 화성으로 가겠다는 본의를 말하였다. 제47구부터 제52구까지는 슬프고 애석한 마음을 기록하였다. 제53구는, 그가 어버이께 효도한 것으로 맺어서 위 구의 세 가지 큰 절의에 접속하였다. 제56, 57구는 유고(遺稿)를 가져오게 하여 간행해 주겠다는 뜻을 말하였다. 결구(結句)는 아들을 권면하는 내용이다. 스스로 생각하건대 각각의 구마다 그 구에 해당하는 뜻이 있다.

채로정에 들러 감상을 적다. 어제시이다

過采露亭志感御詩

판(板)에 새겨서 문미(門楣)에 걸도록 명하셨다.

정자는 화성(華城)에 있으니 곧 고 영상 문숙공 채제공의 별장이다. 정자의 이름을 '채로(采露)'라고 한 것은 뜻이 있어서이다. 원행(園行) 때마다 시장(詩章)을 올렸고, 그 시에 화답하고 또 술안주를 보내서 해마다 상례가 되었는데 금년 가을 행차 때는 그 사람을 다시 볼 수 없으니, 길 왼쪽에서 돌아보며 오랫동안 서글퍼하였다. 문숙공과 효안공(孝安公) 홍 상국(洪相國 홍낙성(洪樂性))은 나라의 원로였다. 또 홍 상국이 어가가 돌아올 때마다 집 밖 길 왼쪽에서 맞이했던 일이 생각나 결구(結句)에 언급하고, 이어 진퇴격(進退格)[36]을 사용하였다.

영화정(迎華亭) 앞길에 아침 해 비추니	朝日迎華路
채로정에 맑은 가을이 깃드네	淸秋采露亭
바람과 구름은 천리가 동색(同色)인데	風雲千里色
소나무 국화에 십 년의 정이 담겼네	松菊十年情

36 진퇴격(進退格) : 일종의 율시 격식으로 진퇴운(進退韻)이라고도 한다. 한 수의 시에 두 개의 서로 비슷한 운부(韻部)인 운자(韻字)를 가지고 격구(隔句)로 압운하여 일진일퇴(一進一退)를 거듭하므로 이렇게 부르는 것이다. 이 시에서 '정(亭)' 자와 '형(馨)' 자는 청부(靑部)이고, '정(情)' 자와 '평(平)' 자는 경부(庚部)이다.

환궁할 때 시를 서로 창수하였고	返駕詩聯韻
행궁 주방에서 술 향기 풍겨 왔네	行廚酒送馨
같은 때에 두 원로가 있어	同時二老在
태평 시대 만나 장수를 누렸구려	壽考際昇平

좌승지 이익운이 입시했을 때의 연설
左承旨李益運入侍筵說

경신년(1800, 정조24) 2월 10일 행 좌승지(行左承旨) 이익운이 입시하였다. 상이 이르기를,

"근자에 연석에 나온 신하의 말을 들으니 고상(故相) 채 문숙공(蔡文肅公)을 나주(羅州)에 있는 허 문정공(許文正公 허목(許穆))의 서원에 배향한다고 하는데, 사실인가?"

하니, 대답하기를,

"그렇습니다."

하였다. 상이 이르기를,

"서원의 이름을 무엇이라고 하는가?"

하니, 대답하기를,

"미천서원(眉泉書院)이라고 합니다."

하였다. 상이 이르기를,

"채 문숙공을 이 서원에 입향(入享)하는 것을 누가 불가하다고 하겠는가."

하니, 이익운이 아뢰기를,

"신이 매번 고상의 영정(影幀) 일에 대해 아뢰고자 하였으나 하지 못하였습니다. 지금 말이 나왔으므로 진달하겠습니다. 고상이 성시에 항상 말하기를 '화성(華城)은 다른 곳과 다르고, 채로헌(采露軒)은 곧 미천한 내가 늙어서 돌아갈 곳이다. 누차 성상께서 눈여겨보셨고 또 성상의 시에까지 들어가 있다. 게다가 어진(御眞)이 또 원침

(園寢)의 재실(齋室)에 봉안되어 있으니, 늙은 신하가 지척에서 모시고 싶은 마음에 내가 죽은 뒤에 나의 영정을 채로헌에 보관해서 살아서나 죽어서나 성상을 우러르고 의지하는 정성을 담았으면 좋겠다.'라고 하였는데, 신들 또한 일찍이 그 말을 들었습니다. 그의 아들 홍원(弘遠)이 그 선친의 뜻이 이와 같다고 하여 채로헌에 영정을 모시기 위해 목재와 돌을 모았는데 화성은 곧 도성이고 채로헌이 또 도성 안에 있기 때문에 주저하고 있다고 합니다."

하였다. 상이 이르기를,

"고상의 마음이 좋고, 고상의 말이 옳다. 비록 도성 안이라고 하더라도 목은(牧隱 이색(李穡))의 사당이 이미 전례로 있으니 구애받을 필요가 없다. 더구나 화성 행궁의 옆인데 말할 것이 있겠는가. 이 일은 조금도 문제 삼을 만한 혐의가 없다. 채로헌이 이미 연로(輦路)에 있기 때문에 고상이 세상을 떠난 뒤에 그 앞을 지날 때마다 고상을 생각하곤 하였다. 작년 가을 원행 때에 시를 지어서 기록하여 나의 슬퍼하는 마음을 표하였다. 그리고 이번에 마침 고상의 상기(祥期)를 만났는데, 그의 아들이 화성에 있지 않다는 것을 잘 알고 있으나 기념하는 뜻에서 특별히 그가 내려올지 여부를 물었다. 내가 고상과 서로 뜻이 꼭 맞는 것이 어찌 그가 살아 있을 때나 죽은 뒤나 차이가 있겠는가. 지금 경이 아뢴 말을 들으니, 고상의 생각이 참으로 좋다. 채홍원에게 말하여 고상의 뜻을 따라 즉시 사당을 짓고 영정을 걸게 하라."

하였다.

어찰 御札

채 빈객 집사에게 계사년(1773, 영조49)
蔡賓客執事 癸巳

옛날 문묘조(文廟朝)에 공물(貢物)로 올라온 생강을 궁료(宮僚)에게 하사하고 이어 어찰을 내리신 일이 있었는데 매우 훌륭하였다. 마침 생강이 새로 도착했기에 한 봉을 보내니, 이는 훌륭한 자취를 따르려는 뜻이다. 받아 주기 바라노라.

《눌재집》에 어보를 찍어서 하사하다[37] 신해년(1791, 정조15)

賜訥齋集寶墨 辛亥

《눌재집》의 제목을 쓰고 어보를 찍어 보낸다. 책 안의 좋은 구절에는 비점(批點)을 찍고 찌를 붙였는데, 이 시가 읍취헌(挹翠軒 박은(朴誾))의 시보다 나은지 모르겠다. 그대의 의견을 듣기 바라노라.

37 눌재집(訥齋集)에……하사하다 : 《눌재집》은 양성지(梁誠之)의 문집이다. 《군서표기(群書標記)》에 의하면, 양성지의 문집은 규장각(奎章閣) 설치를 건의했던 그의 뜻을 기리고자, 정조가 1791년(정조15) 각신(閣臣) 서영보(徐榮輔)에게 유고(遺稿)를 모아 정유자(丁酉字)로 간행하게 하였다. 이에 운각(芸閣)에서 활자로 간행하였고, 호남 감영에서 목판으로 번각(飜刻)하여 간행하였다. 채제공에게 내린 《눌재집》이 운각에서 최초로 간행한 활자본인지 호남 감영에서 번각한 목판본인지는 알 수 없으나, 정조가 활자로 1본을 간행하여 본읍에 내려보내 번각해서 올려보내라고 한 것으로 보아 호남 감영에서 번각한 목판본일 가능성이 높다. 《正祖實錄 15年 5月 3日》

영중추부사에게 갑인년(1794, 정조18)

領中樞靜ア 甲寅

어제 꽃구경하고 낚시질하는 모임에 소장(少長)이 모두 모였는데, 예는 투박하지만 뜻은 진실하였으며, 날씨도 쾌청하고 좋아 마치 하늘이 기회를 만들어 준 것 같았다. 자고 일어나서 생각해 보니 기쁘고 즐거워서 아직까지도 그 기분이 가라앉지 않고 있다. 연못과 누대, 등산과 정자를 두루 돌며 감상하고 아울러 활쏘기 대회까지 하고서 달밤에 돌아갔으니 그대 또한 피로할 것이다. 이에 사관을 보내 경의 안부를 묻는다.-부주는 28편 26판에 보인다.-

어가가 세심대에 임어했을 때 내린 편지

을묘년(1795, 정조19)

駕臨洗心臺時賜札 乙卯

세심대는 궁궐 담장 밖 몇 보(步) 떨어진 곳에 있는데 지세가 험준하고 아래로 천 개의 동산과 만 그루의 나무가 내려다보여 태산(泰山)에 올라서 천하를 작게 여긴 것[38]과 같은 생각이 든다. 날씨가 맑은 날 올라가서 둘러보면 사람으로 하여금 가슴속에 쌓인 때를 깨끗이 씻어 내게 한다. 어릴 때는 가면 반드시 한번 올라가는 것을 일과로 삼았으나 그 후로는 경황이 없어서 옛날의 일과를 포기한 지 여러 해가 되었다. 이번 행차에 꽃피고 따뜻한 때를 만나 어릴 적에 했던 일을 다시 하였으니 늙기 전의 한가로움을 훔쳤다고 말하기에 충분하다. 마침 실경(實景)을 읊은 시를 지었기에 아래 구에 내 뜻을 기탁하였다. 경 또한 연로한 신하 중의 한 사람이고 궁정(宮庭)에 들어와서 백관의 반열 맨 앞에 있으니 함께 올라간 것과 무엇이 다르겠는가. 만약 뒤늦게라도 화답한 좋은 시를 얻는다면 즉시 여러 노신이 화답한 시축(詩軸)의 맨 앞에 올릴 것이니 경은 부응해 주겠는가? 매우 기대해 마지않는다.

38 태산(泰山)에……것 : 공자가, 동산(東山)에 올라가서는 노(魯)나라가 작다고 여기고 태산에 올라가서는 천하가 작다고 여겼던 일을 가리킨다. 《孟子 盡心上》

영중추부사, 능은군(綾恩君 구윤명(具允明)), 문형 세 노신에게 보이다

示領府綾恩文衡三老

《어정인서록(御定人瑞錄)》[39]은 경사를 축하하고 기록하는 정성을 담은 책이다. 원편(原編)을 경들에게 교열하게 한 것 또한 노신을 공경하고 귀하게 여기는 뜻에서 나왔다. 간행하는 일이 이미 완료되었고, 서문은 영상이 써서 올릴 것이다. 이 책을 올릴 때에 이름을 올린 20명의 노신(老臣)이 전문(箋文)을 받들어서 따라 올리고 이어 전문을 책머리에 싣는다면 경사를 축하하고 기록하며 노신을 공경하고 귀하게 여기는 뜻이 한꺼번에 모두 갖추어질 것이니 어찌 참으로 희귀한 일이 아니겠는가. 경과 능은군 및 전 문형이 한방에 모여서 오늘 지어 올리고, 전문을 올리는 날짜는 길일을 잡도록 하라. 서문은, 영상이 허락하여 이미 내각으로 하여금 전하게 하였다.

39 어정인서록(御定人瑞錄) : 혜경궁(惠慶宮) 홍씨(洪氏)의 환갑과 정순왕후(貞純王后) 김씨(金氏)가 51세 되는 해인 을묘년(1795, 정조19)을 맞아, 성왕(聖王)인 문왕(文王)이 선치(善治)를 하여 나이 많은 노인들이 태평성대를 구가하고 왕가(王家)도 대대로 성수(聖壽)를 누려 천하의 칭송거리가 된 고사(故事)를 본떠, 정조가 잔치를 베풀고 전국의 노인들에게 크게 상을 내린 일을 수록한 책이다. 또한 정조는 즉위한 지 20년째가 되었으므로, 축하 잔치를 베푸는 동시에 조관(朝官)으로서 70세 이상인 자 또는 70세 이상의 해로자(偕老者)와 백성들 중에서는 80세 이상 또는 80세 미만의 해로자 및 100세 이상의 고령자에게 관작(官爵)과 목면(木綿)을 나누어 주었는데, 그 대상자가 모두 7만 5100인이나 되었다고 한다.《奎章閣韓國本圖書解題 史部 傳記類》

번암 상공은 뜯어보라 무오년(1798, 정조22)

樊巖相開坼 戊午

만천명월주인(萬川明月主人)은 쓴다. -연석에서 하교하기를 "어호(御號)에 '옹(翁)' 자가 있지만 지금 존귀한 노신(老臣)에게 보내는 편지에서는 편치 않은 점이 있어서 '주인(主人)'이라고만 한다."라고 하였다.-

옛날의 역사를 두루 보건대 귀하면서 장수한 사람은 드물었으니, 나이가 많더라도 지위는 구명(九命)에 이르지 못한 자가 많았다. 고관대작의 영화를 누리면서 장수를 누린 사람으로는 송(宋)나라의 장사손(張士遜),[40] 진요좌(陳堯佐),[41] 문언박(文彦博),[42] 조변(趙抃),[43] 장승(張

40 장사손(張士遜) : 송(宋)나라 진종(眞宗)과 인종(仁宗) 때 활동한 인물로 자는 순지(順之)이다. 예부 상서(禮部尙書), 집현전 대학사(集賢殿大學士), 문하 시랑(門下侍郞), 병부 상서(兵部尙書), 태부(太傅)를 역임하고, 등국공(鄧國公)으로 치사(致仕)하였다. 86세에 세상을 떠났는데, 인종이 직접 전(奠)을 올리고 태사(太師), 중서령(中書令)을 추증하였으며, 인종이 그의 묘비에 '구덕지비(舊德之碑)'라고 썼다. 시호는 문의(文懿)이다. 《宋史 卷311 張士遜列傳》

41 진요좌(陳堯佐) : 963~1044. 송나라 사람으로 자는 희원(希元), 호는 지여자(知餘子), 시호는 문혜(文惠)이다. 벼슬은 위현중모위(魏縣中牟尉), 하북전운사(河北轉運使) 등을 거쳐 태자태사(太子太師)에 이르렀다. 특히 시문과 글씨에도 능하였다. 저서로 《우구집(愚丘集)》, 《견흥집(遣興集)》 등이 전한다. 직접 지은 묘지(墓誌)에 "수명은 여든둘이니 요절한 것이 아니요, 관직은 일품이니 천한 신분이 아니며, 사상으로 사직하니 욕되지 않다. 이 세 가지로 애오라지 부모님의 신 깃든 곳에 돌아가 쉴 수 있네.〔壽八十二不爲夭, 官一品不爲賤, 使相納祿不爲辱, 三者粗可歸息於父母棲神之域矣.〕"라고 하였다. 《宋史 卷284 陳堯佐列傳》

昇),[44] 두연(杜衍),[45] 부필(富弼)[46] 등 몇몇 사람뿐이다. 지금 경은 벼슬

42 문언박(文彦博) : 1006~1097. 중국 북송(北宋)의 명재상으로 자는 관부(寬夫)이다. 인종(仁宗) 5년(1027) 진사에 급제한 이후 인종, 영종(英宗), 신종(神宗), 철종(哲宗) 등 네 명의 황제를 섬기면서 50년 동안 장수와 재상으로 치적을 이루었다. 밖으로는 왕칙(王則)의 반란을 진압하는 등 사이(四夷)에 이름을 떨쳤고, 안으로는 영종을 옹립하는 데 큰 역할을 하였다. 신종 때 왕안석(王安石)의 신법(新法)에 반대하여 쫓겨났다가, 철종 때 구법당(舊法黨)이 부활하자 사마광(司馬光)의 추천으로 다시 등용되었다. 노국공(潞國公)에 봉해졌으며, 시호는 충렬(忠烈)이다. 《宋史 卷313 文彦博列傳》

43 조변(趙抃) : 1008~1084. 송나라 인종(仁宗), 신종(神宗) 때 사람이다. 자는 열도(閱道), 호는 지비자(知非子)·고재거사(高齋居士), 시호는 청헌(淸獻)이다. 전중시어사(殿中侍御史)로 있을 적에 권력 있는 이도 피하지 않고 탄핵하니 당시에 철면어사(鐵面御史)라 불리었다. 익주 지주(益州知州), 월주 지주(越州知州), 성도 지부(成都知府) 등 외직으로 나가서 치적이 많았고, 참지정사(參知政事), 태자소보(太子少保)를 역임하였다. 《宋史 卷316 趙抃列傳》

44 장승(張昪) : 991~1077. 송나라 인종(仁宗), 영종(英宗), 신종(神宗) 때의 강직한 신하이다. 자는 고경(杲卿)이고, 한성(韓城) 사람이다. 어사중승(御史中丞), 참지정사(參知政事), 추밀사(樞密使), 창신군절도사(彰信軍節度使), 동중서문하평장사(同中書門下平章事)를 역임하고, 태자태사(太子太師)로 치사(致仕)하였다. 희령(熙寧) 10년(1077)에 세상을 떠났으니 향년 86세였다. 사도겸시중(司徒兼侍中)에 추증되었고, 시호는 강절(康節)이다. 《宋史 卷318 張昪列傳》

45 두연(杜衍) : 978~1057. 송나라 때의 명신으로 자는 세창(世昌)이다. 여러 지군(知郡)을 거쳐 어사중승, 추밀사에 이르렀고, 한기(韓琦), 부필(富弼)과 함께 모든 폐단을 혁파한 후 평장사(平章事), 태자소사(太子少師)를 역임했다. 80세에 세상을 떠나 사도겸시중에 추증되었고, 시호는 정헌(正獻)이다. 뒤에 기국공(祁國公)에 봉해졌다. 《宋史 卷310 杜衍列傳》

46 부필(富弼) : 1004~1083. 송나라 인종(仁宗)부터 신종(神宗) 때 사람이다. 자는 언국(彦國), 시호는 문충(文忠)이다. 인종 초에 지제고(知制誥)가 되어 거란(契丹)에 두 차례 사신으로 가서 공로가 있었고, 추밀부사(樞密副使)가 되었다. 청주 지주(靑州知州)로 나가 치적이 있었고, 이어 동중서문하평장사가 되었다. 영종(英宗) 때 추밀사

에 오른 지 60년이 되었고, 지위가 원보(元輔)에 이르렀다. 장차 조정에서도 지팡이를 짚을 수 있는 나이인데[47] 백발에 홍안(紅顔)으로 궁궐을 출입하면서 부축을 받지 않고 다니고, 눈이 밝아서 말의 털색을 구분하며,[48] 기운은 소를 삼키는 것[49]보다 웅대하니, 어쩌면 그리도 건강하신가. 송나라의 여러 공(公)이 이와 같았는지 모르겠다. 이에 변변찮은 물품을 보내 측백나무가 기뻐하는 뜻[50]을 담았으니, 시속에서 말

가 되고 정국공(鄭國公)에 봉해졌으며, 신종 때 사공겸시중(司空兼侍中)에 임명되고 한국공(韓國公)에 진봉(進封)되었다. 문언박(文彦博), 한기(韓琦) 등과 함께 송대의 명상(名相)으로 꼽힌다. 《宋史 卷313 富弼列傳》

47 장차……나이인데 : 50세에는 집 안에서 지팡이를 짚을 수 있고, 60세에는 고을에서 지팡이를 짚을 수 있고, 70세에는 나라 안에서 지팡이를 짚을 수 있고, 80세에는 조정에서 지팡이를 짚을 수 있다. 《禮記 王制》

48 말의 털색을 구분하며 : 원문의 '변마(辨馬)'가 정확히 무엇을 가리키는지는 알 수 없다. 다만 앞에서 눈이 밝다는 말을 하였고, 《여유당전서(與猶堂全書)》 제3집 권2 〈상의광(喪儀匡) 7〉에 "《주례(周禮)》에 말의 터럭과 힘을 구분하는 것을 물마라고 한다.〔周禮辨馬之毛力, 謂之物馬.〕"라고 한 말에 의거하여 번역하였다.

49 소를 삼키는 것 : 호랑이나 표범의 새끼는 아직 무늬가 제대로 갖추어지기 전부터 소를 집어삼킬 기상〔呑牛之氣〕을 지니고 있다는 말이 있다. 《尸子 卷下》 또한 《송파선생유고(松坡先生遺稿)》 〈칠언율시(七言律詩)〉에 "꿈에 어떤 사람이 패옥 두 개를 주고, 또 호랑이 새끼를 안겨 주었는데, 그 무늬가 얼룩얼룩 사랑스러웠고, 이미 소를 삼킬 기상이 있었다.〔夢有人持贈佩玉二事, 又抱贈虎兒, 其文斑斑可愛, 已有呑牛之氣.〕"라고 하였는데, 여기에서는 채제공이 80세가 되어 가는데도 범과 같은 기상이 있음을 말한 것이다.

50 측백나무가 기뻐하는 뜻 : 가까운 사람의 좋은 일에 대하여 함께 기뻐하는 것을 말한다. 진(晉)나라 시인 육기(陸機)의 〈탄서부(歎逝賦)〉에 "참으로 소나무가 무성하니 측백나무가 기뻐하고, 아, 지초가 불에 타니 혜초가 탄식하네.〔信松茂而柏悅, 嗟芝焚而蕙歎.〕"라고 한 말에서 유래하였다. 《文選 卷16》

하는 세찬(歲饌)이라는 것이 이것이다. 올해부터 시작하여 100세를 기약하고 해마다 영구히 나이를 기념하여 세시의 예를 표하고, 이어 경의 기거(起居)를 위문할 것이다.

무오년(1798, 정조22) 12월 12일.-어도장(御圖章)을 적은 것이 두 본(本)인데, 하나는 만천명월주인옹(萬川明月主人翁)[51]이고, 하나는 정구팔황호월일가(庭衢八荒胡越一家)[52]였다. ○하사한 물품은 토주(吐紬) 1필(疋), 설면자(雪綿子) 2근(斤), 출당(秫糖) 1봉(封), 서랍(舌盒) 1개(個), 별향초(別香草) 3근이었다. ○명을 받들어 답장한 편지는 36편 1판에 보인다.-

51 만천명월주인옹(萬川明月主人翁) : 무오년(1798, 정조22) 12월 3일 "달은 하나뿐이고 물의 종류는 일만 개나 되지만, 물이 달빛을 받을 경우 앞 시내에도 달이요, 뒤 시내에도 달이어서 달과 시내의 수가 같게 되므로 시냇물이 일만 개면 달 역시 일만 개가 된다. 그러나 하늘에 있는 달은 물론 하나뿐인 것이다."라는 의미에서 정조가 자신이 연거(燕居)하는 처소에 '만천명월주인옹'이라고 써서 자호(自號)로 삼은 것이다. 《弘齋全書 卷10 萬川明月主人翁自序》

52 정구팔황호월일가(庭衢八荒胡越一家) : '온 세상을 뜰이나 앞길처럼 여기고, 호월을 일가처럼 여긴다.'라는 말로, 《홍재전서》 권167 〈일득록7〉에 나온다. 정조는 "내가 사람을 등용하는 즈음에는 실제로 편벽되이 매이는 뜻이 없고 오직 인재만을 취한다. 그래서 전첩(殿帖)에 '온 세상을 뜰이나 앞길처럼 여기고 호월을 일가처럼 여긴다.〔庭衢八荒胡越一家〕'라는 여덟 글자를 써 놓았다."라고 술회하였다. '온 세상을 뜰이나 앞길처럼 여긴다.'라는 말은 유령(劉伶)의 〈주덕송(酒德頌)〉에 나오는 "해와 달을 빗장과 창문으로 삼고 온 세상을 뜰이나 앞길처럼 여긴다.〔日月爲扃牖, 八荒爲庭衢.〕"라는 구절을 원용한 것이고 '호월을 일가처럼 여긴다.'라는 말은 《자치통감(資治通鑑)》 당 태종(唐太宗) 정관(貞觀) 7년에 나오는 말로, 호(胡)는 북방 민족이고 월(越)은 남방 민족으로 서로 멀리 떨어져 있지만 이를 한집처럼 똑같이 대한다는 뜻이다.

각리를 보내 문병하고 내린 편지 기미년(1799, 정조23)
遣閣吏問病賜札 己未

이 전교를 즉시 병중에 있는 상공에게 상세히 전달하여 반드시 내 뜻을 잘 알게 하라.

각리가 전달한 내용이 매우 분명치 못했는데, 지금 보내온 편지를 보니, 어젯밤에는 먹는 양이 조금 늘었고 미음을 잘 넘겼으며 잠시나마 잠도 잤다고 하였다. 이 말을 듣고 나도 모르게 벌떡 일어나 앉았으니, 기쁨을 이루 말할 수 있겠는가. 요사이 대신의 병이 위중해서 노심초사하느라 온갖 일에 마음이 가지 않고 낮에는 반드시 음식이 체하며 밤에는 번번이 잠을 자지 못한다. 병중이라 신음하고 있겠지만 어찌 이 마음을 헤아리지 못하겠는가. 그리고 근자에 돌고 있는 돌림병은 모두 허약해서 생긴 병이기 때문에 노인에게 더욱 위험하다. 잘 먹는 사람은 반드시 살기 때문에, 마음이 온통 조마조마하여 반드시 식사하기를 권하려고 하는 것이다. 거듭 말하건대 억지로라도 자주 음식을 들어서 나의 이 지극한 뜻에 부응하기 바란다. 그간에 식사를 얼마나 하였는지와 신열(身熱), 담천(痰喘), 두통, 변삽(便澁) 등 여러 증상을 상세히 적어서 보내라.

각리를 보내 문병하고 내린 편지

遣閣吏問病賜札

대신의 병이 이처럼 차도가 없으니, 극도로 애가 타서 실로 병을 더하는 단서가 된다. 미음과 고깃국을 권해도 모두 물렸다고 들었으니 개탄스럽다. 대신이 자기 몸은 경시하려고 한다고 하더라도 대신의 안위가 국가에 관계된다는 것은 생각지 않는가. 또 내 마음이 이와 같은 것은 생각지 않는가. 정신이 혼미하더라도 이 전교를 들으면 반드시 정신이 번쩍 들어서 마음을 움직일 것이다. 지금부터 음식을 얼마만큼 들었는지 날날이 기록해 들이라.

각리를 보내 문병하고 내린 편지

遣閣吏問病賜札

삼료(蔘料)는 결코 함부로 써서는 안 되니 반드시 외기(外氣)가 모두 풀리고, 신열이 모두 내리고, 허한(虛汗)이 난 뒤에야 쓸 수 있다. 모쪼록 의원과 신중히 논의하도록 하고, 또한 근자에 삼을 쓴 사람의 병증을 탐문하여 참작해서 비교하는 것이 지극히 옳다. 영남 사람의 약은 병세를 보아서 쓰되 또한 경솔하게 시험하기 어렵다. 멀리서 헤아릴 수는 없지만 식치(食治)가 제일이니, 땀을 내고 열을 내리는 방도를 십분 마음을 써서 하되 약은 절대 함부로 쓰지 말고 십분 신중히 하라는 뜻을 즉시 전하라. 그간의 동정을 기록해 보내는 것이 어떻겠는가?

번암집

제1권

詩 시

어정御定 갱화록[1] 賡和錄

삼가 〈어정범례(御定凡例)〉에 따라 유고의 각 편에 흩어져 있던 것들을 수합하여 이 〈갱화록〉을 만들었다.

계사년(1773, 영조49) 8월 27일 좌빈객으로서 삼가 서연에 나아갔다. 강이 끝난 뒤 세손 저하께서 어린 환관을 돌아보며 작은 쪽지를 상번한 춘방에게 전달하고 읽어 보게 하라 하였는데, 사운 근체시 한 수였다. 이어 하교하기를 "자양(紫陽)의 《강목(綱目)》[2]을 강독한 지 거의 10년이 되어

1 갱화록(賡和錄) : 채제공이 죽은 이듬해인 1800년(정조24)에 정조가 채제공의 유고 초고를 살펴보고 〈어정범례(御定凡例)〉라는 편집 지침을 내렸다. 그 내용에 의하면, 각 편에 흩어져 있는 임금의 시에 화운한 작품들을 모아 따로 한 편을 만들고 그 이름을 '갱화록'이라 하여 책머리의 처음 표제어로 삼아야 한다고 하였다. '어정(御定)'이란 임금이 정한 것이란 뜻으로, '갱화록'이란 편명을 정조가 정했다는 것이다. '갱화'는 순 임금이 "대신들이 즐겁게 국사를 펴면, 군왕도 그로 인해 떨쳐 일어나, 백관의 공이 모두 넓어지리라.〔股肱喜哉, 元首起哉, 百工熙哉.〕"라고 노래하자, 고요(皐陶)가 그 뒤를 이어 "군왕께서 뛰어나 지혜로우면, 대신들이 어질고 재능 발휘해, 모든 일 편안하여 순조로우리.〔元首明哉, 股肱良哉, 庶事康哉.〕"라고 노래하였다는 데서 생긴 말로, 신하가 임금의 시에 화운하는 것을 말한다. 《樊巖集 御定凡例》《書經 虞書 益稷》

2 자양(紫陽)의 강목(綱目) : 자양은 송(宋)나라 주희(朱熹)의 별칭이다. 자양은 본디 안휘성(安徽省) 흡현(歙縣)에 있는 산 이름이다. 주희의 아버지 주송(朱松)이 그곳에서 글을 읽었는데, 주희가 복건성(福建省) 숭안현(崇安縣) 담계(潭溪) 가에 있을 때 아버지의 그 일을 잊지 않기 위해 거처하는 집을 자양서실(紫陽書室)이라 이름하였

가는데 어제야 끝마쳤으므로 서연 석상에서 빈료에게 운자를 부르게 하여 그 일을 기록하였다. 이제 이것을 읽어 보게 한 이유는 빈객들이 보고서 화운하기를 바라서이니, 부디 유념하라." 하였다. 신은 삼가 대답하고 물러 나왔다. 물러 나올 적에 춘방에 하교하기를 "대궐 안에 있는 빈객들에게 연락하여 즉시 화운해 올리도록 하라." 하였다. 신이 물러나 시강원에 앉아 있는데, 액정서의 하례가 잇따라 들어와 현재 시구가 몇 구나 완성되었느냐고 은밀하게 물으므로 서둘러 얽어 바쳐 백지로 내놓는 상황을 가까스로 모면하였다

癸巳八月二十七日 以左賓客 祇赴書筵 講畢 世孫邸下顧小宦 以小簡傳與春坊上番 令讀之 蓋四韻近體一也 仍教曰 紫陽綱目講讀 殆將十年 昨日纔告訖 故席上請賓僚呼韻 以記其事 今使讀之者 欲賓客之見而和之也 願留意焉 臣謹對而退 方退 教春坊曰 傳語賓客在禁中 卽爲和進也 臣退坐侍講院 掖隸續續來暗問圓了幾句 忙草以呈 僅免曳白云爾

책 펼친 세자궁[3]에 향 연기 피어날 제	開卷銅龍篆縷侵
눈앞에서 치란이 어지러이 일어났지	眼中治亂劇相尋
공자 주자 포폄은 전후가 동일한데[4]	孔朱與奪前猶後

고, 이로 인해 그의 별칭이 되었다. 《강목》은 그가 편집한 《자치통감강목(資治通鑑綱目)》의 약칭이다.

3 세자궁 : 원문의 '동룡(銅龍)'은 동룡문(銅龍門)의 약칭이다. 한(漢)나라 때 세자궁의 문루(門樓) 위에 구리쇠로 만든 용을 장식하였다 하여 세자가 거처하는 궁전을 뜻한다.

4 공자……동일한데 : 원문의 '여탈(與奪)'은 포폄(褒貶)과 같다. 공자가 《춘추》를 편

국가의 흥망성쇠 고금에 확인했네	家國興衰古驗今
백대의 일과 행위 모두가 낡은 자취	百代事爲皆粗跡
순간 지키고 잃는 건 다름 아닌 내 마음[5]	片時操捨是吾心
세손께서 춘방으로 매번 불러들이실 제	英音每召春坊入
홰나무에 해 기울고 밤이 또 깊어 갔네	日昃宮槐又夜深

찬할 때 필법이 근엄하여 글자 하나하나에 포폄의 뜻을 부쳤는데, 주희가 편수한《자치통감강목》도 그와 같다는 말이다.

5 순간……마음 :《맹자》〈고자 상(告子上)〉에 공자의 말이라고 하면서 "잡으면 보존되고 놓으면 잃어서, 나가고 들어오는 일이 일정한 때가 없으며, 어디로 향하는지 알 수 없는 것은, 오직 마음을 이를 것이다.〔操則存, 舍則亡, 出入無時, 莫知其鄕, 惟心之謂與.〕"라고 하였다. 사람은 인의(仁義)의 본성을 지니고 태어나 언제나 본연의 선한 마음이 내재되어 있으나 물욕에 빠지면 그 순간 그 마음이 사라져 온갖 악행을 저지르게 되므로 물욕에 빠지지 않도록 주의해야 한다는 뜻이다.

영조 50년 봄 1월에 상께서 건강이 좋지 않아 내의원 관원이 직숙하는 장소를 다른 곳으로 옮겼는데, 다행히 하늘이 은연중에 도우시어 2월 1일 완쾌되었다. 왕세손 저하께서 시름으로 옷을 벗지 못하던 끝에 지극한 정성으로 글을 올려 욕례(縟禮)가 거행되고[6] 법악(法樂)[7]이 환원되었다. 이윽고 오언율시 두 수를 직접 지으셨는데, 축하하는 정이 시구 속에 넘쳐흘렀다. 신은 백번이나 경건한 마음으로 읽은 뒤에 두 손 모아 절하고 삼가 차운함으로써 기뻐 덩실덩실 춤추는 마음을 드러냈다 갑오년(1774, 영조50)

五十年春正月 聖候違豫 院直移設 幸賴皇天默佑 爰以仲春之吉 勿藥有喜 王世孫邸下衣不解帶之餘 至誠陳章 縟儀擧矣 法樂復矣 已而 親製五言律二首 慶忭之情 溢於辭義 臣百回莊誦 拜手敬次 庸宣舞蹈之忱 甲午

기도하신 이튿날 국운 이어져[8] 翼日[9]綿蒼籙

6 욕례(縟禮)가 거행되고 : 욕례는 국가에 경사가 있을 때 행하는 큰 의식이다. 여기서는 영조의 병이 완쾌된 것으로 인해 종묘를 위시하여 영녕전(永寧殿), 저경궁(儲慶宮), 육상궁(毓祥宮), 휘령전(徽寧殿) 등에 고유제를 지낸 것을 말한다. 《英祖實錄 50年 2月 2日》

7 법악(法樂) : 편경과 편종, 북과 피리 등 각종 악기로 연주하는 음악, 또는 그와 같은 악기를 말한다.

8 기도하신……이어져 : 원문의 '익일(翼日)'은 이튿날이란 뜻으로, 주 무왕(周武王)이 병세가 위급할 때 아우 주공(周公)이 지극한 정성으로 거북점을 쳐 길조를 얻고 태왕(太王), 왕계(王季), 문왕(文王)의 영령에게 무왕 대신 자기가 죽게 해 달라고

하늘이 우리 궁궐 도우셨구나　皇天翊紫宸
갱장의 옛정 다시 생각하시고[10]　羹墻還念舊
홍안의 산뜻한 빛 한결 더하네[11]　丹渥頓添新
용루[12]에선 새벽잠 편안하시고　寢穩龍樓曉
봉소[13]에는 봄 서기 어리었는데　祥凝鳳沼春
환호성이 봄철의 단비를 따라　歡聲隨惠雨
온 누리에 끝없이 퍼져 나가리　寰海曁無垠

기도하였다. 그리고 그 기도한 글이 적힌 책을 철끈으로 묶은 상자 속에 보관해 두었는데, 그 이튿날 무왕의 병이 나았다고 한 데서 나온 말이다.《書經 金縢》 원문의 '창록(蒼籙)'은 창력(蒼曆)과 같다. 창력은 목덕(木德)으로 천명(天命)을 받고 제왕이 된 주나라의 역수(曆數)라는 뜻으로, 주나라의 역사 또는 국운을 말한다. 주공이 지극정성으로 신명께 기도하여 무왕의 병이 나았듯이 이때 세손이 할아버지 영조의 병을 낫게 해 달라고 천지신명께 기도한 결과 병세가 호전되어 국운이 끊어지지 않고 이어졌다는 것이다.

9　日 : 대본에는 '曰'로 되어 있는데 문맥을 살펴 수정하였다.

10　갱장(羹墻)의……생각하시고 : 갱장은 요 임금이 죽은 뒤 순 임금이 그를 3년 동안 사모한 나머지 앉아 있을 때는 요 임금의 모습이 담장에 어른거리고 밥을 먹을 대는 국물에 어른거렸다는 데서 나온 말로, 자기의 옛 임금에 대해 사모하는 마음을 드러내거나 성현을 흠모하는 전고로 사용된다.《後漢書 卷93 李固列傳》 여기서는 세손이 아버지 사도세자(思悼世子)의 영혼이 영조를 보살펴 병세가 호전되었을 것이라는 생각에서 이전에 아버지를 그리던 정이 그로 인해 더욱 간절할 것이라는 뜻으로 말한 듯하다.

11　홍안의……더하네 : 영조의 병환을 걱정하느라 까칠한 세손의 얼굴에 비르소 화색이 돌았다는 것이다.

12　용루(龍樓) : 한(漢)나라 때 태자가 거처하던 궁문의 이름인테, 여기서는 이떠 세손 저하가 거처하던 궁전을 말한다.

13　봉소(鳳沼) : 봉황지(鳳凰池)와 같은 말로 대궐 정원에 있는 못 이름인데, 여기서는 우리나라 대궐 안에 있는 못을 가리킨다.

무술년(1778, 정조2) 가을 9월에 상께서 노량진 강변에서 군부대를 사열하였다. 이튿날 세마대에 임하여 군사들에게 큰 잔치를 베풀어 준 뒤에 어제오언시를 내려 시종신들에게 화운할 것을 명하였으니, 매우 성대한 행사였다. 신은 재상의 일원으로 삼가 축사를 올리고 물러나 화운하는 시를 통해 무한히 기쁜 마음을 부쳤다

歲戊戌之秋九月 上閱武於露梁渚 其翌 臨洗馬臺大饗士卒 降御製五言命從臣和之 甚盛擧也 臣從諸宰後 祗獻華祝 退以賡韻庸寓蹈忭之忱

백일 아래 군영 문 엄숙하였고	白日轅門肅
황화[14] 핀 거둥길이 청명했는데	黃花輦路淸
구천악 풍악 소리 바람에 싣고[15]	風隨九天樂
오영병[16] 환호성이 우레 같으니	雷動五營兵
우열 겨루는 기운은 백배나 높고	百倍爭衡氣
임금 은혜 입은 정 모두 품었네	俱懷挾纊情

14 황화 : 국화를 말한다.

15 구천악(九天樂)……싣고 : 구천악은 궁중의 음악을 말한다. 정조가 1778년(정조2) 9월 2일 노량진 강변에서 군부대를 사열하고 국가의 조례에 따라 이튿날 서대문 밖에 위치한 모화관(慕華館)의 세마대로 그 군부대를 다시 집결하여 호궤(犒饋)를 행하였다. 호궤를 진행하는 동안 궁중 음악인 무환악(武桓樂), 치각악(徵角樂), 소무악(昭武樂) 등을 차례로 연주하여 군사들의 흥을 돋우었는데, 그 소리가 바람에 실려 멀리 울려 퍼졌다는 것이다. 《正祖實錄 2年 9月 2日》

16 오영병(五營兵) : 훈련도감(訓鍊都監), 금위영(禁衛營), 어영청(御營廳), 수어청(守禦廳), 총융청(摠戎廳) 등 다섯 병영의 군사를 말한다.

군왕이 영명하고 당당하시어 君王自神武
너희들 태평 시대 즐기는구나 汝等樂時平

경술년(1790, 정조14) 9월 연융대로 어가를 모시고 나가 삼가 어제시에 차운하여 올리다[17]

庚戌九月 陪駕鍊戎臺 敬次御製以進

황화 핀 거둥길이 붉은 정자[18] 접했는데	黃花輦路接紅亭
절기가 순조로워 날씨도 맑은지고	天步從容晝氣淸
이날의 임금 행차 경사[19] 기념하자는 것	此日宸遊應飾慶
솔 소리며 물소리 이 모두가 환호성	古松流水盡歡聲

나라에 겹경사가 있기 때문에 한 말이다.[20]

17 경술년……올리다 : 연융대(鍊戎臺)는 서울시 종로구 신영동(新營洞)에 있던 돈대의 이름이다. 경술년(1790, 정조14) 9월 19일 정조가 연융대로 나가 서총대(瑞蔥臺)에서 무장과 군사들을 대상으로 활쏘기 시험을 보이고 돌아오던 길에 세검정에 들러 그곳에 걸려 있는 영조의 어제시에 차운하였는데, 그 내용은 다음과 같다. "군사 훈련 마치고 이 정자 다다르니, 북한산 하늘 높고 나팔 소리 맑구나. 좋은지고 세차게 요동치는 저 원천, 청량한 한 줄기가 온 산을 울리누나.〔詰戎餘意此臨亭, 漢北天高畫角淸. 可愛源泉深有力, 泠然一道萬山聲.〕"《正祖實錄 14年 9月 19日》 제목의 어제시는 정조의 시를 말한다.

18 붉은 정자 : 일반적으로 단청을 입힌 정자를 말하는데, 여기서는 세검정(洗劍亭)을 가리킨다.

19 경사 : 거둥하기 3개월 전인 1790년 6월 18일에 후일의 순조(純祖)인 원자(元子)가 탄생한 일을 가리킨다. 이를 기념하기 위한 증광 감시(增廣監試) 초시를 8월 1일에 보이고 증광 문무과 초시를 8월 16일에 보였으며 증광 문과 전시(殿試)를 8월 20일에 보였다.《正祖實錄 14年 6月 18日, 8月 1日·16日》

20 나라에……말이다 : 원자가 태어난 6월 18일은 혜경궁 홍씨의 탄신일이기도 하기 때문에 기쁨이 배가되었다는 말이다.

내 초고는 간장 항아리나 덮으면 그만인데 거룩한 임금의 글에서 어찌 이렇게까지 칭찬을 받는단 말인가.[21] 온 집안이 영예롭고 빛나서 그 은혜가 하늘처럼 무한하다. 그렇지만 복이 분수에 넘쳐 재앙을 초래하지나 않을까 걱정된다. 화운하라는 명이 있었기에 이에 감히 참람함을 무릅쓰고 원작을 모방해 지어 올려 천지와 같은 큰 은총에 사례하였다

신해년(1791, 정조15)

賤藁覆瓿而止耳 雲漢宸章 奚宜獎飾至此 闔門榮耀 與天無極 然得無招過福之災耶 賡韻有命 玆敢冒濫忘僭 畫葫以進 以謝天高地厚之殊私云爾 辛亥

부드러운 종이에 빳빳한 필력으로 香箋柔細寶毫勍

21 거룩한……말인가 : 채제공이 72세 때인 신해년(1791, 정조15)에 정조가 채제공의 작품들을 살펴보고 감동하여 시로써 크게 칭찬하는 뜻을 표하였으므로 하는 말이다. 그 시는 "호걸 기백 몰아서 필력도 힘찬지고, 그림 속의 경 모습 마주한 듯 흡사하다. 기운차게 쓴 곳은 거센 파도 기세이고, 의분에 북받칠 땐 비장한 성조 많네. 궁궐에선 풍운으로 만년 제회 밝히고, 푸른 강 물새와는 옛 맹세를 다졌다네. 호주의 사후에도 모범이 남아 있어, 복고 훈풍 일으키니 새삼 더욱 기쁘구나.〔傑氣驅來筆力勍, 七分如對畫中卿. 奔騰處有浪濤勢, 慷慨時多燕趙聲. 北極風雲昭晩契, 滄江鷗鷺屬前盟. 湖洲以後模楷在, 更喜東山詠洛生.〕"이다.《弘齋全書 卷6 題左議政蔡濟恭樊巖詩文稿》 이 시 원문의 '북극(北極)'은 임금이 있는 궁궐을 뜻하고 '풍운(風雲)'은 성군과 어진 신하가 만났다는 뜻인 '풍종호 운종룡(風從虎雲從龍)'의 약칭이다. '호주(湖洲)'는 채제공의 방조(傍祖)인 채유후(蔡裕後, 1599~1660)의 호이다. '동산영락생(東山詠洛生)'은 동산에 은거했던 사안(謝安)이 시를 읊는 목소리가, 진중하고 점잖은 낙양 서생들의 전통적인 음조와 비슷했다는 뜻으로, 채제공의 시문에 복고풍의 진중하고 점잖은 문풍(文風)이 있다는 것을 그에 비유한 것이다.

궁궐에서 한가로이 먹을 대령시키시니	清燕龍樓喚墨卿
추율 같은 시구라서 연곡 온기 돌아오고[22]	鄒律句回燕谷暖
순소 가락 일어나니 〈하리파인〉 놀란다네[23]	巴人驚起舜韶聲
이런 은총 고서 속에 언제 본 적 있었던가	恩私載籍何曾見
이 큰[24] 은혜 갚으리라 신명께 맹세하네	塵刹神明與共盟
처음부터 끝까지 내 몸 어찌 내 몸이랴	終始吾身非我有
아비가 낳으신 뒤 임금이 또 살리셨네	父生之後又君生

22 추율(鄒律)……돌아오고 : 추율은 '추연취율(鄒衍吹律)'의 약칭이고 연곡(燕谷)은 '연(燕)나라 골짜기'라는 뜻이다. 전국 시대에 음률에 조예가 깊은 제(齊)나라의 추연(鄒衍)이 양(陽)의 음률을 조정하는 율관(律管)을 불어 대지를 따뜻하게 만들었다는 고사를 인용한 것이다. 《예문유취(藝文類聚)》 권9에 인용된 〈별록(別錄)〉에 "추연이 연(燕)나라에 있을 적에 어떤 골짜기가 토질은 좋지만 추워서 오곡이 자라지 않았다. 추연이 그곳에 머물면서 율관을 불자, 따뜻한 기운이 돌아와 곡식이 자라났다. 지금 그곳의 이름을 서곡(黍谷)이라 한다."라고 하였다. 차갑던 골짜기가 추연이 피리를 분 것으로 인해 따뜻해져 곡식이 자랐듯이 무덤덤하던 채제공의 감정이 정조의 시구로 인해 생기가 돌았다는 뜻인 듯하다.

23 순소(舜韶)……놀란다네 : 순소는 '순 임금이 만든 수준 높은 음악인 소(韶)'라는 뜻이고, 〈하리파인(下里巴人)〉은 본디 수준이 낮은 평범한 음악을 말하는데, 여기서는 음악을 모르는 무식한 사람을 가리킨다. 송옥(宋玉)의 〈대초왕문(對楚王問)〉에 "어떤 길손이 영중(郢中)에서 노래를 불렀는데, 처음에 〈하리파인〉을 부르자 도성에서 그에 화운하는 사람이 수천 명이었고……〈양춘백설(陽春白雪)〉을 불렀을 때는 그에 화운하는 사람이 수십 명에 지나지 않았다."라고 하였다. 《文選 卷45 對問》 순 임금의 음악처럼 수준 높은 정조의 시에 깜짝 놀랄 수밖에 없었다는 뜻인 듯하다.

24 이 큰 : 원문의 '진찰(塵刹)'에 대한 풀이이다. 진찰은 불가의 용어로 '진진찰찰(塵塵刹刹)'의 약칭이다. 그 본뜻은 하나하나의 미세한 흙먼지 속에도 나라가 있다는 것으로, 우주를 구성하고 있는 온갖 사물과 현상을 말한다. 여기서는 단순히 크기가 천지와 같다는 뜻일 뿐이다.

3월에 선희궁으로 어가를 모시고 갔다가 명을 받들어 어제시에 차운하여 올리다[25]

三月 陪駕宣禧宮 承命次御製韻以進

청산에 취타 가락 울려 퍼지니　　青山殷鳳吹
새들 소리 그 속에 묻혀 버렸네　　林鳥不成喧
만물의 생명 원기 넘실거리고　　萬品浮元氣
온갖 꽃 한 동산에 모이었구나　　千花赴一園
임금 시 하늘처럼 거룩하시고　　宸章天與大
제왕의 행하는 도 높기도 하네　　皇極道爲尊
배불리 먹고픈 건 사람의 본성　　願飽皆人性
골고루 나눠 먹네 임금의 술을　　均分有上樽

어제시(御製詩)의 함련(頷聯)[26]은 그 기상이 높고 원대하여 자연스럽게 자

25 3월에……올리다 : 선희궁(宣禧宮)은 영조의 후궁이자 사도세자의 생모인 영빈(暎嬪) 이씨(李氏)의 신판(神版)을 봉안한 궁으로, 인왕산 아래 동쪽에 있다. 원래 의열궁(義烈宮)이라 했다가 1788년(정조12)에 선희궁으로 개칭하였다. 신해년(1791) 3월 17일 정조가 종묘에서 영조의 영정을 봉안하고 연호궁(延祜宮)과 선희궁을 차례로 들러 배례(拜禮)를 행한 다음 선희궁 뒤에 있는 세심대(洗心臺)로 봄나들이를 나갔다. 이때 오언율시 한 수를 짓고 동행한 모든 시종신에게 즉석에서 화운하게 하였으므로 지어 올린 것이다.

26 어제시(御製詩)의 함련(頷聯) : 함련은 율시에서 셋째 구와 넷째 구이다. 이때 정조가 지은 시의 함련에 "높이 솟은 두 산은 하나의 문호이고, 화사한 일천 나무 한 정원에 있다네.〔兩山眞一戶, 千樹亦同園.〕"라고 한 것을 말한다. 여기의 두 산은 인왕산과 백악산을 가리킨다. 세심대에서 둘러볼 때, 나란히 솟아 있는 이 두 산은 마치

연과 동화되고 천지와 함께 흘러가는 뜻이 있었다. 삼가 송독한 뒤에 감히 이 시로써 우러러 찬미하였다.

문처럼 보이고 여기저기 널려 있는 무수한 꽃나무들은 같은 정원 안에 들어 있는 것처럼 느껴졌다는 것으로, 정조의 높고 원대한 기상과 정서를 엿볼 수 있어 당시 신하들과 문인들에게 회자되었다.《弘齋全書 卷6 登洗心臺賞花口占示諸臣和之以茗熟爲令》

9월에 상께서 사릉을 참배하고 칠언율시를 써서 내렸다. 명을 받들어 화운해 올리다[27]

九月 上展拜思陵 書下御製七律 承命賡進

하늘이 임금 위해 날씨도 아니 춥고	天爲宸衷未肯寒
노송 위엔 오색구름 여울엔 달그림자	彩雲籠檜月橫灘
예부터 정도 권도 모두 성인 일이었고	經權自古同歸聖
오늘날 감정 예의 두 가지 다 온전하네[28]	情禮于今兩得安
동쪽의 이 산길을 어가(御駕)가 찾아오니	驄御不迷東峽路
과주의 제단 앞에 눈물이 맺히었네[29]	鮫珠新結果州壇
왕가의 능침 나무 흥건하게 젖은 이슬	漢家陵樹離離露
이 이슬 몇 움큼을 군왕께 바치고파[30]	采獻君前幾掬溥

27 9월에……올리다 : 신해년(1791, 정조15) 9월 25일 정조가 경기 양주(楊州) 진건읍(眞乾邑) 사릉리(思陵里)에 있는 사릉(思陵)을 참배할 적에 지은 시에 차운한 것이다. 사릉은 단종의 비 정순왕후(定順王后) 송씨(宋氏)의 능호이다.

28 예부터……온전하네 : 정도(正道)는 세조로부터 이어져 내려온 왕통의 정당성을, 권도(權道)는 단종을 복위시킨 것을 가리킨다. 정도와 권도가 모두 성인의 일이었다는 것은 숙종과 정조가 조선의 왕통을 부정하지 않으면서도 단종과 정순왕후를 복위시킨 일을 말하고, 감정과 예의가 모두 온전하다는 것은 단종과 정순왕후에 대해 동정(同情)을 보이는 것이 애도하는 것으로만 끝나지 않고 국가의 의례로 행해졌음을 말한다.

29 과주(果州)의……맺히었네 : 원문의 '교주(鮫珠)'는 인어인 교인(鮫人)의 눈물이라는 뜻인 교루(鮫淚)와 같다. 흔히 자기가 눈물을 흘리는 것을 겸손하게 표현하는 용어로 쓰인다. 원문의 '과주단(果州壇)'은 '동협로(東峽路)'의 대구이므로 '과천(果川) 고을 제단'으로 풀이할 수 있으나 양주의 사릉과는 지리적으로 완전하게 부합하지 않으므로 무엇을 말하는지 분명치 않다.

봄날 세심대에 올라 경치를 둘러보면서 지은 어제시에 받들어 화운하다[31] 갑인년(1794, 정조18)

奉和御製春日洗心臺登眺韻 甲寅

열두 마리 용 깃발을 취타 행렬 따르니	鳳吹行隨十二龍
오색구름 속에서 온갖 꽃이 춤추는 듯	萬花如舞五雲中
고운 봄빛 해마다 쉬지 않고 찾아오니	春光歲歲來無盡
천수 누릴 성대를 군신 함께 즐긴다네	壽域君臣樂事同

30 왕가의……바치고파 : 원문의 '한가(漢家)'는 한(漢)나라 왕가라는 뜻인데, 조선의 왕가를 그에 견주어 한 말이다. 사릉 주위의 수목에 홍건하게 내려앉은 이슬을, 억울하고 비참하게 살다 죽은 정순왕후의 한 맺힌 눈물로 간주하고, 이것을 두 손에 받아 임금에게 바침으로써 그 한스러운 감정을 임금에게 전해 주고 싶다는 뜻으로 쓴 것으로 보인다.

31 봄날……화운하다 : 채제공이 75세 때인 갑인년(1794, 정조18) 3월 13일 정조가 육상궁(毓祥宮), 연호궁(延祜宮), 선희궁(宣禧宮)을 차례로 봉심한 뒤 연례적인 관례로 세심대에 올라 봄나들이를 하면서 칠언절구 한 수를 짓고 동행한 시종신들에게 차운하게 하였다. 채제공은 이때 영중추부사로 고령이었으므로 정조의 행차를 따라가지 않고 77세인 영의정 홍낙성(洪樂性, 1718~1798)과 함께 종가(鍾街)에서 대기하고 있다가 돌아오는 행차를 영접하였다.《日省錄 正祖 18年 3月 13日》

금원의 옥류동 농산정에서 어가를 모시고 꽃구경하는 연회를 열었는데, 지어 보여 준 어제시에 즉석에서 삼가 차운하였다. 때는 늦은 봄 15일이었다[32]

禁苑玉流洞籠山亭 陪聖駕作賞花宴 卽席敬次御製俯示韻 時暮春十五日

훈훈하고 따스한 궁궐의 기운	融融一堂氣
널리 퍼져 팔방의 봄이 되었네	流作八方春
시냇물 앵가[33] 함께 부드러운데	澗和鶯歌軟
꽃나무 봉필[34] 맞아 상큼하구나	花迎鳳蹕新
누대는 천상계에 높이 솟았고	樓臺上界出
운월은 태평 시대 본래의 모습	雲月太平眞
해 수레 모는 신께 고하고파라	與報羲和道
구르는 바퀴 길이 멈춰 달라고	千年駐去輪

32 금원(禁苑)의……15일이었다 : 앞 작품을 쓴 지 이틀 뒤인 3월 15일에 정조가 구장각 관료들을 대동하고 후원(後苑) 주합루(宙合樓)에서 선왕의 어진(御眞)을 봉심한 뒤 부용정(芙蓉亭)에서 규장각 관료의 자제들과 영의정 홍낙성(洪樂性)까지 불러들여 연회를 베풀었다. 채제공은 이때 원임 제학(原任提學)으로 참석하였다. 이 작품은 정조의 시 〈내원상화조어(內苑賞花釣魚)〉에 차운한 것이다. 《弘齋全書 卷6》《日省錄 正祖 18年 3月 15日》 금원은 비원(秘苑), 상원(上苑), 후원(後苑), 내원(內苑)이라고도 한다. 옥류동(玉流洞)은 후원 북쪽에 흐르는 개울인 옥류천(玉流川)이 있는 곳이고, 그 주위에 연산군 때 세운 농산정(籠山亭)을 비롯하여 소요정(逍遙亭), 태극정(太極亭), 취한정(翠寒亭), 청의정(淸漪亭) 등 작은 정자가 분산되어 있다.

33 앵가(鶯歌) : 꾀꼬리 노래라는 뜻으로, 꾀꼬리의 매끄러운 울음소리를 말한다.

34 봉필(鳳蹕) : 임금이나 왕비가 타는 수레로, 임금의 행차를 말한다.

진목점을 지나다가 화성읍 소재지를 바라보며[35]

過眞木店 望見華城邑治

아스라이 허공에 높이 솟은 건	遙空見突兀
새 건물 장대[36]임을 알겠고말고	知是將臺新
촌락은 늘어나서 헤아릴 수 없고	井落增無數
성지[37]는 황홀하다 신이 깃든 듯	城池欻有神
취타 행렬 돌아온 길손이라면[38]	鐃笳前度客
벼 기장 태평 시대 백성이로세	禾黍太平民
바라보니 다행히 산천의 기운	望幸山川氣
곱고도 맑아 이미 봄날 같구나	蔥蔥已似春

35 진목점(眞木店)을……바라보며 : 다음 작품과 함께 채제공이 75세 때인 갑인년(1794, 정조18) 초겨울에 수원 화성(華城)을 축조할 때 지은 것으로 보인다. 진목점은 지방에 있는 객사(客舍)로, 진목정점(眞木亭店), 진목점(榛木店), 오목점(烏木店), 오목점(梧木店), 오목점(五木店) 등으로 표기하기도 한다. 여기서 말하는 진목점은 수원 북부 일용리(一用里)와 용동(龍洞)의 중간 지점인 지지대(遲遲臺)에 있던 것으로 보인다.

36 장대(將臺) : 정조가 군사를 훈련시킬 때 지휘 본부로 사용하기 위해 팔달산 정상에 2층으로 지은 서장대(西將臺)이다. 이곳에서는 사방 100여 리가 한눈에 들어온다.

37 성지(城池) : 외부의 침입을 방어하기 위한 시설로, 성곽과 그 성곽의 둘레에 파 놓은 못이다.

38 취타……길손이라면 : 원문의 '전도(前度)'는 '전도유랑(前度劉郎)'의 약칭으로, 이전에 떠났던 사람이 다시 돌아온다는 뜻인데, 여기서는 이전에 화성을 다녀갔던 정조의 거둥 행렬이 지금 또 나타났다는 말이다.

장안문루[39]

長安門樓

드높은 단청 난간 맑은 빛이 산뜻한데　金碧層欄霽景翻
어디서 온 제비 참새 군왕 은혜 재잘대나　爭來燕雀語君恩
운연 아래 남문은 자그맣게 보이고　雲煙下視南樓小
천지에 북극성이 높다는 걸 알겠네[40]　天地元知北極尊
천 호를 에워싸니 모두 교화의 힘이요　簇擁千家皆化力
삼보[41]를 껴안으니 겹으로 세운 문일레　抱來三輔是重門
이듬해 이월 되어 임금 행차 임하여　明年二月鑾輿至
온화하게 웃음 지을 용안을 고대하네　恭待龍顏一笑溫

하교를 받들어 삼가 임금의 시를 첨부하다 奉敎敬附宸章

정사년(1797, 정조21) 2월에 상께서 현릉원(顯隆園)을 봉심하고 돌

39 장안문루(長安門樓) : 화성의 북문이자 정문인 장안문을 말한다. 정면 5칸, 측면 2칸으로 2층이며, 바깥쪽으로 원형의 옹성(甕城)을 갖추었다.

40 천지에……알겠네 : 높이 솟은 장안문을 제왕의 상징인 북극성에 견주어 임금의 존귀함을 부각한 말이다.

41 삼보(三輔) : 한 무제(漢武帝) 태초(太初) 1년(기원전 104)에 수도 장안(長安) 부근에 설립한 경조윤(京兆尹), 좌풍익(左馮翊), 우부풍(右扶風) 등의 직할 구역을 합하여 일컫던 말인데, 여기서는 수원을 중심으로 한 용인(龍仁), 안산(安山), 진위(振威) 등 주변 고을을 가리킨다.

아오는 길에 화성(華城) 장남헌(壯南軒)에 납시어 천신(賤臣)을 불러 접견하고 하교하기를 "내가 경이 그동안 지은 화성의 시축(詩軸)에 대해 모두 뽑아 차운한 것들을 과연 모두 경의 시집 속에 붙여 적었는가?" 하므로, 천신이 대답하기를 "풀벌레 소리 같은 하찮은 작품을 존귀한 임금께서 화운하셨다는 것만으로도 이미 예전에 없는 크고 특별한 은총입니다. 어제시는 그 위상이 얼마나 존엄합니까. 그런데 감히 신의 초고 안에 실을 수 있겠습니까."라고 하니, 상께서 이르기를 "나에게 그럴 만한 생각이 있기 때문이오. 경의 문집은 반드시 후세에 전해질 것이니, 나의 시 작품이 그 안에 실린다면 이 또한 전해질 것이오. 경은 어찌 나의 이 분부대로 시행하려 하지 않는가."라고 하였다. 천신이 대답하기를 "성상의 분부가 이미 이와 같으시니, 비록 매우 외람되지만 감히 받들어 따르지 않겠습니까."라고 하였다.

좌의정이 화성의 역사(役事)를 총괄하여 관리하였다. 내가 매년 현륭원을 봉심할 적에 그가 나이 많은 것을 고려하여 항상 먼저 갔다가 나중에 돌아오도록 하였는데, 돌아오면 언제나 시가 있었고 그 시는 늘 권축(卷軸)을 채웠다. 그 권축을 가져오게 하여 권축마다 시 두 수씩 뽑아 화운하여 돌려보냈다.

갑인년(1794, 정조18) 시축

甲寅軸

상향에 서리 이슬 몇 해나 내렸던고　　霜露桑鄉歲幾翻

촌심으로 높은 은혜 보답할 길 없지만[42]	寸心無處答隆恩
우뚝하게 쌓아 올린 성벽이 장엄하고	經營屹屹雉墉壯
겹겹으로 수호하는 석물[43]이 존엄하다	拱護重重象設尊
호서의 길을 따라 만 호가 깔리었고	萬戶橫臨湖右路
진남루[44] 군문에는 삼군 사기 높으니	三軍氣湧鎭南門
이 고장의 인화가 그 어찌 내 힘이랴	人和此地予何力
온양온천 거둥 때 성덕[45] 아직 전해 오네	盛德猶傳昔幸溫

위는 〈장안문루(長安門樓)〉 시에 화운한 것이다.

42 상향(桑鄕)에……없지만 : 상향은 상호지향(桑弧之鄕)의 준말로, 본디 자기가 태어난 고향을 말하는데, 여기서는 현륭원이 있는 수원을 가리킨다. 서리 이슬은, 해마다 날씨가 추워져 서리와 이슬을 밟으면 돌아가신 부모를 그리는 자식의 마음이 한층 더 슬퍼진다는 말에서 인용한 것이다. 촌심(寸心)은 작은 마음, 하찮은 정성이란 말로, 하해와 같은 부모의 은혜에 비해 너무도 빈약한 자식의 정성을 뜻한다. 정조가 지금의 서울시립대학교 뒤 배봉산에 있던 장헌세자의 무덤을 1789년(정조13) 10월에 수원으로 옮긴 이후 1794년인 이때까지 5년 동안 해마다 봉심하였지만 아버지를 그리는 정을 가눌 수 없다는 말이다.

43 석물 : 무덤 앞에 세우는, 돌로 만든 염소나 말 따위의 석상(石像)을 가리킨다.

44 진남루(鎭南樓) : 정조가 장헌세자의 무덤을 수원으로 옮긴 이듬해인 1790년 수원부에 지은 건물로, 군대가 주둔해 있었다. 이때 득중정(得中亭), 좌익문(左翊門), 강무당(講武堂), 와호헌(臥護軒) 등과 함께 완성하였다.

45 온양온천……성덕 : 영조가 1750년(영조26) 9월 12일부터 28일까지 16일간 일정으로 온양온천을 다녀왔다. 이때 충청도 지역의 사(士)·서인(庶人) 가운데 80세가 넘은 사람에게 가자(加資)하고, 백성의 조세를 감면하고, 여러 고을의 죄가 가벼운 죄수를 석방하였으며, 경유하는 길가에 있는 대신과 유현(儒賢)들의 무덤에 제사를 지내 주고, 수원의 억울한 옥사를 심리하게 하고, 유생들을 시험 보여 선발하고, 인륜에 관한 사례를 수집하여 《삼강행실도》를 편찬하게 하는 등 민생에 관한 여러 가지 조치를 취하였다. 《英祖實錄 26年 9月 12日, 13日, 15日, 16日, 18日, 20日, 28日》

망루가 우뚝하게 높이 솟으니 樓櫓居然起
산하도 홀연 함께 새롭다마다 山河頓與新
총리한 경의 노력 높이 사거니 多卿摠理力
날 위해 하는 지휘 신묘하였네 爲我指揮神
진영에는 용감한 군사들이요 旗鼓超乘士
여염엔 본업 종사 백성들이라 閭閻樂業民
그 농지 본디부터 상의 상이니 厥田元上上
오는 봄엔 도랑 터 물을 댈 거네 疏漑擬來春

위는 〈진목점(眞木店)을 지나다가 화성읍 소재지를 바라보며〉 시에 화운한 것이다.

봉수당에서 자궁에게 진찬하고 경하하는 뜻을 적어 내려 보여 준 시에 삼가 화운하다[46] 을묘년(1795, 정조19)

奉和奉壽堂進饌慈宮識慶下示韻 乙卯

자경당[47] 깊은 곳에 온갖 복록 새로워	慈慶堂深百祿新
어허 참 거룩하다 육십일 세 봄이로세	於休六十一年春
대비전의 생신은 원자 생일 겹치었고[48]	誕彌日是亶輝節
주상께서 거둥한 때 윤달 열흘이었네	行幸時維閏月旬
만 동이 장락당[49] 술 술기운 훈훈하고	萬甕氣醺長樂酒
천 송이 교방인 꽃[50] 꽃향기 충만한데	千花香壓教坊人

46 봉수당(奉壽堂)에서……화운하다 : 정조가 61세 된 어머니 혜경궁 홍씨를 모시고 1795년(정조19) 윤2월 10일에 화성 행궁으로 들어가 12일에 현륭원을 봉심하고 13일에 회갑연을 베풀었다. 그날 칠언율시로 어머니의 장수를 축원하였는데, 그에 화운한 시이다. 이때 화운한 사람은 외빈(外賓) 70인, 신료 77인이었으며 이것을 모은 것이 〈화성봉수당진찬갱재축(華城奉壽堂進饌賡載軸)〉이다. 봉수당은 화성 행궁 안에 있는 건물로, 정조가 이때 혜경궁 홍씨의 장수를 축원하는 장소로 사용하였다. 《日省錄 正祖 19年 閏2月 10日, 12日, 13日》

47 자경당(慈慶堂) : 1777년에 정조가 혜경궁 홍씨의 거처로 삼기 위해 창경궁의 통명전(通明殿) 뒤쪽 높은 언덕에 세운 44칸의 큰 건물이다.

48 대비전의……겹치었고 : 혜경궁 홍씨의 생일이 6월 18일이었는데, 원자가 5년 전인 1790년 6월 18일에 태어나 생일이 같으므로 하는 말이다.

49 장락당(長樂堂) : 화성 행궁 안에 있는 건물로, 정조가 화성에 행차했을 대 거처하던 곳이다.

50 천 송이 교방인(教坊人) 꽃 : 교방인은 장악원의 악대를 말한다. 아름답고 향기롭게 단장하고 춤추는 장악원의 무희들을 수많은 꽃송이에 비유한 것으로 보인다. 교방은

장엄한 누대에서 생가 소리 이어지니　　笙歌不盡樓臺壯
임금 행차 해마다 순행하길 기원하네　　只願鑾輿歲歲巡

대비전의 생신에 원자가 탄생하였으므로 셋째 구에서 언급한 것이다.

장악원의 좌방과 우방을 아울러 이르는데, 좌방은 아악(雅樂)을 맡고 우방은 속악(俗樂)을 맡았다.

밤에 어가를 모시고 서장대에 올라 어제시에 삼가 화운하다
夜陪聖駕登西將臺 奉賡御韻

견고한 성 웃으며 둘러보시고	笑撫金湯固
행차의 수고로움 마냥 잊었네	仍忘玉趾勞
중양문에 상서로운 기운 서리고[51]	中陽佳氣冣
동국에선 이곳의 누대 높다네	東國此臺高
달빛 가린 용 깃발 펄럭인다면	蔽月龍旗盪
별을 쏘는 불화살 통쾌하구나	衝星火箭豪
서생이라 선비도 무예 능한데	書生能介冑
붉은 관복 늙은 몸[52] 보잘것없어	碌碌舊緋袍

51 중양문(中陽門)에……서리고 : 중양문은 화성 행궁에 있는 궁문의 하나이다. 정조가 혜경궁의 회갑연을 베푸는 날 중양문 밖에서 시종한 백관에게 회갑을 경축하는 뜻으로 음식상을 차려 주었으므로 하는 말이다.

52 붉은……몸 : 붉은 관복은 당상관의 복색으로, 고관을 뜻한다. 채제공은 이때 우의정이었다.

양로연에 친림하여 경사를 축하하는 어제시에 삼가 차운하여 자궁의 장수를 송축하는 정성을 부치다[53]

奉次御製親臨養老宴祝慶之什 庸寓頌禱慈宮之忱

임금님 자리 앞에 지팡이 짚고 따르니 相隨扶杖御床前
인간사에 거룩한 일 이런 자리 또 있으랴 盛事人間有此筵
빈 땅의 뿔잔 축수 우리보다 못하거니 豳土兕觥猶遜我
읍강의 장수까지 빌었단 말 못 들었네[54] 未聞兼祝邑姜年

53 양로연(養老宴)에……부치다 : 정조가 혜경궁의 회갑연 때 낙남헌(洛南軒)에서 양로연을 베풀었는데, 이 자리에 화성 지역의 백성으로서 70세와 61세가 된 사람들이 참석하였다. 이때 정조가 자리에서 일어나 노인들을 맞이하였고 모두에게 술 세 순배를 돌렸다. 이어 칠언절구 한 수를 짓고 노인들에게 화운하라고 하였는데, 채제공이 그 시에 화운한 것이다. 《日省錄 正祖 19年 閏2月 13日, 14日》《弘齋全書 卷6》

54 빈(豳)……들었네 : 빈은 지금의 섬서성(陝西省) 순읍현(旬邑縣) 서쪽 30리 지점에 있던 옛 읍이다. 주(周) 왕족의 조상인 공류(公劉)가 이곳에 도읍을 정했다 하여 주(周)나라를 뜻한다. 읍강(邑姜)은 무왕(武王)의 비(妃)이자 성왕(成王)의 어머니이다. 무왕의 아우 주공(周公)이 조카 성왕을 도와 섭정할 무렵 농부들의 힘겨운 삶을 노래한 시에 "모두가 공당으로 올라가서는, 두 손으로 뿔잔을 높이 들고서, 임금님 만수무강 축원하였네.〔躋彼公堂, 稱彼兕觥, 萬壽無疆.〕"라고 하였다.《詩經 豳風 七月》 주나라 백성들은 임금의 만수무강을 빌었을 뿐 읍강의 장수를 축원했다는 내용이 없는데, 지금 우리나라 백성들은 그와 달리 임금 어머니의 만수무강을 빌었다는 것이다.

일찍이 을묘년(1735, 영조11) 당시 조정 대신들이 동궁이 탄생하였다 하여[55] 세심대에서 꽃구경을 하고 시를 지어 후세에 전한 일이 있다. 상께서 옛 간지가 다시 돌아온 것에 느낌이 일어 영성군 박공 문수의 그 당시 시에 친히 차운하고 신하들에게 받들어 화운할 것을 명하였다[56]

曾在乙卯 卿宰以東宮誕降賞花洗心臺 有詩傳於後 上感念舊甲亘回 親次其時靈城君朴公文秀韻 命諸臣奉和

해묵은 높은 대에 솔 그늘 그대론데　　松陰不改舊層臺

경사 축하 잔치를 거듭해 열었다네　　前後華筵飾慶開

꽃 너머 저 남산[57]은 무슨 뜻이 있는 듯이　　花外南山如有意

55 일찍이……하여 : 동궁은 장헌세자를 말한다. 이 을묘년은 영조 11년인 1735년을 말하는 것으로, 그해 1월 21일에 장헌세자가 태어났다.

56 상께서……명하였다 : 정조가 화성 행궁에서 혜경궁의 회갑연을 베풀고 궁으로 돌아오던 길에 인왕산 기슭에 있는 세심대, 곧 옛 필운대(弼雲臺)를 경유하면서 61년 전 아버지 장헌세자가 태어났을 때 그곳에 얽힌 고사가 떠올라 칠언절구 한 수를 짓고 신하들에게 화운하게 하였는데, 이때 화운한 사람이 모두 55인이었다. 이것을 모은 것이 〈세심대갱재축(洗心臺賡載軸)〉이다. 박문수가 당시에 지은 시는 "그대와 나 휘파람 불며 필운대에 오르니, 희고 붉은 도리화 나무마다 피었구나. 이와 같은 경치를 이처럼 즐기면서, 태평주 잔을 들어 해마다 취하려다.〔君歌我嘯上雲臺, 李白桃紅萬樹開. 如此風光如此樂, 每年長醉太平杯.〕"이고, 정조의 시는 "봄날에 더디더디 북쪽 대에 오르니, 이 행차 꽃핀 경치 찾아온 게 아니라네. 새 시 지어 이제 또 〈관화곡〉을 이었거니, 만세토록 만수배 길이 부어 올리련다.〔春日遲遲上北臺, 此行非是趁花開. 新詩更續觀華曲, 萬歲長斟萬壽杯.〕"이다.《弘齋全書 卷6 洗心臺步靈城韻》〈관화곡〉은 화성에서 진찬할 때 올린 악장의 이름이다.

그림자로 은근히 잔 속에 들어왔네　　慇懃影入祝君盃

두 번째 其二

임금께서 축수하고 또 이 대 오르실 제　　玉趾觀華又此臺
온 성의 봄철 수목 비 맞아 꽃이 피네　　滿城春樹雨新開
붉고 흰 도리화는 예사로운 일일 뿐　　桃紅李白渾閒事
북두배 좋은 술에 온 누리 취했다네[58]　　天地醺醲北斗盃

57 남산 : 인왕산 세심대에서 바라보이는 남산이다. 여기서 굳이 남산을 거론한 것은 《시경》〈소아(小雅) 천보(天保)〉의 "상현달이 점점 더 밝아지듯이, 태양이 바야흐로 떠오르듯이, 남산이 긴 수명을 향유하듯이, 이지러지지 않고 아니 무너져.〔如月之恒, 如日之升, 如南山之壽, 不騫不崩.〕"라는 노래를 의도한 것으로, 장수를 축원하는 뜻을 내포하고 있다.

58 북두배(北斗盃)……취했다네 : 북두배는《시경》〈소아(小雅) 대동(大東)〉에 "그 북쪽에 남두(南斗) 자루 놓여 있지만, 그것으론 맛 좋은 술 뜰 수 없어라.〔維北有斗, 不可以挹酒漿.〕"라고 한 데서 나온 말이다. 기성(箕星) 북쪽에 위치한 남두 별자리의 자루 부분을 술잔으로 형상화한 것으로, 단순히 술 그릇이란 뜻에 지나지 않는다. 여기서는 백성을 보살펴 주는 임금의 은택을 맛 좋은 술에 견주어 말한 것으로, 온 나라 백성이 임금의 은택으로 행복해하고 있다는 뜻이다.

춘당대에서 내려 보여 준 어제시에 삼가 차운하다

春塘臺敬次下示御製韻

대궐이라 곳곳에 누대가 솟았는데	三淸步步聳樓臺
꽃나무 구름 닿고 큰길이 트이었네	花木連雲上路開
오늘의 임금 은택 측량하기 어렵거니	今日恩波千萬斛
손에 든 이 잔으로 헤아릴 수 있으랴	可能容瀉手中杯

6월 18일 자궁의 회갑 탄신일에 경하하는 뜻을 적은 어제시에 삼가 차운하여 북두와 남산처럼 장수하기를 축원하는 마음을 드러냈다[59]

敬次御製六月十八日慈宮周甲誕辰識慶韻 用申北斗南山之祝

영묘 때 상서로운 일이 생긴 건	發祥英廟世
정묘년 그 당시가 처음이었고[60]	丁卯有餘觴
자궁의 회갑 해를 올해 또 만나	慈甲今年値
궁궐의 큰 연회를 이날 열었네	宮筵是日張
반도[61] 놓고 세 차례 축사 올리고	桃盤三獻祝

59 6월……드러냈다 : 혜경궁 홍씨의 회갑 탄신일인 1795년(정조19) 6월 18일 혜경궁의 만수무강을 비는 진찬례(進饌禮)를 성대하게 거행하였다. 이때 정조가 오언율시를 짓기를 "이 나라 처음으로 경사가 있어, 회갑날 만수무강 축배 올렸네. 이날은 다름 아닌 태어나신 때, 구름처럼 축하객 모여들었네. 장락궁 궁전에서 엿을 맛보며, 노래자의 시 노래 들으신다네. 만수무강 기원해 마지않으니, 그 은혜 온 누리에 미쳐 가리라. 〔吾東初有慶, 花甲萬年觴. 是日虹流屆, 如雲燕賀張. 含飴長樂殿, 被管老萊章. 觀華仍餘祝, 覃恩曁八方.〕"라고 하고, 신료들에게 화운하게 하였는데, 채제공을 비롯한 306인이 그에 화운하였다. 《承政院日記 正祖 19年 6月 18日》

60 영묘(英廟)……처음이었고 : 여기서 말하는 정묘년은 영조 23년인 1747년이다. 숙종의 계비 인원왕후(仁元王后) 김씨(金氏)의 회갑 탄신일이 1747년 9월 29일이었는데, 이때 영조가 승정원 관료들을 거느리고 인정전(仁政殿)에서 인원왕후에게 하례를 올렸다. 이 당시 영조가 사배례(四拜禮)를 두 번 행하고 축사를 지어 올렸다. 《承政院日記 英祖 23年 9月 29日》

61 반도 : 원문의 '도반(桃盤)'은 반도(蟠桃)와 같다. 반도는 3천 년마다 한 번씩 열매가 열린다는 선경에 있는 복숭아이다. 이것을 먹으면 장수한다고 한다.

노래(老萊) 옷에 구여(九如)의 악장 지었네[62] 萊服九爲章
자궁은 웃는 문손[63] 품에 안고서 抱得文孫笑
몸소 친히 정도로 가르친다네 躬親教義方

인원왕후(仁元王后)의 회갑이 정묘년(1747, 영조23)에 있었는데, 영묘께서 술잔을 받들어 헌수하였기 때문에 첫 구에서 언급한 것이다.

62 노래(老萊)……지었네 : 노래는 춘추 시대 말엽 초(楚)나라 은사(隱士)인 노래자(老萊子)로, 효자의 모범으로 이름났다. 70세에 어린아이처럼 알록달록한 옷을 입고 부모 앞에서 어리광을 부려 부모를 즐겁게 하였다. 한번은 부모가 보고 있을 때 국그릇을 들고 당으로 올라가다가 넘어지자 땅바닥에 누워 어린애의 울음소리를 내는가 하면, 부모 곁에서 새 새끼를 가지고 놀았다고도 한다.《藝文類聚 卷20 人部 孝》 구여(九如)는《시경》〈소아(小雅) 천보(天保)〉의 가사에 '여산(如山)', '여부(如阜)', '여강(如岡)', '여릉(如陵)', '여천지방지(如川之方至)', '여월지항(如月之恒)', '여일지승(如日之升)', '여남산지수(如南山之壽)', '여송백지무(如松柏之茂)' 등 아홉 개의 '如'를 말하는 것으로, 장수를 축원하는 뜻으로 인용된다. 정조가 노래자와 같은 효자로서 어머니의 회갑날 장수를 축원하는 시 노래를 지어 올렸다는 말이다.

63 문손(文孫) : 본디 주 문왕(周文王)의 손자라는 뜻으로, 성왕(成王)을 말한다. 여기서는 훗날 순조(純祖)가 되는, 혜경궁의 손자인 원손(元孫)을 가리킨다. 원손은 이때 여섯 살이었다.

1월 21일 상께서 침원에 나아가 홍범산과 봉조산 등 여러 산을 두루 둘러보고 밤중에 화성 행궁으로 돌아오다[64]

병진년(1796, 정조20)

正月二十一日 上詣寢園 遍巡洪範鳳鳥諸山 侵夜還華城行宮 丙辰

삼엄한 성가퀴에 북두성 기댔는데	千堞森嚴北斗依
용 깃발이 깊은 밤 봉산에서 돌아왔네	龍旗夜自鳳岑歸
군중의 명령 따라 신기전[65] 하늘 날고	軍中號令神機箭
마상의 수행 행렬 협수의[66] 차림일세	馬上班行狹袖衣
예악에다 무략까지 아울러 겸했거니	禮樂還應兼武略
이 요새 경기 지방 어찌 못 지킬쏘냐	關防那不奠雄畿
장락궁[67]의 안부를 자나 깨나 못 잊어	三時長樂平安信
파발마 보내시어 봉서를 올리셨네	擎得封書撥騎飛

64 1월……돌아오다 : 채제공이 77세 때인 병진년(1796, 정조20)에 지은 작품이다. 1월 21일은 죽은 장헌세자의 탄신일이었으므로 정조가 20일에 화성 행궁에 도착하여 이날 현륭원을 봉심하고 친제(親祭)하였는데, 감정이 북받쳐 오열하느라 한참 동안 일어나지 못했다. 이때 채제공은 아헌관(亞獻官)으로 차임되었다. 홍범산(洪範山)과 봉조산(鳳鳥山)은 현륭원 주변의 산 이름이다. 봉심을 마친 정조는 군복 차림으로 말을 타고 주변의 산들을 차례로 올라가 지세를 살펴본 뒤에 밤 3경(更)이 되어서야 화성 행궁으로 돌아왔다. 봉조산은 봉주산(鳳珠山)으로도 불린다.《日省錄 正祖 20年 1月 21日》

65 신기전(神機箭) : 다연발 불화살이다.

66 협수의(狹袖衣) : 소매통이 좁아 활동하기에 편한 옷으로, 군복을 말한다.

67 장락궁(長樂宮) : 한(漢)나라 때 태후가 거처하던 궁인데, 여기서는 혜경궁 홍씨를 가리킨다.

홍범산과 봉조산 등 여러 산을 순행하고 밤중에 화성 행궁으로 돌아와 정리 대신 채원보 제공의 시에 차운하다
駕巡洪範鳳鳥諸山 夜還華城行宮 次整理大臣蔡元輔濟恭詩韻

불안하고 두렵고 그리움까지 겹치어	皇皇瞿瞿更依依
보이는 듯 들리는 듯 차마 못 돌아왔네[68]	若覿如聞未忍歸
하늘이 준 유택이라 높은 산 가파르고	岨矣高山天與宅
매월 의관 내오는 원묘인가 어리둥절[69]	怳然原廟月遊衣
안개며 꽃 일천 산은 신료들이 늘어선 듯	烟花袍笏羅千嶂
관문이라 두 기내(畿內) 금성탕지 으뜸일레[70]	鏁鑰金湯冠兩畿

68 보이는……돌아왔네 : 정조가 아버지의 무덤을 봉심할 때 아버지의 모습이 눈에 어른거리고 목소리가 귀에 들리는 것만 같아 무덤 곁을 차마 훌쩍 떠나지 못했다는 말이다.

69 매월……어리둥절 : 한 고조(漢高祖)의 능에 관한 고사를 인용하여 현륭원을 고조의 능에 견주어 말한 것이다. 원묘(原廟)는 별묘(別廟)와 같은 뜻으로, 본디 고조의 고향인 패현(沛縣)에 세운 사당을 말하는데, 여기서는 고조의 능침으로 이해하는 것이 현륭원의 원침과 부합된다. 매월 초하루가 되면 고조의 능침에 보관되어 있는 의관을 고조의 제사를 지내는 종묘 안으로 옮겨다 놓았다가 도로 가져다 놓는 일을 반복하였다. 이는 고조의 넋이 그의 의관에 깃들었을 것으로 간주했기 때문이며 이것을 두고 세상 사람들이 '의관이 나들이한다'고 하였다.《漢書 卷43 叔孫通傳 注》

70 관문이라……으뜸일레 : 두 기내는 한양을 둘러싸고 있는 경기 지역과 화성을 둘러싸고 있는 주변 고을을 말하는 것으로, 한양의 관문이자 화성의 관문이다. 현륭원의 지형이 이 두 도성을 보호하는 지역 가운데 천혜의 요충지라는 것이다.

패릉[71] 주위 둘러본 건 그만한 뜻 있어서니	歷騁霸陵還有意
이내 행차 서낭당서 잠시 잠깐 머물렀지	城隍少駐六龍飛

71 패릉(霸陵) : 본디 한 문제(漢文帝)의 능호인데, 여기서는 현륭원을 뜻한다.

비로 인해 행차를 멈추고 지은 어제시에 삼가 화운하다[72]

敬和御製關雨駐蹕韻

하염없는 눈물이 어수 적실 제	御袖縱橫淚
찬 바람이 원침(園寢)에 몰아치더니	凄風滿栢城
이른 새벽 행궁을 떠나려는데	行宮遂明發
임금의 효성인가 비가 또 뿌려	此雨又宸誠
행차 멈춰 자는 밤 이어지면서	故故停鑾宿
원침 향한 그 정이 한결같았네	依依問寢情
길 가는 사람들도 감동을 하여	路人猶掩抑
미륵재에 지지대(遲遲臺) 이름 생겼네[73]	彌峴有臺名

72 비로……화운하다 : 정조가 1796년(정조20) 1월 20일 화성에 도착한 뒤 비바람으로 날씨가 흐려 행궁에 머무르면서 오언율시 한 수를 지었는데, 이에 화운한 것이다. 나흘 동안 머물렀다가 24일에야 환궁하였다.

73 길 가는……생겼네 : 미륵재는 서울 쪽에서 수원으로 들어가는 어귀에 있는 고개이다. 정조가 현륭원을 봉심하고 한양으로 돌아갈 때 이 고개에 이르면 언제나 행차를 멈추고 뒤돌아보면서 차마 발을 떼지 못했는데, 이에 감동한 고을 사람들이 이 고개 위에 돌로 대를 쌓아 정조가 올라가서 조망할 수 있게 하였다. 정조가 앞서 임자년(1792, 정조16) 1월 26일 화성에서 돌아오는 길에 그 대를 목격하고는 지지대(遲遲臺)라 명명하고 그것을 바위에 새겨 놓도록 하였다. 《正祖實錄 16年 1月 26日》

24일 대가가 길을 나설 적에 천신이 동료 재상과 함께 문안을 드리자, 상께서 말을 멈추고 불러 만나 본 뒤 신에게 뒤에 떨어져 편리한 대로 집으로 돌아오라고 명하였다
二十四日 大駕將發 賤臣與僚相請承候 上駐馬召接 仍命臣落後 任便還第

궁정에 말 세우고 머뭇머뭇 망설이며　　宮庭立馬便依遲
군신 모자 고인 시 임금 친히 읊으셨네　　親誦君臣母子詩
자궁 어서 뵈려는 그 뜻을 알겠기에　　歸覲淸光知在邇
뒤에 오라는 분부를 차마 사양 못 했다네　　微誠不忍遽爲辭

상께서 말씀하기를 "옛사람의 시[74]에 '북녘을 바라보면 군신 서로 막혔으나, 남쪽에 돌아가면 모자 함께 있으리.〔北望君臣隔, 南來母子同.〕'라는 것이 있는데, 이는 곧 오늘의 내 심정이다."라고 하였으므로, 시구 속에 감히 그 내용을 기록한 것이다.

74 옛사람 시 : 성종 때 유호인(兪好仁, 1445~1494)이 지은 시를 말한다. 조정에서 성종의 각별한 총애를 받던 유호인이 영남 고향에 계시는 어머니가 그리워 성종의 만류를 뿌리치고 내려가다가 어느 역참의 누각에 올라 임금과 어머니 사이에서 갈등하는 심정을 율시 한 수에 담아 그 누각의 벽에 써서 남겼다고 한다. 《五山說林草藁》

하교를 받들어 삼가 임금의 시를 첨부하다 奉敎敬附宸章

행차가 돌아오던 날 신풍루 앞에서 말을 멈추고 있을 때 대신이 안부를 묻기에 유호인의 〈조령시〉로 대답하였는데, 대신이 그 뜻을 부연하여 시 한 수를 지었다. 내가 그 소식을 듣고 그에 화운하였다

回鑾日 駐馬新豐樓前 大臣問起居 以兪好仁烏嶺詩應之 大臣衍其義 遂成一詩 聞以和之

신풍루 아래 뻗은 길 구불구불 아련한데	新豐樓下路逶遲
남래 북망 고인 시에 감동해 읊조렸지	爲誦南來北望詩
장락궁의 종소리 이제 곧 들리련만	長樂鍾聲知不遠
고개 돌려 침원을 어이 차마 하직할꼬	那堪回首寢園辭

대내에서 중화척을 내려 주면서 지은 어제시에 명을 받들어 삼가 화운하다[75]

奉旨敬和內頒中和尺御製韻

오 척 길이 새 자를 내려 주시니	尺五頒新尺
열 겹으로 싸고 쌀 보물이로세	珍應十襲重
눈금 모두 도수에 들어맞지만	有躔皆合度
짧은 막대로 종을 어이 치리까[76]	提寸詎撞鍾
명군은 어진 인재 발탁해 내고	明主賢材較
양공은 썩은 재목 수용하는 법[77]	良工朽杞容

75 대내(大內)에서……화운하다 : 중화척은 본디 중국 조정에서 중화절인 2월 1일 천자가 대신과 외척들에게 내려 주었던 잣대이다. 이날 민간에서는 의춘주(宜春酒)로 구망신(句芒神)에게 제사를 지내 풍년을 기원하고 백관은 천자에게 농서(農書)를 바쳤다고 한다. 《舊唐書 卷130 李泌列傳》 정조가 2월 1일 그 풍속에 따라 조정 대신과 근신들에게 중화척을 내려 주면서 오언율시 한 수를 짓고 화운할 것을 명하자, 그에 따라 지은 것이다. 이때 정조가 심환지(沈煥之)에게 말하기를 "신하들이 요즈음 충성과 반역, 옳고 그른 것에 대한 기준이 분명치 않으므로 이것을 주는 것이다."라고 하였다. 《弘齋全書 卷7 春仲朔日頒公卿近臣尺修中和節故事帶詩以寵之》

76 눈금……치리까 : 규격에 맞는 중화척을 받았으니 그 잣대의 의미처럼 법도에 맞는 행동으로 나라를 위해 큰 역할을 하는 것이 옳지만, 짧은 막대기로 종을 쳐서는 소리가 나지 않듯이 자기의 역량이 크게 미약하여 그렇게 하지 못한다는 뜻인 듯하다.

77 양공(良工)은……법 : 양공은 재주와 기술이 뛰어난 장인을 말한다. 《공총자(孔叢子)》 〈거위(居衛)〉에 "성인이 사람을 임용하는 것은 큰 목수가 목재를 사용하는 경우와 같다. 그 장점은 취하고 단점은 버리기 때문에 한 아름 되는 오동나무가 몇 자 정도 썩은 부분이 있더라도 양공은 버리지 않는다."라고 한 데서 인용한 것으로, 정조가 인재를 알아보고 그 장점을 취하는 용인술이 있다는 뜻이다.

거룩하다 성조의 금척(金尺) 받은 꿈 猗歟聖祖夢

〈용비어천〉 노래로 화답했다네[78] 歌協御天龍

78 성조(聖祖)의……화답했다네 : 성조는 태조 이성계(李成桂)를 가리키고 금척은 황금빛 자를 말한다. 이성계가 왕이 되기 전에 꿈속에서 신인(神人)이 금척을 주며 "시중(侍中) 경복흥(慶復興)은 청렴하지만 이미 늙었고, 도통(都統) 최영(崔瑩)은 강직하지만 조금 고지식하니, 이것을 가지고 나라를 바로잡을 사람은 공이 아니고 누구이겠는가."라고 하였다 한다. 이성계가 왕이 된 뒤에 정도전(鄭道傳)이 〈몽금척(夢金尺)〉이란 이름으로 악장을 지어 그 공덕을 칭송하였고, 이것이 후대에 조정의 의식 때 연주하는 아악으로 채택되기도 하였다. 용비어천은 용이 날아올라 하늘을 다스린다는 뜻으로, 조선의 창업을 칭송한 〈용비어천가〉를 말한다. 이성계가 장차 왕이 될 것을 암시하는 꿈을 꾼 뒤에 결국 개국하여 나라를 잘 다스렸으며, 이로 인해 〈용비어천가〉가 지어져 그 꿈의 계시에 호응하였다는 말로, 현재의 임금인 정조도 나라를 잘 다스려 신하들이 그 공덕을 찬양하는 노래를 짓고 있다는 뜻을 우회적으로 드러낸 것이다. 《太祖實錄 1年 7月 17日》

중춘 그믐날 생강을 하사받는 은총을 입었으니, 이는 성대한 일이고 특별한 은총이었다. 이때 한 장(章) 여섯 구로 된 어제 운문(韻文)을 내려 주었는데, 장단구의 성조가 실로 소호(韶頀)와 부합하였다. 더구나 권면하고 경계하는 뜻이 충분히 사람을 감동시킬 만하므로 신이 병으로 신음하면서도 정신을 가다듬어 무릎을 꿇고 엎드려 절한 뒤에 감히 화운하였다[79]

仲春晦 蒙賜薑 盛事也 特恩也 因之頒御製一章章六句 長短聲調 允合韶頀 況勉勵戒敕之旨 有足感動 臣病呻之中 抖擻拜稽 乃敢賡載曰

생강의 주산지가 다름 아닌 민현이라 薑本産於閩

이걸 보면 현인과 같아야지 다짐하네[80] 見輒思齊賢人

79 중춘……화운하였다 : 정조가 전례에 따라 병진년(1796, 정조20) 2월 30일 종자로 쓸 생강을 근신들에게 내려 주면서 〈반강명(頒薑銘)〉을 지어 함께 내려 주자, 그에 화운한 것이다. 소호(韶頀)는 순 임금의 음악인 소(韶)와 탕 임금의 음악인 호(頀)의 합칭이다. 정조의 〈반강명〉은 "냄새 안 나 먹기를 멈추지 않았단 말, 나는야 일찍이 성인에게 들었네. 매운 것 주고 단 것은 안 준다는 그 뜻을, 나는야 일찍이 근신에게 요구했네. 강한 것은 부정을 막아내는 법이라 그 성질이 묵을수록 더 맵고, 나는야 내심으로 바라는 게 있거니 정신의 청명함이 신명처럼 되기를.〔不臭故不撤, 予嘗聞之聖人. 贈辛非贈甘, 予嘗求之近臣. 而彊所以禦邪其性到老愈辣, 予竊有望乎志氣之淸明如神.〕"이다. '而彊所以禦邪'는 본디 '彊所以禦邪而'로 되어 있으나 채제공의 작품으로 미루어 볼 때 잘못된 것으로 보아 바로잡았다. 《弘齋全書 卷53》

80 생강의……다짐하네 : 민현(閩縣)은 지금의 중국 복건성(福建省)에 있던 고을로, 주희(朱熹)의 고향이다. 현인을 보면 그를 본받아서 그와 같아질 것을 생각해야 한다는 공자의 말씀처럼 생강의 주산지가 현인인 주희의 고향이므로 생강만 보면 주희처럼 훌륭한 인물이 되어야겠다고 생각한다는 뜻이다. 《論語 里仁》

모든 약의 효능이 네 공에 의지하니 藥石賴爾功

이것으로 유추할 때 쟁신과 흡사하다[81] 反隅有似爭臣

평소 임금 섬기는 자가 아부 않고 무시 않으려[82] 비록 힘쓴다 해도 而平日事君者縱勉不吐不茹

어찌 감히 자신하랴 나쁜 기운 없애고 정신 밝히는 해묵은 그 기운[83]을 安敢自期乎老氣之去惡通神

구법(句法)과 글자수는 어제시의 형식을 그대로 따랐다.

81 모든……흡사하다 : 생강은 그 성질이 따뜻하여 소화를 돕고 약의 독성을 중화하는 작용을 하기 때문에 모든 생약 처방에는 반드시 대추 두 개와 함께 생강 세 쪽이 들어간다. 쟁신(爭臣)은 군주의 잘못을 간하는 신하라는 뜻이다. 생강이 각종 약의 약성을 중화하여 효과가 제대로 발휘되게 하는 것이 마치 쟁신이 군주의 잘못을 간하여 올바른 정사를 하도록 유도하는 경우와 비슷하다는 것이다.

82 아부……않으려 : 《시경》 〈대아(大雅) 증민(蒸民)〉에 "세상 사람 하는 말 들어본다면, 연한 것은 씹어서 목에 넘기고, 강한 것은 밖으로 토한다 하네. 남들과 다르거니 우리 중산보, 연한 것도 씹어서 먹지를 않고, 강한 것도 밖으로 토하지 않네. 홀아비며 과부를 얕보지 않고, 강하고 사나운 자 겁내지 않네.〔人亦有言, 柔則茹之, 剛則吐之. 維仲山甫, 柔亦不茹, 剛亦不吐. 不侮矜寡, 不畏彊禦.〕"라고 한 데서 인용한 것으로, 사람이 바르고 꼿꼿하여 강자에게 아부하지 않고 약자를 깔보지도 않는다는 뜻이다.

83 나쁜……기운 : 《방약합편(方藥合編)》 〈약성가(藥性歌)〉에 "생강은 성질이 따뜻하여 나쁜 기운 없애고, 정신을 맑히고 위를 소통시키며 구토와 가래 기침 멎게 한다네.〔生薑性溫能祛穢, 暢神開胃吐痰咳.〕"라고 하였다.

황단에 친향하던 날 숙종 어제시에 차운하여 배향한 근신에게 내려 준 어제시에 삼가 화운하다[84]

敬和御製皇壇親享日 次肅廟御詩 頒示陪享近臣韻

거룩하신 의용으로 몸소 규장(圭璋) 받들 적에	峩峩玉手奉璋親
선계의 상제께서 강림한 듯 어른대네[85]	恍惚雲鄉帝駕陳
동해의 태양처럼 그 정성 뚜렷한데	誠意皦如東海日
북단의 봄기운에 향 연기 오르누나	香煙陞自北壇春
황제의 명 받들어 원공이 강 건너고[86]	袁公舟楫承綸綍

84 황단(皇壇)에……화운하다 : 황단은 대보단(大報壇)의 별칭이다. 숙종이 '조선(朝鮮)'이란 국호를 내려 준 명 태조(明太祖)와 임진왜란 때 구원병을 파견한 신종(神宗) 및 명나라 마지막 황제인 의종(毅宗)의 은덕을 기리기 위해 1704년(숙종30) 12월 창덕궁 금원(禁苑)의 서쪽 요금문(曜金門) 밖 별대영(別隊營) 터에 제단을 설치하고 대보단이라 이름하였다. 《肅宗實錄 30年 1月, 12月》 정조가 병진년(1796, 정조20) 3월 3일 대보단의 춘향 대제(春享大祭)를 지내기 하루 전에 그곳에 들러 준비 상황을 점검하였다. 이때 칠언율시를 지어 근신들에게 나누어 주고 화운하라고 하자, 채제공이 그에 따라 지은 것이다. 《日省錄 正祖 20年 3月 2日, 3日》 제목에서 친향하던 날 정조가 시를 지었다고 한 것은 '친향하던 그 당시'라는 뜻일 뿐, 엄밀하게 날짜를 특정한 말은 아닌 것으로 보인다.

85 거룩하신……어른대네 : 규장(圭璋)은 반쪽 홀(笏)이다. 《시경》 〈대아(大雅) 역복(棫樸)〉에 "의용이 엄숙한 임금이시여, 신하들이 규장을 받들고 있네. 규장 받든 의용이 거룩하거니, 준수한 선비로서 당연한지고.〔濟濟辟王, 左右奉璋. 奉璋峩峩, 髦士攸宜.〕"라고 한 데서 인용한 것이다. 여기서는 대보단에서 정조가 규장을 받들고 신종의 제사를 지낼 때 선계에 있을 신종의 넋이 내려온 것 같은 느낌이 든다는 말이다.

86 황제의……건너고 : 원공(袁公)은 명 신종 때 병부 주사(兵部主事)이던 원황(袁

아녀자와 달랐지 도독[87]의 힘찬 깃발　　都督旌旗異幗巾
천지 같은 황제 은혜 무엇으로 갚을꼬　　天地皇恩何以報
이전 임금 예법을 뒤 임금이 따른다네[88]　　前王禮制後王遵

黃)을 가리키는 듯하다. 임진왜란이 발생한 이듬해인 1593년(선조26) 1월에 원황이 신종의 명을 받고 원병의 식량 등 군수 물자를 지원하는 문제를 조선과 협의할 책임자로서 압록강을 건너온 기록이 보인다.《宣祖實錄 26年 1月 6日》

87 도독(都督) : 임진왜란 때 방해어왜 총병관(防海禦倭總兵官)이 되어 군사 4만 명을 거느리고 조선에 들어왔던 이여송(李如松)을 가리킨다.

88 이전……따른다네 : 숙종이 해마다 대보단에 친제(親祭)를 행한 이후, 영조가 그대로 따랐고 그 뒤를 이어 정조가 또 그대로 행함으로써 그 은혜를 기린다는 것이다.

자궁의 탄신과 원자의 생신이 같은 날에 들어 있으니, 실로 나라에 드물게 있는 경사이다. 상이 영춘헌(迎春軒)에서 축수 잔을 받들어 올리면서 앞서 지었던 〈낙남헌(洛南軒)〉 시의 운자에 따라 기쁜 마음을 적고 그 시를 내려 보여 주었다. 신은 망녕되고 외람됨을 헤아리지 않고 화운해 올림으로써 자궁의 장수를 축원하는 충정을 표시하였다[89]

慈宮誕日 元子生辰 同在一日 實邦國罕有之慶 上奉觴迎春 用洛南前韻志喜俯示 臣不揆妄猥 賡和以進 用申華祝之悃

포개진 둥근달이 수성 앞을 비추니[90] 重輪月照壽星前

89 자궁(慈宮)의 탄신과……표시하였다 : 정조가 혜경궁의 회갑일인 병진년(1796, 정조20) 6월 18일 창경궁 영춘헌에서 잔치를 열어 축수 잔을 올리고 칠언절구 한 수를 지어 각신(閣臣)과 승지・사관 및 2품 이상의 문무 관료에게 화운해 올리라고 명하자, 그에 따라 지은 것이다. 낙남헌(洛南軒)은 화성 행궁 봉수당(奉壽堂) 곁에 있었다. 그해 윤2월 13일에 그곳에서 화성 지역에 거주하는 70세와 61세가 된 노인들을 초대하여 음식을 대접할 때 시를 지어 소감을 표하였는데, 그 시는 "지팡이에 백발노인 앞뒤에서 모여들어, 해동의 낙남 연회 화기가 넘치누나. 바라거니 노인들 백세 장수 받들어, 우리 자궁 만만세 절하며 바쳐 다오.〔鶴髮鳩笻簇後前, 海東和氣洛南筵. 願將群老期頤壽, 拜獻慈宮萬萬年.〕"이고, 이때 지은 시는 "대비전 회갑 경사 예전보다 빛나서, 헌수연 거듭 열어 채의로 춤추었네. 훤히 트인 영춘헌 봄 아니 늙으리니, 앞으로 이 모임을 해마다 가지련다.〔椒塗衍慶自光前, 綵舞重開獻壽筵. 軒敞迎春春不老, 恭將此會又年年.〕"이다. 《弘齋全書 卷6, 卷7》

90 포개진……비추니 : 둥근달은 귀인의 생일을 뜻하고 이것이 포개졌다는 것은 혜경궁과 원자의 생일이 같다는 말이다. 수성(壽星)은 남쪽 하늘에 낮게 보이는 노인성으로, 이 별이 보이는 곳에 사는 사람은 장수한다는 속설이 있다.

자궁의 이날 잔치 하늘이 도왔어라 天佑慈宮是日筵
관료의 대열에서 궁문 현판[91] 바라보니 班心仰覩宮門榜
이 나라에 길조가 영원토록 이어지리 邦國休徵萬八年

91 궁문 현판 : 항상 봄을 맞이한다는 뜻인 '영춘헌(迎春軒)'을 가리킨다.

상께서, 옹주가 마마 증세가 있어 숙묘조의 전례에 따라 원자를 거느리고 이문원에 머물렀다. 열흘을 머무른 뒤 마마 증세가 완쾌되자, 기쁜 나머지 주자의 시에 차운하여 오언근체시를 지은 뒤 문후한 여러 대신과 각신에게 이어서 화운할 것을 명하고 그 시를 모두 문미(門楣)에 걸어 놓도록 하였다. 이는 오늘날 태평성대의 상서로운 일로 먼 후대에까지 전해 보여 줄 만하다고 하겠다[92]

上以翁主有痘候 依肅廟故事 率元子移次摛文院 留十日 痘患良已 聖心嘉悅 次朱子韻 賦五言近體 命承候諸大臣閣臣賡和 皆令揭楣 昭代吉祥可以傳示無窮也

어두운 누각 그늘 국화 깔리고	菊散樓陰艶
호젓한 지형 속에 솔이 서린 곳	松蟠地勢幽
묘한 상서 삼전[93]에 두루 깃드니	奇祥三殿遍
좋은 기운 만년을 머무르리라	佳氣萬年留
성상이 성심으로 신명 대하니	聖以誠心對
하늘이 복록으로 보답을 하여	天將福履酬

92 상께서……하겠다 : 병진년(1796, 정조20) 10월 3일에 지은 것으로 보인다. 옹주는 정조의 후궁 수빈(綏嬪) 박씨(朴氏)의 소생인 숙선옹주(淑善翁主)를 말한다. 이문원(摛文院)은 숙종 때 금원(禁苑) 안쪽에 있던 도총부(都摠府)였는데, 정조가 이름을 이문원으로 바꾸었으며, 뒤에 창덕궁 영숙문(永肅門) 밖으로 옮겼다.

93 삼전(三殿) : 왕대비전인 영조의 계비 정순왕후(貞純王后) 김씨(金氏), 대비전인 혜경궁 홍씨, 중궁전인 정조의 비 효의왕후(孝懿王后) 김씨를 말한다. 이때 정순왕후는 51세, 혜경궁은 61세, 효의왕후는 43세였다.

원자가 우리 임금 떠받드시며　　龍衣元子捧
여력으로 교양을 익히신다네　　餘力藝於游

화성을 축조하는 공사가 마무리되고 내가 총리사로 10월 15일 낙성연에 참석하기 위해 가던 중 진목정을 지나면서 바라보니, 새하얀 성가퀴며 붉은 누각이 구름 사이에서 환히 빛나므로 기뻐서 시를 읊조렸다

華城城役 告厥成功 余以摠理使 趁十月十五日落成宴 往赴過眞木亭 望見粉堞丹樓 照暎雲霄間 喜以有吟

십 리 멀리 보이는 드높은 성곽	峩峩照十里
새하얀 성가퀴가 음기 밀쳐 내	粉堞掃霏陰
우뚝 선 높은 산들 그림 같은데	刻畫高山立
성곽 안에 일만 집 껴안고 있네	包含萬屋深
하늘이 힘을 도와 이루었거니	皇天力陶冶
동국에 금성탕지 처음이로세	東國始湯金
내일 있을 행궁의 연회석에는	明日行宮宴
옥녀[94]의 거문고가 울려 퍼지리	招招玉女琴

풍수쟁이들이 예로부터 팔달산에 관해, 춤추는 신선의 소매 형국이고 거문고 타는 옥녀의 탁자 모양이라고 하였다.

94 옥녀(玉女) : 금동(金童)의 대칭으로, 신선을 시봉하는 소녀이다. 여기서는 거문고를 연주하는 여악(女樂)을 말한다.

낙남헌[95]에서 낙성연을 베풀다

洛南軒設落成宴

허공에 높이 솟은 만 길의 성벽	萬堞如爭湧
어느새 삼 년 만에 이뤄졌다네	三年倏告成
요새라 나라 형세 높기도 하니	關防尊國勢
천지가 임금 정성 보답하였네	天地答宸誠
누대에 온갖 음악 울려 퍼지고	衆樂樓臺撼
산해의 진수성찬 차려 내오니	珍羞陸海呈
이름난 도회지의 성대한 연회	名都此宴會
억만년 태평 시대 누릴 거로세	千億兆昇平

95 낙남헌(洛南軒) : 봉수당(奉壽堂), 신풍루(新豐樓) 주위에 있던 화성 행궁의 한 건물이다. 낙남(洛南)은 본디 낙양(洛陽) 남쪽이란 뜻으로, 한양의 남쪽이란 말과 같다.

16일 밤에 기악을 대동하고 영화정 앞에서 배를 띄워 놀다가 첫닭이 운 뒤에야 돌아오다

十六夜 携妓樂泛舟迎華亭前 鷄鳴始歸

목란주 흔들흔들 둥근달 떠오르고	蘭舟搖漾月昇輪
열 무리 여악(女樂)[96]에다 백 동이 술이로세	十隊紅粧百斛樽
옛날 그때 소선은 시시할 따름이니	當日蘇仙猶瑣瑣
부질없이 안주 술로 정신만 허비했지[97]	等閒肴酒費精神

96 열 무리 여악(女樂) : 본디 송(宋)나라 때 궁궐 교방(敎坊)에서 여인들로 구성한 열 무리의 악대를 말하지만, 여기서는 단순히 궁중의 여악이란 뜻으로 쓰였다. 그 열 무리의 악대는 보살만대(菩薩蠻隊), 감화악대(感化樂隊), 포구악대(抛球樂隊), 가인전모란대(佳人剪牡丹隊), 불예상대(拂霓裳隊), 채련대(采蓮隊), 봉영악대(鳳迎樂隊), 보살헌향화대(菩薩獻香花隊), 채운선대(彩雲仙隊), 타구악대(打球樂隊)로 분류되며, 각 악대마다 머리 꾸밈새와 복장이 다르고 모두 153명으로 구성되었다. 《宋史 卷142 樂志 第95》

97 옛날……허비했지 : 소선(蘇仙)은 송나라 소식(蘇軾, 1037~1101)의 별칭이다. 그가 45세 때인 임술년(1082) 10월 보름날 밤에 적벽강에서 손님 두 사람과 뱃놀이를 하였는데, 이때 술 한 말과 물고기 안주로 밤늦도록 놀았다. 《東坡全集 卷33 後赤壁賦》 채제공도 10월의 달 밝은 밤에 소식처럼 뱃놀이를 즐겼는데, 자기의 경우는 많은 악대와 술로 새벽까지 성대하게 풍류를 즐겼으므로 소식이 즐긴 뱃놀이 정도는 자기에 비해 초라할 뿐이라고 해학적으로 한 말이다.

하교를 받들어 삼가 임금의 시를 첨부하다 奉敎敬附宸章

채 좌상의 화성 병진년(1796, 정조20) 시축에 화운하다 和蔡左相華城丙辰軸韻

지지대 앞길에서 고삐 멈추고	駐轡臺前路
저 멀리 화성 북쪽 바라다보니	迢迢望華陰
볏논은 일천 이랑 열려 있는데	稻秔千畝闢
뽕나무밭 일만 집 촘촘하구나	桑柘萬家深
철벽같은 성곽을 이미 보았고	已見城爲鐵
금전 사양 풍속을 듣게 되리니	思聞俗讓金
부유 교육 선왕의 마음이 담긴	先王富敎意
오현금 훈풍곡을 생각하노라[98]	一曲想薰琴

위는 〈지지대(遲遲臺)에서 화성을 바라보며〉 시에 화운한 것이다.

98 부유(富裕)……생각하노라 : 부유 교육은 공자가 그의 제자 염유(冉有)의 질문에 대답한 말로, 위정자가 백성을 부유하게 해 준 뒤에는 예의를 가르쳐 도리를 알도록 해야 한다는 데서 나왔다. 선왕은 여기서는 옛 성왕(聖王), 곧 순 임금을 가리킨다. 훈풍곡은 순 임금이 오현금을 만들어 타면서 지어 불렀다는 〈남풍가(南風歌)〉를 말한다. 그 노래는 "남풍이 훈훈하게 불어옴이여, 우리 백성 노여움 해소해 줄 만. 남풍이 때맞추어 불어옴이여, 우리 백성 재물을 늘리어 줄 만.〔南風之薰兮, 可以解吾民之慍兮. 南風之時兮, 可以阜吾民之財兮.〕"이다.《論語 子路》《樂府詩集 卷57 琴曲 南風歌》정조가 화성을 축조한 뒤에 한번 둘러보니, 성 밖에는 백성들이 농사지을 평야가 넓게 펼쳐져 있고 성안에는 뽕나무밭 사이사이에 수많은 민가가 들어차 있어 이상적인 정사를 행할 만한 기반이 조성되었다는 생각이 들었을 것이다. 그래서 순간 순 임금의 〈남풍가〉가 떠올라 자기도 성군의 정치를 펴야겠다고 다짐한 듯하다.

만 길 성벽 구름 위 높이 솟았고　萬雉矯雲直
쌍무지개 물 걸쳐 이뤄졌나니[99]　雙虹駕水成
여러 신하 일 맡아 노력하였고　勤勞衆御事
백성은 자식처럼 정성 바쳤지[100]　經始子來誠
천지 규모 한없이 크기도 한데　天地規模遠
산하 형세 이곳에 모여들었네　山河體勢呈
가고 갈 제 시야에 들어오는 건　行行來眼界
거둥길 큰 제방이 평탄하구나　輦路大堤平

위는 〈낙남헌(洛南軒)〉 시에 화운한 것이다.

강남의 도회지라 인마가 모여들고　江南都會遝蹄輪
신풍[101]에 봄이 들자 온 세상이 취한 듯　春入新豐四海樽

99 쌍무지개……이뤄졌나니 : 이 작품의 시제는 겨울인 10월 중순이므로 실제 무지개를 말한 것으로 보기는 어렵다. 여기서는 화성 북쪽의 수문인 화홍문(華虹門)을 말한 듯하다. 화홍문은 일곱 개의 홍예수문(虹霓水門) 위에 세운 누각으로, 수원천의 범람을 막아 주는 동시에 방어적 기능까지 갖추고 있다. 쌍무지개라고 한 것은 무지개의 모양이 연이어졌기 때문에 그렇게 말한 것으로 보인다.

100 백성은……바쳤지 : 주 문왕(周文王)이 궁중 안에 영대(靈臺)를 지을 때, 자식이 아버지 일에 달려와 정성을 다해 도와주듯이 백성들이 자진하여 봉사함으로써 공사가 매우 빨리 마무리되었다는 고사를 인용하여, 화성의 공사 때에도 많은 백성이 정성껏 힘을 모아 도와줬다는 뜻으로 한 말이다. 《詩經 大雅 靈臺》

101 신풍(新豐) : 한 고조(漢高祖) 7년(기원전 200) 진(秦)나라 여읍(驪邑)인 지금의 섬서성(陝西省) 임동현(臨潼縣) 동북방에 설치한 현(縣) 이름인데, 여기서는 화성 행궁을 가리킨다. 한 고조가 황제가 된 뒤 고향을 그리는 아버지 태상황(太上皇)의 마음을 위로해 주기 위해 여읍에다가 고향인 풍읍(豐邑)의 길거리와 민가의 모양을 본떠 만들고 그곳의 백성들을 이주시킨 뒤 '새 풍읍'이란 뜻의 '신풍'으로 이름을 붙였다.

미로한정[102] 놀이가 어쩜 이리 좋은지　未老閒亭如許好
두 밤을 촛불 아래 정신을 쏟았노라　雙宵高燭更凝神

위는 〈밤 뱃놀이〉 시에 화운한 것이다.

정조가 한양 동쪽 배봉산에 있던 장헌세자의 무덤을 길지(吉地)를 찾아 수원으로 옮긴 뒤 성읍을 조성하여 그 넋이 안식을 취하도록 한 것이 한 고조의 그 경우와 비슷하다고 하여 새로 조성한 화성을 신풍이라고 불렀다. 화성의 건물 중에 특별히 신풍루라고 이름한 것도 있다.

102 미로한정(未老閒亭) : 화성 행궁의 건물 가운데 하나이다

방화수류정에서 친히 활을 쏘아 과녁에 세 발을 맞히고 내려 보여 준 어제시에 삼가 차운하다[103] 정사년(1797, 정조21)

敬次御製訪花隨柳亭親射的 獲中三矢 俯示韻 丁巳

용 깃발 나부끼고 버들가지 하늘하늘	披拂龍旗柳影斜
성안 가득 봄기운 완연하여 아름답고	滿城春氣鬱葱佳
군왕께서 정자 앞 곧추서서 활을 쏘니	君王正己亭前立
화살 꽂힌 붉은 과녁 꽃송이 다름없네[104]	箭底紅心望若花

103 방화수류정(訪花隨柳亭)에서……차운하다 : 방화수류정은 화성 화홍문 위쪽의 성곽에 붙어 있는 각루(角樓)로, 1794년(정조18)에 건립하였다. 채제공이 78세 때인 1797년 1월 29일 정조가 화성의 서장대(西將臺), 화양루(華陽樓), 화서루(華西樓)를 둘러보고 이곳에 들러 유엽전(柳葉箭) 3순을 쏘아 3발을 맞힌 뒤 칠언절구를 지어 보여 주자, 그에 차운한 것이다. 채제공은 이때 좌의정으로 정조를 수행하였다. 《日省錄 正祖 21年 1月 29日》

104 화살……다름없네 : 화살이 둥글고 붉은 과녁판에 촘촘히 꽂혀 있는 모습이 마치 활짝 핀 붉은 꽃처럼 보인다는 뜻이다. 둥글고 붉은 과녁은 꽃잎이고 촘촘히 꽂힌 화살은 꽃 중앙에 모여 있는 꽃술이라고 간주한 것이다.

수상 홍공 낙성 에게 궤장을 하사하는 연석에서 내려 준 어제시에 삼가 차운하여 태평성대의 거룩한 일이 빛나게 하다[105]

敬次首相洪公 樂性 賜几杖宴席 頒降御製韻 用賁昭代盛事

자손의 부축 받아 첫 서연(書筵) 올라오자	兒扶孫擁上初筵
궤장 친히 하사하고 교서를 내리시니	几杖親頒誥命宣
팔순 나이 삼공이 임금의 예우 받아	恩禮台扉仍大耋
금년 들어 나라에 상서로운 일이로세	吉祥宗國又今年
향기 짙은 강석(講席)으로 종종걸음 걸어가	恭趨講案餘香裏
서기 서린 궁궐에서 절하고 받은 뒤	拜受觚稜瑞彩邊
무동이며 악대가 앞길을 인도할 제	前導舞童兼雅樂
많은 사람 줄지어 부러워라 바라보네	萬人加額祗成連

상께서 원자의 서연을 개시한 전당에 거둥하여 궤장을 주었다. 넷째 구[106]에서 길상(吉祥)을 말한 것은 어제시의 제목에서 한 말[107]이 그와 같았기 때문에 시에 언급한 것이다.[107]

105 수상(首相)……하다 : 정사년(1797, 정조21) 1월 2일 편전(便殿)에서 여덟 살이 된 원자(元子)의 서연(書筵)을 처음 열었는데, 이 자리에서 정조가 인조 때 이원익(李元翼)의 사례와 현종 때 이경석(李景奭)의 사례에 따라 80세가 된 영의정 홍낙성에게 궤장을 하사하는 행사를 행하고 지은 시에 차운한 것이다. 홍낙성은 혜경궁 홍씨와는 6촌 간이며 1798년에 죽었다. 《日省錄 正祖 21年 1月 2日》

106 넷째 구 : 대본에 '第五'로 되어 있는데, 본문의 시 내용에 의거하여 '五'를 '四'로 바로잡아 번역하였다.

팔달문루에 올라

登八達門樓

누각 마치 허공에 솟은 듯하여	樓似空中出
이 몸이 천상에서 내려온 것만	人從日下來
광활한 우주 형세 이제 알겠고	方知宇宙勢
신묘한 귀신 재주 깊이 보겠네	深見鬼神才
해가 뜨니 마을의 모습이 곱고	瑞旭村容爛
구름 깔린 들녘의 빛이 아련해	香雲野色廻
친지들 사이좋게 서로 만나서	親知好相訪
좋은 계절 새 술을 자랑한다네	佳節詫新醅

107 어제시의……말 : 어제시의 제목은 〈사영의정홍낙성(賜領議政洪樂性)〉인데, 제목 밑에 쓴 소서(小序)에 "경은 지위가 영의정에 오르고 나이가 80에 이르렀으므로 원자의 서연(書筵)을 처음 여는 전당에서 친히 궤장을 내렸으니, 이는 공사 간에 상서로운 좋은 일이다.〔卿位躋上台, 年至八耋, 親宣几杖于初開胄筵之堂, 公私之吉祥善事也.〕"라고 되어 있다. 《弘齋全書 卷7》

문루를 내려오며

下樓

석양에 취한 몸이 붉은 계단 내려오며 斜陽扶醉下丹梯
발아래 깔린 구름 웃으면서 보노라 笑看飛雲脚下低
길가의 오래뜰이 그림과도 같은데 挾路門庭如畫裏
집집마다 심은 버들 모양새 일정하다 家家種得絲楊齊

하교를 받들어 삼가 임금의 시를 첨부하다 奉敎敬附宸章

좌상의 〈화성시〉에 화운하다

和左揆華城詩韻

삼도 중에 화성이 으뜸이거니[108] 三都推第一
팔달문에 인재를 불러들여서 八達務懷來
내치 잘할 문사를 시험하였고 暫試經綸手
국방 잘할 무재도 구하였노라 旋求鎖鑰才
높은 누각 하늘에 의지하였고 樓依天宇逈
도는 성곽 들 어귀 껴안았는데 城抱野門廻
정무란 본디부터 천심 있는 법 料理自深淺

108 삼도(三都)……으뜸이거니 : 삼도는 일반적으로 한양, 개성, 평양을 말한다. 여기서는 화성(華城)이 한양과 인접해 있다 하여 한양과 동일시한 것으로 보인다.

궁중 술 익는 소리 들어나 보소[109] 宮罇聽醱醅

맑은 날 군악 속에 높은 계단 오르니 乘晴笳鼓上雲梯

남북의 뭇 산들이 난간 밑에 들어온다 南北群山入檻低

높은 데서 비로소 천 리 먼 곳 바라보니 高處始窮千里眼

가을 연기 아홉 점 중국은 어디 있나[110] 秋煙九點問青齊

위는 〈팔달문루에 올라〉 시에 화운한 것이다.

109 정무(政務)란……보소 : 천심(淺深)은 얕고 깊다는 뜻으로, 각기 다른 사안에 따른 적절한 분수나 정도를 말한다. 군주가 복잡하고 다양한 정무를 처리할 때는 각 사안에 맞는 조처를 취하기 마련인데, 정조가 군주로서 그와 같이 하려고 노력하고 있다는 뜻이다. '궁중 술 익는 소리'라는 것은 이상적인 정사를 계획하고 있다는 것을 비유적으로 한 말이다.

110 높은……있나 : 높은 데서 천 리 먼 곳을 바라본다는 말은 당(唐)나라 왕지환(王之渙)의 시 〈등관작루(登鸛雀樓)〉에 "흰 해는 뉘엿뉘엿 서산에 지고, 황하는 넘실넘실 동해로 흘러. 천 리 풍광 한눈에 굽어보고파, 누각 한 층 더 높이 올라가노라.〔白日依山盡, 黃河入海流. 欲窮千里目, 更上一層樓.〕"라고 한 데서 인용한 것으로, 팔달문의 문루가 매우 높아 천 리의 풍광이 시야에 다 들어온다는 말이다. 중국을 연기 아홉 점이라고 한 말은 당나라 이하(李賀)의 시 〈몽해(夢海)〉에 "멀리 제주 바라보니 아홉 점의 연기이고, 저 깊은 바닷물을 잔 그릇에 쏟았노라.〔遙望齊州九點煙, 一泓海水杯中瀉.〕"라고 한 데서 인용한 것이다. 이하가 꿈속에서 중국 구주(九州)를 굽어볼 때 그 크기가 워낙 작아 마치 뿌연 연기 아홉 점에 덮여 있는 것처럼 보였다는 것이다. 원문의 '청제(青齊)'는 본디 청주(青州)와 제주(齊州)의 복합어이나 여기서는 제주에만 뜻이 있고, 제주는 중국을 가리킨다.

동장대[111]에서 추석 달구경을 하며
東將臺中秋玩月

조물주가 달 보내 그 재주 과시한 듯	天公送月似相誇
아홉 점 뿌연 연기 감히 세상 가릴쏘냐	九點微烟不敢遮
원수의 누대 앞이 유별나게 환하고	元帥樓前偏晃朗
군왕께서 거둥한 곳 광채 가장 빛나네	君王行處最光華
한 백 년 좋은 경관 추석 밤이 차지하고	百年始管中秋勝
천하에 좋은 고장 이만한 곳 없어라	四海無如此地佳
밤에 찧은 향도에 새 술이 마침 익어	香稻夜舂新酒熟
태평 시대 노랫가락 집집마다 울리네	太平歌曲滿千家

하교를 받들어 삼가 임금의 시를 첨부하다 奉敎敬附宸章

붉은 망루 흰 성벽 의기를 과시하니	畫櫓粉城意氣誇
이곳에 오색구름 언제나 덮여 있네	此中常見五雲遮
우뚝 솟은 높은 누각 가을빛과 겨루고	高樓直聳爭秋色
모두 밝은 온갖 형상 달빛에 떠 있구나	萬象俱明泛月華
경물은 유다르게 오늘 밤이 더 좋고	景物偏從今夜好
산천은 본디부터 사계절이 아름답다	山川元有四時佳
뜨락 솔 더디더디 크는 것도 무방하니	庭松不妨遲遲長

111 동장대(東將臺) : 서장대(西將臺)의 대칭으로, 화성 동쪽에 있는 장대이다.

상국 집에 둥근달 길이길이 매어 둘까　長繫淸輪相國家

위는 〈동장대에서 추석 달구경을 하며〉 시에 화운한 것이다.

상께서 현릉원 친제를 마치고 화성부로 거둥하던 길에 현릉원 동구 밖에 장막을 치고 농부가 벼 베는 것을 구경하다가 해 질 녘에야 출발하였으니, 매우 거룩한 일이다

上親祭罷 幸華城府 設幄園所洞口外 觀田夫刈穫 日將暮 始乃進發 甚盛擧也

농부 고충 노래한 장편 〈칠월〉 시 洋洋七月什
십 세 때 강석에서 음미했기에[112] 十歲講筵聲
봇도랑 밭두렁에 우개[113] 멈추고 羽蓋依溝壟
찰벼 메벼 이슬에 향로가 젖어 爐香濕稻秔
천하 근본 농사가 중대시되고 載疆天下本
성인 백성 농부들 벼를 거두니 其穫聖人氓
신농씨[114]도 마땅히 감동을 하여 田祖應知感
오곡백과 해마다 풍성하리라 豐登歲歲呈

112 농부……음미했기에 : 〈칠월〉은 《시경》 빈풍(豳風)의 편명이다. 모두 8장(章) 88구로 된 장편 시로, 주공(周公)이 농부들의 힘겨운 생활상을 사실적으로 노래한 것이다. 정조는 여덟 살 때인 기묘년(1759, 영조35)에 왕세손으로 책봉된 뒤 서연(書筵)에서 가르침을 받기 시작하였고, 열 살 무렵 《시경》을 배울 적에는 〈칠월〉 시의 내용을 작은 병풍에 써 놓고 보았다고 한다. 《屐園遺稿 卷7 健陵輓詞》 여기에서 정조가 어릴 적부터 농부들의 고충에 관심을 가졌다는 것을 짐작할 수 있는데, 채제공이 이 점을 적시한 것이다.

113 우개(羽蓋) : 깃털로 장식한 왕후(王侯) 수레 덮개로, 임금이 타는 가마, 수레이다.

114 신농씨 : 전설상의 제왕으로, 삼황(三皇)의 한 사람이다. 농사짓는 법을 가르치고 온갖 약초를 맛보아 질병을 치료하였다 하여 농업과 의약의 신으로 추앙받는다.

하교를 받들어 삼가 임금의 시를 첨부하다 奉敎敬附宸章

저수지라 그 이름 만년제 길에	萬年堤上路
기나긴 날 어가를 멈추고 보니	遲日駐鑾聲
경사로세 금 같은 쌀을 옮기고	吉慶輸金粟
풍요롭다 옥 같은 벼를 대하네	豐穰對玉秔
빈풍처럼 낮 들밥 지어 내오고[115]	豳風來午饁
주려처럼 새 백성 요구 들어줘[116]	周旅聽新氓
두 통 술에 노고가 봄처럼 풀려	朋酒如春解
덩실덩실 서로들 춤을 추누나	爭將舞袖呈

위는 〈만년제에서 추수하는 광경을 구경하다〉 시에 화운한 것이다.

115 빈풍(豳風)처럼……내오고 : 《시경》 〈빈풍 칠월〉에 "우리 아내 아들과 함께 어울려, 저 남쪽 이랑으로 들밥 내오면, 권농관이 이르러 기뻐한다네.〔同我婦子, 饁彼南畝, 田畯至喜.〕"라고 한 데서 인용한 것으로, 농사철 농가의 풍경을 묘사한 말이다.

116 주려(周旅)처럼……들어줘 : 주려는 '주나라 여사(旅師)'의 약칭이다. 여사는 농부들로부터 곡물을 거두어들여 저장했다가 백성들이 필요할 때 나누어 주는 일을 담당하는 지방관이다. 그의 임무를 설명한 《주례(周禮)》에 "새로 외지에서 옮겨 온 농민들이 요구하는 것은 모두 들어준다.〔凡新甿之治, 皆聽之.〕"라고 하였다. 수원부(水原府)의 지방관이 주나라 여사처럼 외지에서 이주해 온 백성들의 고충을 잘 해결해 주었다는 말이다. 《周禮 地官司徒 旅師》

8월 18일에 사관이, 노래당에서 즉흥으로 지은 어제시를 받들고 와서, 즉시 화운하여 올릴 것을 명하였으므로 감히 변변치 않은 충정을 바쳐 그 시의 뜻에 답하였다
八月十八日 史官奉御製老來堂口拈韻 命卽刻和進 敢貢愚衷 仰答詩意

남극성이 빛 드리워 용안을 가호하니	南星垂彩護天顔
물려받은 대업을 어찌 감히 쉬이 보랴	傳授隆碁詎敢閒
천지부모 의지하는 민심을 한번 보소	試看民情依父母
더벅머리 희끗희끗 어가 앞에 둘러 있네	輦前髫白匝成斑

하교를 받들어 삼가 임금의 시를 첨부하다 奉敎敬附宸章

노래당에서 즉흥으로 짓다
老來堂口拈

노래당 이 안에선 절로 기분 좋아져	老來堂裏好開顔
미로한정 편액을 또 하나 걸었노라	苑榭重扁未老閒
평소에 늙었다고 감히 말을 못 하니	恒居不敢言稱老
늙었어도 무늬 옷 노래자에 견줘 볼까[117]	竊比萊翁尙衣斑

117 노래당(老來堂)……볼까 : 노래당과 미로한정(未老閒亭)은 모두 화성 행궁에 있으며, 정조가 지은 이름이다. 노래당은 늙어서 찾아오는 집이라는 뜻이고 미로한정은 늙기 전에 한가로움을 즐기는 정자라는 뜻이다. 정조가 생각할 때, 자신의 나이가 이때

매번 화성에 오면 늘 경의 시에 화운했었다. 이번 걸음에는 내가 마침 시를 지었기에 먼저 부쳐 보여 주는 것이니, 경은 즉시 화답해 올리도록 하라.

46세이므로 늙은 것은 사실이나 어머니가 살아 계신 자식의 처지에서 자기를 늙었다고 말하는 것이 미안하였다. 그래서 '노래(老來)'라는 편액을, 70세로 늙었는데도 어린애처럼 알록달록한 무늬 옷을 입고 부모 앞에서 어리광을 부렸던 옛날 효자인 노래자(老萊子)로 간주하여, 자기도 그와 같은 효자가 되었으면 한다는 것이다.

무오년(1798, 정조22) 1월 상신에 임금이 사직단에 친히 기곡제를 지내는 행사에 시종하였다. 이때 사직단에 내리던 비가 신일에 눈으로 바뀌어 기쁜 마음을 적은 어제시에 삼가 차운하여 풍년을 기원하는 정성을 부쳤다[118]

戊午元月上辛 陪社壇祈穀親祭 敬次御製社雨辛雪識喜韻 恭寓祈祝之誠

주나라 법[119]에 따른 무오 정월 기곡제에	戊周遺制戊元祈
신령 깃든 기장 솥 풍년 조짐 짐작했네	黍鼎如神早識幾
방촌의 깊은 정성 사직신 높이시어	方寸有香尊太社
구중에서 한밤중에 명의[120]를 입으셨네	九重無寐進明衣

118 무오년……부쳤다 : 무오년은 정조 22년인 1798년으로, 이때 채제공은 79세였다. 상신(上辛)은 매달 첫 번째 신일(辛日)을 이르는데, 그해 1월 6일의 간지가 신미(辛未)였다. 5일이 끝나고 6일이 시작되는 밤 자시(子時)에 정조가 사직단에서 한 해의 풍년을 기원하는 기곡제를 지냈는데, 이때 조금 전까지 내리던 비가 자정이 되어 눈으로 바뀌었다가 곧 맑게 갰다. 그러자 〈사직단에 기곡제를 지내던 날 '한창려의 신묘년설시'에 화운하다〔社壇祈穀日 和昌黎辛卯雪詩韻〕〉라는 제목으로 칠언율시를 짓고 신료들에게 화답할 것을 명하였다. 오시(午時)에는 사관을 채제공에게 보내, 나이 80이 다 된 몸으로 추운 날 밤중의 행사에 참석한 것에 대해 안부를 물었다. 이 시의 제목에 어제시의 제목을 '사직단에 내리던 비가 신일에 눈으로 바뀌어〔社雨辛雪〕'라고 한 것은 사관이 채제공에게 가지고 온 문안 전교의 첫 문구를 그대로 옮겨 쓴 것이다. 《承政院日記 正祖 22年 1月 6日》《弘齋全書 卷7》

119 주(周)나라 법 : 《예기(禮記)》〈월령(月令)〉에 "길일을 가려 백성들로 하여금 사직신에게 제사 지낼 것을 명한다.〔擇元日, 命民社.〕"라고 하였는데, 후대에는 제왕이 도성에 사직단을 조성하고 직접 제사를 지내는 것이 관례가 되었다.

120 명의(明衣) : 재계할 때 제사를 지낼 사람이 목욕한 뒤에 입는 속옷이다.

위에 계신 신령은 음기를 걷어 내고 神靈在上陰霏捲
앞길 인도하는 별들은 서기를 날리었네 星月迎前瑞彩飛
올가을 삼백억 섬 거둘 걸 알리고자 欲驗秋來三百億
하늘이 옥가루로 제단 장막 에워쌌네 天敎瓊屑擁壇幃

희생을 살펴보던 저녁 때 기장을 담아 둔 솥에서 마치 종이 울리듯 소리가 났으니, 이는 풍년이 들 징조라고 할 수 있다.

임금의 건강이 편치 않은 상태로 화성에 머물러 있어 대소 신료들이 애가 타서 어찌할 줄을 몰랐는데, 3일 만에 비로소 차도가 있었다. 밤중에 윤음을 내려 화성 창고에서 거두어들일 환곡의 모곡 전량을 영원히 면제하도록 하였으니, 이는 매우 큰 은혜이다. 축하하는 마음이 일어 이 시를 지었다[121]

聖候欠寧 駕駐華城 大小焦遑 凡三日始向減 夜下綸音 永除華城倉糴全耗 甚大惠也 慶幸之忱 發而爲詩

옥후 혹시 차도 있나 만백성 귀 기울이니　　玉候探來萬耳傾
천심이며 인정이 성대하게 드러났네　　藹然天意與人情
우리나라 천년토록 튼튼할지 알려거든　　欲知宗國千年鞏
별난 상서 이튿날 드러날 때 짐작하소　　須驗奇祥翼日呈
행궁 위 은하수들 상서로운 빛 띠었고　　行殿星河皆瑞色
병영 안 군사들도 환호성을 지르는데　　轅門刁斗亦歡聲
윤음이라 한 종이에 일천 집들 기뻐서　　綸音一紙千家忭
오경에 이르도록 은언 서로 칭송하네　　爭誦恩言到五更

121 임금의……지었다 : 무오년(1798, 정조22) 2월 3일에 지었다. 정조가 1일에 화성 행궁에 거둥했을 때 감기 증세가 심하여 유여택(維與宅)에 머물며 조리하다가 4일 현륭원에 들러 친제를 행하고 봉심한 뒤 5일에 궁으로 돌아왔다. 모곡(耗穀)은 각 고을 창고에 저장한 곡식을 봄에 백성에게 대여했다가 추수 이후 받아들일 때 분량이 축나거나 창고에서의 손실을 보충하기 위해 10분의 1을 더 받는 곡식을 말한다. 정조가 이때 수원부(水原府)가 감영(監營)으로 승격된 이후 환곡의 수량이 많아 백성들의 부담이 적지 않았기 때문에 혜경궁의 뜻에 따라 이 고장의 모곡을 영원히 면제해 주도록 하였다.《日省錄 正祖 22年 2月 1日, 2日, 3日, 4日》

임금의 건강이 완쾌되어 현릉원으로 나아가니, 만백성이 모여 구경하면서 환호하는 소리가 우레처럼 일어났다

聖候快復 詣顯隆園 萬民聚觀 歡聲若雷動

준마의 높은 키가 지붕 같은데	天馬高如屋
군왕이 안장 위에 앉아 계시니	君王坐據鞍
신명이 한결같이 지켜 주시어	明神盡扶護
옥체가 그야말로 평안하시네	玉體信平安
간밤의 먹구름이 흩어졌다면	雲散前宵曀
이월의 찬 바람이 걷히었는데	風收二月寒
종소리며 북소리 울려 퍼지고	連連鍾鼓響
일만 집 환호성이 들려오누나	傳得萬家歡

상께서 현륭원에 나아가 제사를 행한 뒤에 비각 뒤 막차에 앉아 아침 수라를 들면서 신들에게 곁에 시좌할 것을 명하고 음식을 주셨으니, 특별한 은전이다

上詣園所行祀訖 坐碑閣後幕次 進朝水剌 命臣等侍坐 賜以食 異恩也

한낮에 깊디깊은 행궁의 안방에서	行宮寢褥晝深深
근신의 충정으로 문안을 드렸는데	承候班頭寸寸忱
오늘 선영 앞에서 수라를 드신 것은	今日珠邱親玉食
하늘 위의 아버님 그 마음 달래고저	聖心要慰在天心

하교를 받들어 삼가 임금의 시를 첨부하다 奉敎敬附宸章

좌상의 화성시축 가운데 세 편의 시에 화운하다

步左揆華城軸三韻

매년 화성의 행차 때마다 좌상이 항상 시를 지었고 나는 매번 그 시에 화운했다. 올봄 행차 때는 내가 병이 나서 사흘 밤을 조리하고 그 이튿날 아침에 비로소 원소(園所)를 참배하였다. 그사이 날짜는 비록 많지 않았지만, 아버님의 원침을 우러러본 게 다행스럽고 어머님의 곁을 떠나 있는 것이 서러워 시로써 그 마음을 말하고 싶었다. 그러나 병 때문에 그렇게 못 했을 뿐만 아니라, 좌상이 대신하여 내 뜻을 드러내 주기를 기대하는 마음이 있었다. 궁으로 돌아올 때 그가 시를 보여 주므로 마침내 화운하여 돌려보냈다.

밤마다 병 조리로 밤을 꼬박 지새우고	調痾夜夜漏壺傾
새벽이면 허둥지둥 마음 못 가누다가	明發瞿瞿不盡情
겨우 작은 정성으로 원묘에 다가가고	始寓微誠園廟近
다시 또 기쁜 소식 자궁께 올렸노라	旋將喜報殿宮呈
남은 한기 새벽의 깃발 속에 스며들고	餘寒曉入旌旂影
화한 기운 아침의 검패 소리 어울리네	協氣朝隨劍佩聲
자궁의 무한한 덕 온 수원부에 미치어[122]	慈德無量覃一府
좋은 쌀 만년토록 끊임없이 수확하리	生生嘉粒萬年更

유근교[123] 주변 길을 지나갈 적에	逌覲橋邊路
새벽녘 화신풍이 안장 스치니[124]	花風曉拂鞍
농사는 장차 크게 풍작 이루고	農功將大有
봄빛은 절로 길이 평온하리라	春色自長安

122 자궁(慈宮)의……미치어 : 혜경궁 홍씨의 뜻에 따라 수원부의 모곡(耗穀)을 영구히 면제해 준 일을 말한다.

123 유근교(逌覲橋) : 현륭원 부근에 있는 다리로, 지금의 행정 구역은 화성군 태안읍 안녕리이다.

124 새벽녘……스치니 : 화신풍(花信風)은 이십사번화신풍(二十四番花信風)의 약칭으로, 꽃바람이라 하기도 한다. 소한(小寒)부터 곡우(穀雨)까지 4개월간의 날수가 모두 120일인데, 15일마다 한 절기씩 8절기가 들어 있고 5일마다 한 후(候)씩 24후가 들어 있다. 후마다 한 종류의 꽃이 피는데 이때에 부는 바람을 화신풍이라 한다. 이를테면 소한 때 피는 꽃은 매화・산다(山茶)・수선이고, 대한 때 피는 꽃은 서향(瑞香)・난초꽃・산번(山礬)이고, 입춘 때 피는 꽃은 영춘(迎春)・앵두・망춘(望春) 등과 같은 유이다. 이때는 2월 4일로 그 절기가 입춘이라 새벽인데도 이 절기에 맞는 온화한 바람이 불어왔으므로 하는 말이다.

행궁 아직 안온함 느끼었는데　　行殿猶知穩
군복 또한 차갑지 아니하다네　　戎袍却不寒
성과 해자 이처럼 좋아졌으니　　城池如此好
이제 민심 얻는 게 급선무로세　　先務得民歡

원문의 '대유(大有)'는 북쪽 둔전의 들 이름이고 '장안(長安)'은 북쪽 성의 문 이름이다. 이 들 이름에는 연거푸 풍작을 거둔다는 뜻을 부쳤고, 이 문은 도성으로 들어가는 문이기 때문에 셋째와 넷째 구에서 그것을 말하였다.

창오(蒼梧)[125] 구름 바라보니 만 겹이나 짙게 깔려　　一望梧雲萬疊深
아버님 그리는 정성 표할 곳이 없는데　　羹墻無處效誠忱
비 뒤에서 수반[126] 먹고 마지못해 떠나니　　碑陰水飯遲遲發
해마다 봉심하는 소자 마음 살피소서　　降格年年小子心

125 창오(蒼梧) : 지금의 호남성(湖南省) 영원현(寧遠縣) 남쪽에 있는 구의산(九疑山)의 다른 이름이다. 순 임금이 묻힌 곳이라 하여 흔히 임금의 무덤을 뜻하는데, 여기서는 현륭원을 가리킨다.

126 수반(水飯) : 간단히 먹기 위해 물에 만 밥을 말한다.

황단 망배례를 행한 뒤 감회를 적어 내려 보여 준 어제시에 삼가 화운하다[127]

奉和御製皇壇望拜禮後識感下示韻

올린 상소[128] 하늘이 감격하였고	尺疏天應泣
외로운 성[129] 달빛도 흐릿하였지	孤城月暈如
이 나라에 훌륭한 명성 남기니	流芳小華國

127 황단(皇壇)……화운하다 : 황단은 대보단(大報壇)을 말한다. 3월 19일은 명나라의 마지막 황제 의종(毅宗)의 기일인데, 정조가 무오년(1798, 정조22) 3월 19일에 대보단 봉실(奉室)에서 망배례를 행하였다. 이때 요동백(遼東伯) 김응하(金應河, 1580~1619)의 봉사손 김택기(金宅基)를 그날로 선전관으로 서용할 것과 윤씨 가문의 사당에 안치된 정묘·병자 두 호란 때의 척화신(斥和臣) 윤황(尹煌, 1571~1639)의 위판을 조천하지 말 것을 명하였다. 그런 다음 그 소감을 시로 쓰기를 "세상에서 팔송의 절개를 일러, 푸르른 대나무와 같다고 하지. 삼학사와 마음을 함께하였고, 만언소로 의리를 밝히었다네. 북해 명성 아직도 남아 있거니, 동창 계책 어이해 엉성했던고. 사당 향사 백대를 이어 갈지니, 그 시작 황단 참배 이때부터라.〔世謂八松節, 靑靑孤竹如. 同心三學士, 明義萬言書. 北海名猶在, 東牕計奈疎. 方禋延百歲, 肇自拜壇餘.〕"라고 하였는데, 이에 화운한 것이다. 정조의 시에서 말한 삼학사는 병자호란 때의 충신 홍익한(洪翼漢)·오달제(吳達濟)·윤집(尹集)이다. 북해는 한 무제(漢武帝) 때 흉노(匈奴)에 사신으로 나가 투항하라는 선우(單于)의 위협에 굴하지 않고 19년 동안 절개를 지킨 소무(蘇武)이며, 동창은 송 고종(宋高宗) 때 금(金)과의 화친을 주장한 진회(秦檜)를 가리킨다.《承政院日記 正祖 22年 3月 19日》

128 올린 상소 : 윤황이 정묘년(1627, 인조5)에 오랑캐가 침략했을 때부터 병자년(1636)까지 9년에 걸쳐 20여 편의 계사와 소차를 올려 적과의 화친을 반대하고 당당하게 맞설 것을 일관되게 주장하였다.《八松封事》

129 외로운 성 : 여기서는 병자호란 때 인조가 피난했던 남한산성을 말한다.

옛 성인의 글에서 힘을 얻었네　得力聖人書
찬 움집[130] 공의 얼굴 평온했지만　冷窖顔容穩
조정에는 계책이 엉성하였네　明廷計策疎
만년토록 제사함 마땅하다는　萬年宜祭祀
임금 시는 명나라 생각함일레[131]　雲漢念京餘

위는 문정공(文正公) 윤황(尹煌)의 위판을 조천(祧遷)하지 말 것을 특별히 명하면서 지은 시에 화운한 것이다.

심하[132]의 허연 물빛 오랑캐 접경에서　深河水白界華夷
기고 대열 선두에 장군 기상 늠름했지　旗鼓前頭颯爽姿
대지야 상전벽해 쉽사리 변하지만　大地滄桑容易幻
버드나무 그늘만은 이전 모습 아니 바꿔[133]　柳陰猶不改前時

위는 요동백 김응하를 추념하여 지은 시[134]에 화운한 것이다.

130 찬 움집 : 윤황이 올린 상소 내용 중에 "강도(江都)를 불사르고 군사를 평양에 주둔시켜야 합니다."라는 등의 말이 상서롭지 않다는 죄목으로 영동현(永同縣)에 유배되었는데, 그곳의 차가운 움집에서 극도로 소박하게 거처하였다고 한다.

131 만년토록……생각함일레 : 정조의 원작시 끝구에 "사당 향사 백대를 이어 갈지니, 그 시작 황단 참배 이때부터라.〔方禋延百歲, 肇自拜壇餘.〕"라고 하였으므로 하는 말이다. 《弘齋全書 卷7》 원문의 '운한(雲漢)'은 여기서는 임금이 지은 시를 말하고, '염경(念京)'은 '염피경주(念彼京周)'의 약칭으로, 본디 멸망해 가는 주나라를 생각한다는 뜻인데, 여기서는 멸망한 명나라를 생각한다는 뜻이다. 《詩經 曹風 下泉》

132 심하(深河) : 명나라와 후금의 접경 허투알라 근처의 강이다.

133 버드나무……바꿔 : 여기서 말하는 버드나무는 김응하가 장렬하게 전사한 장소에 서 있던 나무로, 그의 넋을 비유한 것이다. 사람은 죽고 없지만 그의 꼿꼿한 넋은 버드나무와 함께 변함없이 생명을 유지하고 있다는 뜻이다.

134 요동백……시 : 정조가 '철원의 포충사에 써서 걸다〔書揭鐵原褒忠祠〕'라는 제목

삼가 임금의 분부를 받들어, 강변 누각에서 유람하는 홍 영부 낙성 에게 준 어제시에 화운하여 영부사의 궤안에 올리다
敬奉聖教 賡御製贈洪領府 樂性 江閣韻 却呈領府几案

공은 앞 나는 뒤에 대궐로 올라온 뒤　　公前我後上螭頭

하우의 홍범구주 장수 복을 입고서[135]　　壽福偏蒙夏禹疇

으로 지은 "남아의 높은 명성 온 누리 퍼졌나니, 요동백 고명(誥命) 받은 해동의 인물일세. 사람처럼 서 있는 심하의 늙은 버들, 그 당시 김 장군이 칼 기댄 곳이라네.〔男子聲名聞四夷, 遼東華誥海東姿. 深河老柳如人立, 知是將軍倚劍時.〕"라는 시를 말한다. 김응하는, 자는 경의(景義)이고 본관은 안동(安東)으로 강원도 철원에서 태어났다. 25세 때인 1604년(선조37) 무과에 급제하여 선전관과 삼수 군수(三水郡守), 북우후(北虞候)를 지냈다. 1618년(광해군10) 누르하치가 이끄는 후금(後金)을 정벌하기 위해 명나라에서 조선에 원병을 청해 오자, 1619년 2월 좌영장(左營將)으로 도원수 강홍립(姜弘立)을 따라 압록강을 건넜다. 명나라와 조선의 연합군은 3월 4일 심하(深河)의 부차령(富車嶺) 전투에서 대패하여 명나라 장수 유정(劉綎)은 자살하고, 강홍립과 부원수 김경서(金景瑞)는 투항하였으며, 우영장 이일원(李一元)은 도망갔다. 그러나 김응하는 3천 명의 군사로 6만 명의 후금군과 맞서 싸우다가 아군은 전멸하고, 자신은 몸에 수십 발의 화살과 창을 맞고 버드나무 밑에서 장렬하게 전사하였다. 뒤에 명 신종(明神宗)이 조서를 내려 요동백에 봉해 주었으며 조정에서는 영의정을 추증하고 충무공(忠武公)의 시호를 내려 그 충절을 기렸다. 《宋子大全 卷171 詔贈遼東伯金將軍廟碑》

135 하우(夏禹)의……입고서 : 이때 홍낙성은 81세이고 채제공은 79세로 두 사람이 모두 장수의 복을 누리고 있다는 뜻이다. 홍범구주(洪範九疇)는 《서경》 〈홍범(洪範)〉에서 나온 말이다. 우(禹)가 치수(治水)할 적에 낙수(洛水)에서 등에 아홉 개의 점이 박힌 거북이 나왔는데, 우가 그 숫자에 맞추어 군주가 천하를 다스리는 이상적인 도리 아홉 가지를 순서대로 정리하였다. 첫 번째는 오행(五行)이고, 마지막 아홉 번째가 사람들을 오복으로 권면하고 육극(六極)으로 저지하는 것인데, 그 오복 가운데 장수가 하나를 차지한다.

하 많은 한가한 날 궤장으로 소요하고　　几杖逍遙多暇日
또 깊은 늦가을에 강호에서 즐긴다오　　江湖宴樂又深秋
만수 비는 탄신일 절하며 춤춘 뒤에[136]　　新經拜舞呼嵩節
강변의 누각에서 음악에 휩싸였네　　笑擁笙歌近水樓
대로변의 무한한 연화풍월[137] 속에서　　無限康衢煙月裏
해마다 우리 함께 태평 놀이 즐겨 보세　　每年同作太平遊

136 만수……뒤에 : 정조의 탄신일인 9월 22일에 조정 신하들이 임금의 무병장수를 축원하는 뜻에서 만세를 부르며 절을 올리고 춤을 추었는데, 이때 그날이 지났다는 말이다.

137 연화풍월(煙花風月) : 안개와 꽃, 바람과 달로, 자연의 아름다운 경물을 말한다.

번암집

제2권

詩 시

삼가 〈어정범례(御定凡例)〉에 따라 유고의 각 편에 흩어져 있던 것들을 수합하여 이 〈영은록〉을 만들었다.

무진년(1748, 영조24) 선달 한림에 제수되어[1]

戊辰臘月 拜翰林

이제 막 당후[2]로서 군왕을 시종하여 新從堂后侍君王
〈숙야잠(夙夜箴)〉 강독한 뒤 밤이 깊지 않았는데 講罷陳箴夜未央
밝은 촛불 속에서 친히 권점 찍으시니 蓮燭影中宣御圈
주서라 이내 성명 비로소 빛이 났네 注書名姓始輝光

당후로 입시하여 〈숙야잠〉을 강독하였는데, 이 자리에서 상께서 한림의 권점책(圈點冊)을 들여오라고 명하여 나의 이름에다가 어묵(御墨)으로 친히 권점을 찍었다.[3]

1 무진년……제수되어 : 한림은 예문관 검열(藝文館檢閱)의 별칭이다. 채제공이 무진년(1748, 영조24) 12월 1일 실시한 한림 소시(翰林召試)에 응시하여 장원을 하고, 2일 예문관 검열에 제수되었다. 이때 채제공은 29세였다. 《承政院日記 英祖 24年 12月 1日, 2日》

2 당후(堂后) : 당후관(堂后官)의 약칭으로, 승문원의 주서(注書)를 말한다.

3 당후로……찍었다 : 〈숙야잠(夙夜箴)〉은 송(宋)나라 진백(陳柏)이 지은 〈숙흥야매잠(夙興夜寐箴)〉의 약칭이다. 1748년 11월 26일 채제공이 가주서(假注書)로서 환경

두 번째 其二

한림 소시 응하여 대궐 뜰에 모인 문사 彤庭召試集才英
사륙체 문장 지어 사배하고 올린 뒤 四六篇成四拜呈
용안에 희색 있다 모두 서로 말할 제 爭道天顏偏有喜
용상에서 장원 이름 친히 개봉하셨다네 御床親拆狀元名

세 번째 其三

평강 채씨 가문이 경반[4]에 으뜸인데 平康家世冠瓊班
한림에 이름 든 건 조부와 손자로세[5] 翰苑題名是祖孫
감격하여 깊은 밤 천 줄기 눈물 흘리며 鮫頰千行中夜淚
백 년 후 지금 다시 〈감은가(感恩歌)〉를 부르노라 百年重唱感君恩

나의 종조 희암공(希菴公)이 '일몽(一夢)' 시구로 인해 숙종께서 특별히 인견(引見)해 주시는 은총을 입고 〈감은가〉를 지었다.[6]

전(歡慶殿)에 입시한 자리에서 영조가, 한림 권점책의 채제공 이름 밑에 아무런 표시가 없는 것을 보고 이 사람이 권점 속에 들어가지 않으면 안 된다고 하면서 친필로 권점 두 개를 찍었다.《承政院日記 英祖 24年 11月 26日》 권점책은 홍문관·예문관의 관원을 뽑을 때 후보자의 성명을 나열해 놓고 여러 전선관(銓選官)이 각기 뽑고자 하는 사람의 성명 밑에 둥근 점을 찍어 놓은 책이다. 여기서는 시험에 응시할 후보자의 명단이 적힌 책으로 보는 것이 옳을 듯하다.

4 경반(瓊班) : 옥서(玉署)·청반(淸班)과 같은 것으로, 홍문관·예문관에 딸린 벼슬을 말한다. 지위와 봉록은 높지 않으나 일반적으로 장차 큰 인물이 될 만한 사람을 발탁하는 자리이다.

5 한림(翰林)에……손자로세 : 지난날 채제공의 조부 채성윤(蔡成胤)이 한림이었는데, 그의 손자인 자신이 또 한림이 되었다는 것이다.

5월에 명을 받들어 오대산 사고의 사서(史書)를 포쇄(曝曬)하였다. 과거 숙종 기사년(1689, 숙종15) 당시 조고 구봉 공[7]께서 한림으로서 오대산의 사서를 포쇄한 이후 지금 한 갑자가 돌았는데, 불초가 그 뒤를 이었다. 감회가 일어 절구 한 수를 읊어 한림의 고사에 대비한다

기사년(1749, 영조25)

五月 承命曬史五臺 往在肅宗己巳 王考九峯公 以翰林曬五臺史 今一甲周 而不肖繼之 感吟一絶 以備翰苑故事 己巳

웃으며 준마 타고 대궐에서 내려와	笑馭麟驂下九天
자물쇠 잠시 열고 귀한 책 살펴보네	暫開銀鑰檢瑤編
오대산 본디부터 우리 집 것이거니	五臺自是吾家物
안개며 노을 모습 육십 년 그대롤세	依舊烟霞六十年

6 나의……지었다 : 희암(希菴)은 채제공의 넷째 종조부 채팽윤(蔡彭胤, 1669~1731)의 호이다. 기사년(1689, 숙종15)에 문과에 급제하고 호당(湖堂)에 사가독서(賜暇讀書)하였다. 신미년(1691) 10월 11일 설서(說書)로서 세자시강원에 입직하고 있었는데, 그날 밤 숙종이 옥당 관원들을 불러 접견하는 자리에 그를 불러다 놓고 1690년 12월 11일 호당에서 지은 칠언절구 3수 가운데 "평소에 군왕 얼굴 알지도 못하지만, 꿈속에선 언제나 대궐을 맴돈다네.〔平生不識君王面, 一夢尋常繞玉墀.〕"라는 시구를 기억하여 거론하면서, 임금을 잊지 못하고 그리워하는 충정이 이 시 속에 넘친다고 칭찬하였다. 그러고는 술을 주며 취하게 배불리 먹으라고 권하였다. 이로 인해 채팽윤이 장편의 〈감은가(感恩歌)〉를 지어 감격에 겨운 심정을 토로하였다. 《肅宗實錄 17年 10月 11日》《希菴集 卷3 感恩歌, 韓國文集叢刊 182輯》

7 구봉 공(九峯公) : 채제공의 조부 채성윤(蔡成胤)이다.

7월에 환경전에서 야대하는 은총을 입었는데, 나는 좌사[8]로서 참석하였다. 〈숙야잠〉 강독이 끝난 뒤 어찬을 내려 주고, 이어 풍악산과 오대산의 승경을 유람한 일을 물어보았다. 야고가 세 번 울린 뒤에야 자리를 파하였다. 동료 황씨 인검에게 이 시를 읊어 보여 줌으로써 은총에 감격하는 마음을 부친다

七月 蒙賜夜對於歡慶殿 余以左史與焉 講夙夜箴訖 宣御饌 仍下詢楓岳五臺勝賞 夜三鼓乃罷 吟示黃僚 仁儉 以寓感恩之忱

쇄사(灑史)하는 걸음에 풍악산을 거쳐 돌아왔다.

사알[9] 복장 붉은 옷 그 색깔 선명한데	司謁朱衣色正鮮
합문[10]에서 옥당 관원 부른다고 전하네	閤門催喚玉堂仙
맑고 밝은 기운이 임금 흉금 감도니	宸襟一氣清明在
남당[11]의 〈숙야잠〉과 신묘하게 부합하네	妙契南塘夙夜編

8 좌사(左史) : 사관의 별칭으로, 홍문관 기사관을 말한다. 채제공이 기사년(1749, 영조25) 7월인 이때 예문관 대교(藝文館待教)로서 기사관을 겸하고 있었다.

9 사알(司謁) : 임금의 명을 전달하는 일을 맡아보던 액정서의 정6품 잡직이다.

10 합문(閤門) : 임금이 평소에 거처하는 편전의 앞문인데, 여기서는 환경전(歡慶殿)을 말한다.

11 남당(南塘) : 〈숙야잠〉을 지은 송나라 진백(陳柏)의 호이다.

두 번째 其二

무지개 같은 촛불에 침실 훤히 트였고	銀燭如虹寢室開
저습한 구름 기운 색다른 향 풍기누나[12]	需雲低濕異香來
노을의 문양 위에 임금 글씨 새긴 게	天書細刻霞紋樣
중궁전에 사용하는 술잔임을 알겠네	仰認中宮殿裏盃

세 번째 其三

조정에선 좌사가 임금 은총 많이 받아	淸朝左史最承恩
붓 들고 나아가면 용안이 온화했고	簪筆前趨玉色溫
풍악 오대 유람한 일 자세히 물으실 제	楓岳臺岑天語細
둥근달이 자리 옮겨 서휘문에 걸리었네[13]	月輪移在瑞暉門

12 저습한……풍기누나 : 《주역》 〈수괘(需卦) 상(象)〉에 "구름 기운이 하늘로 올라가 비가 되어 내리기를 기다리는 것이 〈수괘〉의 상(象)이다. 군자가 이 괘상을 관찰하여 음식을 먹고 즐기면서 때가 오기를 기다린다.〔雲上於天, 需. 君子以飮食宴樂.〕"라고 한 데서 나온 말이다. 여기서는 군신이 함께 음식을 먹으며 즐기는 것을 뜻한다.

13 둥근달이……걸리었네 : 서휘문(瑞暉門)은 창경궁의 환경전 부근에 있던 문이다. 밤이 깊어져 달이 서쪽으로 많이 기울었다는 말이다.

병산 관아에서 옥서의 관직에 특별히 제수한다는 명을 받들고 느낌이 일어 읊다[14] 임신년(1752, 영조28)

屛山衙 奉玉署特除之命 感吟 壬申

동해에서 표륜 몰아 태백산 왕복하며	東海飆輪太白還
꿈속에서 수시로 옥황상제 알현했고[15]	夢中時拜玉皇顔
사선의 신선 명부 내 이름 적은 뒤에	四仙眞籙題名罷
영주의 십팔학사 그 반열 또 올랐네[16]	又點瀛洲十八班

14 병산(屛山)……읊다 : 채제공이 33세이던 임신년(1752, 영조28) 11월에 홍문관 부교리에 제수되었다는 소식을 듣고 쓴 작품이다. 병산은 경상도 비안(比安)의 별칭이다. 채제공의 아버지 채응일(蔡膺一)이 1750년 5월 25일 비안 현감으로 제수되어 이때 비안에 있었다. 1751년 7월에 채제공이 중인(中人)의 묘역을 빼앗았다는 죄목으로 강원도 삼척에 유배되었다가 풀려나자, 아버지를 뵙기 위해 이곳에 온 것이다.

15 동해에서……알현했고 : 표륜(飆輪)은 바람을 몰아 달리는 신선의 수레라는 뜻이다. 당(唐)나라 육귀몽(陸龜蒙)의 〈화습미강남도중……〔和襲美江南道中……〕〉에 "선계 은자 충분히 불러낸다 말 마소, 장차 표륜 몰아가 옥황상제 알현할걸.〔莫言洞府能招隱, 會輾飆輪見玉皇.〕"이라고 하였는데, 이를 인용한 것으로 보인다. 삼척은 관동팔경의 하나인 죽서루(竹西樓)가 있는 곳으로, 태백산 아래 동해의 해변에 위치하여 경관이 수려하다. 이곳에 유배된 채제공은 정신이 세속을 벗어난 신선이 되어 바람을 몰아 달리는 수레를 타고 여기저기 자유롭게 노닐었다는 말이다. 꿈속에서 옥황상제를 알현했다는 것은 현실의 임금인 영조를 잊지 못하는 마음을 에둘러 표현한 말이다.

16 사선(四仙)의……올랐네 : 사선은 신라 때 네 국선(國仙)인 영랑(永郎), 술랑(述郎), 남석랑(南石郎), 안상랑(安祥郎)을 말한다. 이들이 울산의 월송정(越松亭)에 머물러 논 뒤 고성의 삼일포와 금강산 등 동해변의 명승지를 오랫동안 자유롭게 유람하였다고 한다. 채제공 자신도 그들과 다름없이 동해변의 선경에서 노닐었으므로 자기 이름 또한 그들의 명부에 충분히 낄 수 있다는 말이다. 영주의 십팔학사 반열에 올랐다는

처음 옥서에 제수하는 명에 숙배하고 밤에 인대의 은총을 입다

初肅玉署命 夜蒙引對

편전의 촛불 아래 경전을 강독할 제	夜閤橫經燭焰濃
장락궁의 종소리[17] 지난해 그대롤세	依然長樂去年鍾
물가에서 풍상 겪어 한결 더 초췌한데	風霜澤畔多憔悴
임금께서 옛 얼굴 알아볼 줄 몰랐어라	未信重瞳識舊容

말은 당 태종(唐太宗)이 진왕부(秦王府)에 문학관(文學館)을 열고 방현령(房玄齡), 두여회(杜如晦) 등 18인을 발탁하여 기본 관직 외에 학사를 겸하게 하고 진수성찬을 내려 주자, 세상 사람들이 그들을 흠모하여 '영주에 올랐다〔登瀛洲〕'고 한 데서 인용한 것이다. 《翰林志》《舊唐書 卷72 褚亮列傳》 영주(瀛洲)는 바다 속에 있다는 삼신산(三神山)의 하나인데, 여기서는 홍문관을 그에 견주어 말한 것이다. 채제공이 아무나 들어갈 수 없는 홍문관의 여러 훌륭한 관원 가운데 일원이 된 것을 영광스럽게 여겨 이렇게 표현하였다.

17 장락궁(長樂宮)의 종소리 : 장락궁은 한(漢)나라 때 장안(長安)의 미앙궁(未央宮) 동쪽에 있던 궁궐로 태후가 거처하던 곳인데, 이곳에 종을 걸어 두는 종실(鐘室)이 있었다고 한다. 여기서는 궁궐에서 시각을 알리기 위해 울리는 종소리라는 뜻일 뿐이다.

을해년(1755, 영조31) 중춘 초하룻날 가친께서 병산 현감을 그만두고 서울로 돌아왔다. 이때 나는 옥서의 관원 겸 춘방의 소명을 받들었는데, 두 분 노친을 모시고 길을 떠나 5리도 채 못 왔을 때 서울 집의 하인이 교지를 가지고 도착하였다. 이는 가친께서 금년이 70세이므로 은전을 입어 자급이 올라갔기 때문이다. 말 위에서 읊었다

乙亥仲春初吉 家大人解屛山紱還京 時余承玉署兼春坊召命 陪兩老親登程未五里 京隷賫敎旨到 蓋家大人以今年七十蒙恩陞資也 馬上有吟

가마 타고 교지 받은 봄볕 속의 아버님	朱軒華誥藹春暉
역마가 곁에 따라 온 누리 빛나누나	駟騎傍隨滿地輝
망북정[18] 정자 가의 길에서 보이는 건	獨有北亭亭畔路
저녁놀과 들오리 아쉬운 모습일 뿐	落霞孤鶩兩依依

18 망북정(望北亭) : 비안현(比安縣)에 있는 정자이다.

천신에게 임금의 작품을 정리하는 임무를 맡긴다는 소식을 듣고 느낌이 일어 읊다 정축년(1757, 영조33)

伏聞以賤臣授御製編次之任 感吟 丁丑

일월 빛 찬란하여 만고를 전해 갈 터	日月騰輝萬古垂
반딧불 희미한 게 무슨 보탬 있으랴	微螢欲補竟何爲
저 옛날 자유 자하 학식 없지 않았으나	當時游夏非無學
《인경》에 한마디도 돕지를 못했네[19]	未有麟經贊一辭

19 저 옛날……못했네 : 《인경(麟經)》은 《춘추(春秋)》의 별칭이다. 공자가 《춘추》를 편찬할 때 마땅히 기록할 것은 기록하고 마땅히 삭제할 것은 삭제하였으므로 문학에 뛰어난 자유(子游)나 자하(子夏) 같은 제자도 한 글자를 보태거나 삭제하지 못했다고 한다. 《史記 卷47 孔子世家》 영조의 작품을 《춘추》에 견주어 그 작품이 워낙 훌륭하므로 채제공 자신이 감히 수정할 곳이 없다는 뜻으로 한 말이다.

3월 그믐날 약원으로 나아가니 세손 저하께서 궁중 하인 편에 생강 한 봉지를 하사하고 손수 쓴 글을 주셨다. 거기에 문종의 고사를 인용하여 문종의 그 일을 계승하겠다는 뜻을 드러내고 아울러 신에게 시를 지어 그에 답할 것을 명하였다.[20] 하지만 신은 그만한 인물이 아니니 어찌 감히 이와 같은 예우를 감당하겠는가. 황공스러운 한편 감격에 겨워 넋을 잃을 것만 같았다. 비록 그렇지만 저하의 뜻을 저버릴 수 없어 삼가 근체시 40자를 얽어 사례하는 충정을 부쳤다 갑오년(1774, 영조50)

三月之晦 祇赴藥院 世孫邸下使紫衣人賜薑一封 寵以手翰 引文宗故事 喩繼述之意 仍命臣用韻語以謝 臣非其人 何敢當此禮也 且惶且感 精爽欲失 雖然 睿旨不可孤 謹構近體四十言 以寓叩謝之忱云爾 甲午

성주 세상 동궁을 모셨던 몸이 聖世陪青邸

20 3월……명하였다 : 채제공은 1757년(영조33) 3월 그믐날에 이천 부사(伊川府使)로 재직 중이었으나 앞서 2월 15일에 영조의 비 정성왕후(貞聖王后) 서씨(徐氏)가 죽고 3월 26일에는 숙종의 비 인원왕후(仁元王后) 김씨(金氏)가 죽어 상중에 있는 영조의 건강을 보살피기 위해 대궐로 들어와 내의원 제조(內醫院提調)로 있었던 것으로 보인다. 문종의 고사는 크게 두 가지가 있다. 하나는 동궁에 있을 때부터 학문에 치중하여 집현전 학사들과 밤낮을 가리지 않고 토론한 일이고, 하나는 효자로서 부왕(父王)인 세종의 건강을 극진히 챙긴 일이다. 세종에게 올리는 약을 반드시 먼저 맛보고 수라상을 친히 살폈으며, 밤이 깊어도 곁에 모시고 있으면서 물러가라고 하지 않으면 감히 자리를 뜨지 않았다고 한다.《燃藜室記述 卷4 文宗朝故事本末》 여기서는 세손이 자신도 문종의 그와 같은 행실을 계승하고 싶다고 한 것으로 보인다.

오랜 세월 실없이 녹만 먹는데	長年積素餐
그 어찌 알았으랴 내의원에서	那知嘗藥地
생강 주는 은총 또 입게 될 줄	更竊賜薑恩
도리는 문종 임금 합치되었고	道與文宗合
귀한 식품 《논어》로 아신 거로세[21]	珍從魯論看
재주 없이 도리어 덕에 배불러	空踈還飽德
천지 같은 은혜에 답할 길 없네	無計答乾坤

21 귀한……거로세 : 《논어》〈향당(鄕黨)〉에, 공자가 "생강 먹기를 그만두지 않았다.〔不撤薑食.〕"라고 하였으므로 한 말이다.

4월에 관서백에 제수되고 5월에 대궐에서 숙배할 적에 인대하는 은혜를 입었는데, 그 자리에서 받은 은총이 성대하였으므로 물러 나와 감회를 서술하였다[22]

四月除關西伯 五月辭陛蒙引對 眷待隆摯 退出識感

상원[23]의 숲 나무들 못내 아쉽고　　依依上苑樹
합문 앞 걸음걸이 무척 더디니　　遲遲閤門步
늙으신 부모님을 놓아두고서　　譬如父母老
먼 길 향해 떠나는 자식 같았네　　兒子赴長路
임금의 마음 또한 미련이 있어　　聖情亦係戀
접견 때 한참 동안 시간 흐르니　　賜對頗移時

22 4월에……서술하였다 : 채제공이 55세이던 갑오년(1774, 영조50) 5월에 지은 작품이다. 채제공은 그해 4월 14일 평안도 관찰사에 제수되었으나 영조가 81세의 고령으로 건강이 좋지 않아 서울을 떠나지 못했다. 그러다가 영조의 상태가 약간 호전되어 5월 6일 숙배하고 부임길에 올랐다. 이날 집경당(集慶堂)에서 내의원 도제조 김상철(金尙喆)을 위시하여 제조 홍낙성(洪樂性), 부제조 홍양한(洪良漢)과 기타 8인의 의관이 영조를 문병하고 탕약을 올렸는데, 영조가 이 자리에 참석한 채제공에게 앞으로 나아오라고 한 뒤 자기 팔을 내놓으면서 진맥을 해 보게 하였다. 그리고 또 "경이 관서 지방을 다스리게 되었으니 그쪽은 걱정하지 않아도 되겠다."라고 하면서 주서의 벼루와 승지의 붓을 가져오게 하여 친필로 '關西心弛 予戀曷勝〔관서에 대해서는 마음이 놓이지만 경을 그리는 내 심정은 어찌 가눌 수 있겠는가.〕'이라는 여덟 자를 써 주었다. 《承政院日記 英祖 50年 4月 14日, 5月 6日》《海左集 卷24 領議政諡文肅蔡公神道碑銘, 韓國文集叢刊 239輯》

23 상원(上苑) : 창덕궁의 후원으로, 금원(禁苑)·비원(秘苑)·내원(內苑)이라고도 한다.

팔뚝을 친히 들어 보여 주시어	親擧御臂示
신더러 만져 보게 하는가 하면	使臣摩撫之
글씨를 친히 써서 내려 주시어	親灑御墨下
신더러 품 안에다 지니게 했네	使臣懷中持
임금 얼굴 아쉬움 풀리지 않아	天顔悵不釋
물러날 제 여러 번 굽어보셨네	臨退屢俯視
동궁 또한 성의로 주는 거라며	東宮有心貺
좋은 약 하나하나 싸서 주시니	名藥裹第次
망설이며 차마 곧 하직 못 하고	徊徨未忍辭
감격의 눈물 절로 많을 수밖에	自然多感淚
생각하면 임금님 장수를 누려	洪惟海屋籌
팔순에다 또 한 살 보태었는데	八旬又加一
요즈음 십 년 세월 그동안에는	邇來十年間
잠시 아니 떠나고 약을 살폈지	嘗藥無暫出
서경 생활 아무리 즐겁다 해도	西京雖云樂
도성 멀리 있으니 어이할 건고	王城隔天末
몸이야 패수[24] 물을 건너더라도	有身渡浿水
마음만은 대궐에 매여 있으리	有心懸禁闥

24 패수(浿水) : 압록강 또는 예성강이라는 설이 있으나 여기서는 대동강을 가리킨다.

천추절에 경사스러운 감회를 적은 대궐 학사의 시에 차운하다[25] 무술년(1778, 정조2)

千秋節 次禁中學士志慶韻 戊戌

이른 새벽 궁궐로 달려가는데	曉漏趨青瑣
가을 음기 하늘에 걷히었구나	秋陰捲紫淸
이달에 천심 인심 서로 맞아서	天人是月合
성군이 앞과 뒤에 태어났다네	前後聖君生
우리 임금 효심에 음악 멈추니	孝思還停樂
나의 시를 가락에 맞게 할쏘냐	聲詩敢協笙
세 가지 축원하는 간곡한 말[26]을	丁寧三祝語
신명이 하늘에서 굽어보리라	臨照有神明

두 임금의 탄신일이 모두 9월에 들어 있으므로 함련(頷聯)에서 언급한 것이다.[27]

25 천추절(千秋節)에……차운하다 : 채제공이 59세 때인 무술년(1778, 정조2) 9월에 쓴 작품이다. 채제공은 이때 한성 판윤으로 있었다. 천추절은 제왕의 탄신일이란 뜻인데, 여기서는 정조의 탄신일을 가리킨다. 정조는 9월 22일에 태어났다.

26 세 가지……말 : 다음 시의 제목에 설명되어 있다.

27 두 임금의……것이다 : 두 임금은 영조와 정조를 말한다. 영조의 탄신일은 9월 13일이고 정조의 탄신일은 9월 22일이다. 함련(頷聯)은 율시의 3, 4구를 말한다.

이날 문안을 마친 뒤 대신과 규장각의 여러 학사가 궁궐에 머물러 있다가 저물녘에 사대(賜對)하는 은혜를 입었다. 신이 앞으로 나아가 부복하여 아뢰기를 "오늘은 성상의 탄신일입니다. 신이 달리 드릴 만한 것은 없고 세 가지 송축을 올릴까 합니다." 하였다. 상께서 이르기를 "세 가지 축원이란 무엇을 말하는가?" 하므로 신이 머리를 조아리며 대답하기를 "하나는 성상의 수명이 저 화산·숭산같이 높기를 원하고, 하나는 성상의 후사가 빨리 탄생하기를 원하고, 하나는 학문을 익히고 몸을 닦아 하시는 일마다 도리를 따름으로써 요·순과 어깨를 나란히 하기를 원합니다." 하였다. 그러자 상께서 내시에게 명하여 술을 큰 주발에 부어 내려 주셨다. 신은 주량이 없으므로 난색을 표하자, 상께서 손으로 직접 그 주발을 들고는 마시라고 하셨다. 신은 황공하고 감격한 나머지 한 사발을 다 마셨다. 그러고는 체모를 잃을까 두려워 곧장 일어나 나와서 숙위소에 쓰러져 누워서는 혼미하여 정신을 못 차렸다. 궁문이 잠길 무렵 부축을 받고 억지로 일어나 종로에 이르렀는데, 정신을 더 못 차려 앞으로 나갈 수가 없었다. 그래서 훈련관의 직소로 들어가 누웠다가 밤이 깊은 뒤에야 집으로 돌아왔다. 다음 날 궁궐 학사가 시를 지어 조롱하므로 그 시에 차운하여 태평성대의 드문 일을 대강 적었다

是日問安訖 大臣暨奎章諸學士留在禁中 向晩蒙賜對 臣進伏曰 今日聖節也 臣無可獻 欲以三祝進焉 上曰 何謂三祝 臣稽首對曰 一願聖壽之齊華嵩也 一願聖嗣之早誕降也 一願講學修身 事事循理 與堯舜匹美也 上命黃門斟酒大椀以賜之 臣以無酒戶色難 上以手親執椀使飮 臣且惶

且感 盡椀乃止 恐失儀 徑起以出 頹臥宿衛所 昏不省 及禁門將鑰 扶擁强起 到鍾街昏不省益甚 不可以前 入臥訓鍊官直所 夜分始還家 明日禁中學士有詩以嘲 次其韻 略記盛世稀事

저잣거리 남문에서 옥산이 넘어지니[28]	玉山推[29]在市南門
골수 스민 임 은혜 이날 정말 알았네	是日眞知浹髓恩
태화탕[30] 일만 동이 임금에게 빌려다가	願借太和湯萬斛
온 나라 나눠 주어 백성 모두 취했으면	散來東土醉元元

두 번째 其二

술 취한 신선 되어 협양문을 나왔으니	酒中仙出協陽門
세 가지 송축으로 성은 어찌 보답하랴	三祝那能答聖恩
천상이라 누대에 화기 두루 퍼지니	天上樓臺和氣遍
구월 가을 경물이 천상계 흡사하다	九秋雲物似三元

28 옥산이 넘어지니 : 원문의 '옥산퇴(玉山推)'는 '옥산퇴(玉山頹)'와 같은 것으로, 옥처럼 말끔한 산이 비스듬하게 넘어져 있다는 뜻이다. 진(晉)나라 산간(山簡)이, 혜강(嵇康)이 술에 취했을 때의 자태를 해학적으로 형용한 말로, 술에 취한 것을 뜻한다.

29 推 : 대본에는 '堆'로 되어 있는데, 《세설신어(世說新語)》〈용지(容止)〉에 의거하여 수정하였다.

30 태화탕(太和湯) : 술의 별칭이다.

세 번째 其三

궁문 닫기 직전에 부축받아 궁 나오니 扶下宮墀欲閉門
취할 때나 깰 때나 모두 임금 은혜로세 醒時恩又醉時恩
새 시로 태평 시대 섬세하게 그려 내니 新詩細畫昇平事
나와 그대 전신이 백거이며 원진인가[31] 爾我前身是白元

31 새 시로……원진(元稹)인가 : 백거이(白居易, 772~846)와 원진(779~831)은 당나라 시인으로, 서로 친분이 두텁고 시풍이 평이한 것도 같아 세상에서 원백(元白)으로 병칭된다. 이들은 현종(玄宗) 때 안녹산(安祿山)·사사명(史思明)의 난리와 헌종(憲宗) 때 오원제(吳元濟)의 난리 등 국가의 큰 변란이 지나간 이후 안정된 태평 시대에 살면서 자유분방하고 평이한 시풍으로 그 시대상을 구가하였다. 지금 채제공이, 정조가 권한 술을 자기 주량에 넘게 마셔 몸을 가누지 못했는데, 이것을 본 규장각의 어떤 학사가 시로써 허물없이 조롱하였고 자신이 또 그에 맞추어 화답하였다. 채제공이 생각할 때, 이는 성군이 다스리는 태평 시대에나 있을 수 있는 일이었다. 그래서 자신과 그 학사가 마치 옛날 백거이와 원진의 후신처럼 느껴졌다는 것이다.

규장각에서 시강할 때 장구를 지으라는 성지를 받들어 그때의 일을 적어 올리다[32] 신축년(1781, 정조5)

侍講奎章閣 奉聖旨賦長句 記事以進 辛丑

바라볼 제 규성[33] 정기 만고토록 빛나니	仰視奎精萬古垂
거룩하신 성인[34]이 깊은 생각 많으셨네	聖人穆穆多深思
높은 도는 천도 앞서 행동해도 아니 틀려[35]	至道先天天不違

32 규장각에서……올리다 : 채제공 62세 때인 신축년(1781, 정조5) 3월 18일 정조가 규장각에서 시임 제학(時任提學) 김종수(金鍾秀)・유언호(兪彦鎬)를 위시한 6명과 원임 제학(原任提學) 이휘지(李徽之)・황경원(黃景源)・서명응(徐命膺)・채제공을 위시한 10명 등 각신 16명과 함께 《근사록(近思錄)》의 첫 부분인 태극도설(太極圖說)을 강의하였다. 그 뒤 20일에 정조가 그 행사를 기념하기 위해 당시의 상황을 그려 병풍으로 만들게 하고 그 자리에 참석한 각신들에게 근체시나 고체시 가운데 한 수를 지어 올리라고 명하였다. 《承政院日記 正祖 5年 3月 18日, 20日》 채제공은 경자년(1780) 8월에 대사간 조시위(趙時偉) 등 정적들로부터 홍국영(洪國榮)과 결탁한 역적이라는 공격을 받고 관직에서 물러난 이후 1786년 9월 평안 병사로 부임하기 전까지 6년 동안 한강 가의 노량(鷺梁)과 경기 양주 명덕산(明德山) 기슭인 지금의 서울 성북구 번동에 은거하였다. 명덕산은 수락산의 별칭이다. 이날 행사에는 원임 제학의 신분으로 특별히 참석하였다.

33 규성(奎星) : 이십팔수(二十八宿)의 열다섯째 별자리로, 열여섯 개의 별로 이루어져 있다. 입하절(立夏節)의 중성(中星)으로, 서쪽에 위치한다. 문운(文運)을 맡은 별로 이것이 밝으면 천하가 태평하다고 한다. 또한 제왕의 저술이나 친필을 찬미하거나 그것들을 보관하는 장소의 이름으로 쓰기도 한다.

34 성인 : 여기서는 정조를 가리킨다.

35 높은……틀려 : 《주역》〈건괘(乾卦) 문언(文言)〉에 "구오(九五) 효사의 '대인(大人)'이란……천도에 앞서 행동하더라도 천도와 어긋나지 않고……〔夫大人者……先天而天弗違……〕"라고 한 데서 인용한 것이다.

마침내 문명으로 천하 잘 다스리네　乃以文明善其治
왕년이라 우리 왕 즉위하신 그 당시　往歲吾王初御極
금원에다 특별히 높고 깊은 집 세우니　禁苑別起崇深閣
그 어찌 한가한 때 놀 장소 때문이랴　豈爲閒時游燕所
선대 임금 저술을 소장하기 위함일레　恭貯先朝雲漢作
이유[36] 서가 궁중 향 흩어지지 아니하고　天香不散二酉架
석거[37] 시축 오색구름 길이 수호하는데　彩雲長護石渠軸
비로소 좋은 이름 규장이라 명명하니　嘉名肇以奎章錫
천상 인간 두 곳에 서기가 감돈다네　天上人間兩瑞色
용도각의 옛 규범 자세히 고찰하여　細攷龍圖舊範軌
영주 여섯 학사를 새로이 배치하고[38]　新置瀛洲六學士

36 이유(二酉) : 지금의 호남성(湖南省) 원릉현(沅陵縣) 서북쪽에 있는 대유(大酉)·소유(小酉) 두 산을 말한다. 소유산 동굴 속에 서적 1000권이 보관되어 있어 진(秦)나라 사람이 그곳에 숨어 글을 읽었다는 전설로 인해 많은 서적을 소장한 장소를 뜻한다.

37 석거(石渠) : 서한(西漢) 때 장안의 미앙궁(未央宮) 북쪽에 있던 석거각(石渠閣)이다. 그 당시 황실의 서적을 소장하던 곳이므로 규장각을 그에 견준 것이다.

38 용도각(龍圖閣)의……배치하고 : 용도각은 송 진종(宋眞宗) 함평(咸平) 원년(998)에 도성의 회경전(會慶殿) 서쪽에 세운 황실 장서각이다. 태종(太宗) 진종(眞宗)의 어필과 어제 문집 및 전적, 도화, 보물, 세보 등을 수장하였으며, 학사(學士), 직학사(直學士), 대제(待制), 직각(直閣) 등 관원을 두었다. 영주(瀛洲)는 당나라 한림원의 별칭인데, 여기서는 규장각을 가리킨다. 정조가 즉위년(1776) 9월에 용도각의 직제를 본떠 제학(提學) 2인, 직제학(直提學) 2인, 직각(直閣) 1인, 대교(待敎) 1인을 규장각 관원으로 두었다. 그 당시 제학은 황경원(黃景源)·이복원(李福源), 직제학은 홍국영(洪國榮)·유언호(兪彥鎬), 직각은 이병모(李秉模)를 임명하고 대교는 보류하였다가 1777년(정조1) 4월 21일 서용보(徐龍輔)를 임명하였다. 《宋史 卷7 眞宗本紀》《日省錄 正祖 卽位年 9月 25日, 1年 4月 21日》

그 편액 이문지원 네 자의 큰 글씨가	摛文之院四大字
빛나는 어필이라 홍사를 입혔다네[39]	煌煌寶墨紅紗被
마땅히 직숙할 곳 없는 것이 유감이고	但恨豹直無定處
좁은 데다 대내와 가까운 게 문제라서	或嫌湫隘或太邇
오위부 그 자리로 비용 줄여 옮기자는	畫省新移五衛府
각신이 올린 상소 임금께서 승락했네[40]	閣臣拜疏王曰唯
이때는 바야흐로 재위 오년 춘삼월	時維五年春三月
밤비가 그친 뒤에 궁궐 꽃이 피었는데	夜雨初霽宮花發
이른 아침 어가가 이문원에 내리니	詰朝鑾輿下院中
태양빛이 만물과 함께함을 마다 않네	太陽不辭同萬物
시임에다 원임들 열여섯 각신들이	時原閣臣十有六
예복 차림 근엄하게 동서로 나눠 선 뒤[41]	東西肅肅羅簪笏

39 그 편액……입혔다네 : '이문지원(摛文之院)'은 규장각의 별칭이다. 홍사(紅絲)는 현판에 먼지가 앉지 않도록 씌운 천을 말한다. 신축년(1781, 정조5) 3월 15일 정조의 어필인 '摛文之院'을 규장각의 편액으로 걸었다. 《日省錄 正祖 5年 3月 15日》

40 마땅히……승락했네 : 오위부(五衛府)는 오위도총부(五衛都摠府)의 약칭이다. 정조 즉위년인 1776년 창덕궁 후원에 2층 누각을 세워 아래층은 규장각, 위층은 주합루(宙合樓)로 명명하여 사용하였다. 그러나 그 위치가 임금이 거처하는 대내(大內)와 너무 가까운 데다 비좁고 외지다고 하여 숙정문(肅正門) 밖에 터를 잡아 새로 짓는 문제가 대두되었다. 그리하여 신축년(1781) 3월 10일 규장각 제학 유언호(兪彦鎬)가 차자를 올려, 창덕궁에 있는 오위도총부를 경희궁(慶熙宮)으로 옮기고 규장각을 그 건물로 옮기는 것이 비용도 줄이고 일도 간편하겠다고 건의하였고, 정조도 그에 동의하였다. 《承政院日記 正祖 5年 3月 10日》

41 시임(時任)에다……뒤 : 이때 통례원 인의(通禮院引儀)의 안내에 따라 시임 각신 6명은 동쪽으로, 원임 각신 10명은 서쪽으로 나누어 줄을 섰다.

울리는 음악 속에 여창[42]이 이어지고　簫韶和鳴亙臚唱
절한 뒤 책을 끼고 당 올라 나열했네[43]　拜訖挾冊陞堂列
호학하는 우리 왕 도리 핵심 잡으시고　吾王好學秉道樞
호문하는 우리 왕 큰 선비를 맞이하여　吾王好問延鴻儒
천인성명[44] 관계에 깊은 학식 지니시며　邃學天人性命際
염락관민[45] 아울러 스승으로 삼으셨네　宗師濂洛關閩俱
문종과 성종께서 행하신 일 계승하여　繼述文廟成廟事
무극이요 태극의 그 의미 강론할 제　講討無極太極義
해 뜰 때 임어하여 해가 기울 때까지　日出臨筵至日斜
영명하신 말씀으로 깊은 뜻 연구했네　英音睿說窮奧秘
겸허한 마음으로 간하는 글 구하시고　虛襟款款求諫書
온화한 기색으로 나라 계책 물으시되　和顏一一詢治謨
대소 본말 챙기지 않음이 없으시니　精粗本末無不擧

42 여창(臚唱) : 궁중 의식에서 절차를 소리 높여 창도하는 것을 말하는데, 일반적으로 통례원의 인의가 담당한다.

43 절한……나열했네 : 의식 순서에 따라 당 아래에 두 줄로 선 15명의 각신들이 임금에게 사배례(四拜禮)를 행한 뒤 시임들은 동쪽 계단, 원임들은 서쪽 계단으로 올라와서는 함께 모여, 한 줄로 당 위로 올라와 강석(講席)으로 가서 차례대로 부복하면, 검서관(檢書官)이 책을 나누어 준다.《承政院日記 正祖 5年 3月 18日》 시구에서 말한 순서는 사실과 조금 다르다.

44 천인성명(天人性命) : 천도(天道)와 인사(人事), 사람의 본성과 하늘의 명리(命理)라는 뜻으로, 유학의 핵심 명제이다.

45 염락관민(濂洛關閩) : 송대 이학(理學)을 주도한 네 학파이다. '염'은 염계(濂溪)의 주돈이(周敦頤), '낙'은 낙양(洛陽)의 정호(程顥)와 정이(程頤), '관'은 관중(關中)의 장재(張載), '민'은 복건(福建) 민현(閩縣)의 주희(朱熹)를 가리킨다.

저 옛날 한당 때에 이런 일 있었던가	漢唐曾有此事無
강 파하자 수라간 팔진미가 나오니	講罷御廚來八珍
황봉주[46]라 술병에 넘실대는 임금 은혜	恩波瀲灩黃封壺
소신이 살아생전 성대한 의식 보아	小臣生能覩盛儀
부복하여 감격의 눈물 절로 흘렸네	俯伏自然感淚濡
이 몸 이미 조금도 보답한 게 없는데	此身已孤涓埃報
거친 말로 하늘 같은 은혜 어찌 표현하랴	蕪語那由天日摸
바라는 건 우리 왕 정일 공부[47] 힘쓰시어	但願吾王懋精一
처음처럼 끝까지 소홀함이 없기를	愼終如始無暫忽
새 날개 수레바퀴 그 이치 진실이라	鳥翼車輪理不誣
형식 앞서 반드시 내실부터 다져야	有文必須先其質

46 황봉주(黃封酒) : 송나라 때 관아에서 빚던 술로, 누른 비단이나 누른 종이로 병 입구를 봉했기 때문에 붙여진 이름이다. 여기서는 궁중에서 빚은 술을 말한다.

47 정일(精一) 공부 : 정일은 '유정유일(惟精惟一)'의 약어로, 천하를 다스리는 제왕의 심법(心法)을 말한다. 순 임금이 우(禹)에게 "인심은 위태하고 도심은 은미하니, 정밀하고 전일해야 진실로 그 중용의 도를 잡을 것이다.〔人心惟危, 道心惟微, 惟精惟一, 允執厥中.〕"라고 하였다.《書經 大禹謨》

산중[48]으로 물러나 사는데 규장각의 옛 직함을 지니고 있다는 이유로 땔나무 400근을 내려 주셨다. 이때는 동짓달 그믐이었다. 은덕에 감격하여 적었다

屛居山中 以奎章舊銜 蒙賜燒木四百斤 時至月晦 感恩有述

천상이라 규장각 관원이던 몸	天上奎章閣
산굽이 늙은 상서 행색으로서	巖阿老尙書
워낙 추워 궁궐이 생각나는데	寒多念玉宇
큰 은혜 산중살이 물어 주셨네	恩重問山居
율관 부는 골짜기 온기 퍼지고[49]	谷律吹應遍
잿불 식은 부엌에 불을 지피자	廚灰溺更爐
태평 시대 성대한 기상이로세	昇平紛氣像
궁한 마을 밥 짓는 연기 에워싸네	烟火繞窮閭

48 산중 : 명덕산(明德山), 즉 수락산을 말한다.

49 율관(律管)……퍼지고 : 율관은 대나무로 만든, 양(陽)의 음률을 조정하는 기구이다. 전국 시대 추연(鄒衍)이 연(燕)나라의 추운 골짜기에서 이것을 불자 따뜻한 기운이 돌았다고 한다. 《예문유취(藝文類聚)》 권9에 인용된 〈별록(別錄)〉에 "추연이 연나라에 있을 적에 어떤 골짜기가 토질은 좋지만 추워서 오곡이 자라지 않았다. 추연이 그곳에 머물면서 율관을 불자, 따뜻한 기운이 돌아와 곡식이 자라났다. 지금 그곳의 이름을 서곡(黍谷)이라 한다."라고 하였다. 차갑던 골짜기가 추연이 피리를 분 것으로 인해 따뜻해져 곡식이 자랐듯이 무덤덤하던 채제공의 감정이 정조의 시구로 인해 생기가 돌았다는 뜻인 듯하다.

선달에 상께서 규장각의 영첨[50]에게 명하여 태복시[51]의 말을 타고 명덕산으로 달려가 납약과 낙죽[52]을 하사하게 하였다. 아울러 성상의 유지(諭旨)를 전하기를 "날씨가 매우 추운데 병은 없는가? 오랫동안 보지 못해 정말 섭섭하오."라고 하였다. 신은 절하고 머리를 조아린 뒤 삼가 시로써 특별한 은전을 적었다

臘月 上命奎章閣領籤騎太僕馬 馳到明德山中 賜臘藥酪粥 仍傳聖諭曰 寒甚能無疾否 久不見 良覺悵然 臣拜稽首 謹用韻語 以識異恩

사립문에 갑자기 맑은 기운 감도니	蕤蕤光氣忽柴荊
뜻밖에 임금 사자 대궐에서 내려왔네	分外王人落紫淸
선달 추운 때라서 천신 병 걱정이요	時際臘寒憂賤疾
조정 오래 떠나니 임금 정 두터워라	久違文陛藹宸情
주발 넘친 낙죽은 건강 위한 은혜요	珍酥溢椀恩兼潤
봉지 가득 명약은 살리고픈 사랑일세	名藥盈包愛欲生
궁궐에 시기 질투 많다고 들었거니	聞說漢宮多忌妒
이 영예 엿듣고서 놀랄까 두렵구나	恐敎垣耳駭殊榮

50 규장각의 영첨(領籤) : 규장각의 5품 관직으로, 어제(御製)의 시문을 베껴 쓰고 봉안하는 일을 담당하였다.

51 태복시 : 사복시(司僕寺)의 별칭이다.

52 납약(臘藥)과 낙죽(酪粥) : 납약은 내의원(內醫院)에서 납일(臘日)에 조제하는 환약으로, 청심원(淸心元) · 안신원(安神元) · 소합원(蘇合元) 등이 있다. 관례적으로 연말에 임금이 가까운 신하들에게 나누어 주었다. 낙죽은 타락죽(駝酪粥)의 약칭이다. 물에 불린 쌀을 맷돌에 갈아 끓이다가 우유를 섞어서 쑨 죽으로, 노인들의 영양식이다.

왕대비 전하께서 홍의(紅衣)[53]를 보내 주머니 한 자루를 주셨는데, 이는 특별한 은전이다. 삼가 생각건대 궁궐 안에서 볼 때 신이 선왕 때 대우를 가장 잘 받았던 몸으로 못 소인배들에게 미움을 받아 지금 죽을 처지에 놓인 것이 가엽다는 생각이 들었을 것이므로 이것을 통해 그와 같은 뜻을 보여 주셨을 것이다. 머리를 조아려 백번 절하고 눈물을 흘리며 이 시를 쓴다 임인년(1782, 정조6)

王大妃殿下 使紫衣人賫賜囊子一部 此異恩也 伏想殿闈之內 惻念臣以先朝最被知遇之身 慍于群小 方在萬死之境 故特以此視之意也 稽首百拜 和淚書此 壬寅

창오산[54] 지는 해를 오열하며 바라보니 泣望蒼梧落景微
서리 앞둔 잎사귀 뉘에게 의지할꼬 待霜危葉欲誰依
외로운 신의 사정을 궁중에서 서글퍼해 深宮惻念孤臣事
우리 대비 특별한 은혜를 끼치셨네 異渥煩蒙我大妃
백발로 영락하니 사는 것도 싫다마다 白首支離生亦厭
홍의 보내 위문한 일 옛적에도 드물었지 紫衣臨問古猶稀
궁할 때 재물 봐도 도리 우선 생각해야 窮途見物還思義
독점했던 어제 잘못 이제야 깨달았네 囊括從今悟昨非

53 홍의(紅衣) : 궁궐의 하인이 입는 붉은 옷으로, 궁궐 하인을 뜻한다.

54 창오산(蒼梧山) : 지금의 호남성(湖南省) 영원현(寧遠縣) 남쪽에 있는 구의산(九疑山)의 다른 이름이다. 순 임금의 무덤이 있다는 산인데, 여기서는 영조의 능이 있는 곳을 가리킨다.

내려 주신 세 가지 어류를 받고 머리를 조아리며 감회를 적다[55]

蒙賜三種魚族 稽首識感

건어물로 저자에 내걸릴망정	縱置枯魚肆
꼬리 쳐 애걸함은 부끄러웠지	耻爲搖尾憐
가난한 내 부엌에 별미 없다가	貧廚無別味
밥숟갈을 더 뜨니 자궁 은혜라	加飯荷慈天
곤어 변한 붕새는 전생의 헛꿈[56]	鵾化前生是
교인 흘린 구슬은 노년에 많아[57]	鮫珠老去偏

55 내려……적다 : 정적들에 의해 죄인으로 몰려 곤궁하게 은거하고 있던 채제공이 왕대비전이 보내 준 건어물을 받자, 고마운 반면에 자신의 처지가 죽은 그 건어물과 다를 게 없다는 느낌이 들어 건어물을 통해 자존심과 회한으로 얼룩진 자기를 대변하였다.

56 곤어(鵾魚)……헛꿈 : '鵾魚'는 '鯤魚'와 같다. 북쪽 바다에 그 크기가 몇천 리나 되는지 짐작할 수도 없는 곤(鯤)이라는 물고기가 붕(鵬)이라는 거대한 새로 변해 구만 리 상공으로 날아오른다는 《장자(莊子)》의 우화를 인용하여, 자신을 그에 견준 것이다. 곧 곤어 같은 비범한 자질을 갖추고 붕새처럼 비약하여 크게 성공하였지만 그건 모두 지나간 옛일이 되어 버려 지금 생각할 때 허무하다는 것이다. 주제가 물고기이므로 곤(鯤)을 거론하였다.

57 교인(鮫人)……많아 : 원문의 '교주(鮫珠)'는 인어인 교인의 눈물이란 뜻인 교루(鮫淚)와 같다. 흔히 자기가 눈물 흘리는 것을 겸손하게 표현하는 용어로 쓰인다. 현재 채제공이 늙어 갈수록 상황이 악화되어 눈물 흘리는 일이 많다는 것이다. 위 의 구절과 마찬가지로 여기서도 곤어를 노래한 주제의 특성에 맞추어 인어라는 뜻의 교(鮫)를 인용하였다.

허허 거참 이놈들 꾀가 작아서	嗤渠少智慮
깊은 못 엎드릴 줄 몰랐고말고[58]	未解伏深淵

58 허허……몰랐고말고 : 죽어서 말라비틀어진 이 고기들이 이전에 만약 수면 위로 올라와 함부로 돌아다니지 않고 물속에 깊이 가라앉아 조용히 지냈더라면 어부의 무지막지한 손에 잡히지 않았을 것이라고 하여, 지난날 자신의 존재를 너무 드러내지 않고 자제했더라면 사람들의 질투를 유발하지 않아 현재와 같은 고초를 당하지는 않았을 것이라고 해학적으로 표현한 말이다.

10월 15일 밤에 특별히 경조윤으로 제수되었는데 분부가 정중하였다. 새벽을 알리는 북소리가 멈추자마자 임금의 패초가 이미 강변 집에 당도하였다. 감격에 겨워 이 시를 쓴다[59]

十月十五夜 特除京兆尹 恩敎鄭重 曉鼓纔撤 天牌已臨江舍 感泣書此

죽을 내가 오히려 살아 있기에	萬死吾猶在
작은 재주 상께서 가엽게 여겨	微才上獨憐
강호라 이곳으로 보름날 밤에	江湖十五夜
대궐에서 교지가 내려왔다네	恩旨九重天
물속 잠긴 교룡은 촛불에 꿈틀	燭影潛蛟動
잠든 새 인기척에 자리 옮겨 가	人聲宿羽遷
어렴풋한 도성을 바라보면서	依俙望城闕
구름 안개 향하여 눈물 적시네	霑灑向雲烟

59 10월……쓴다 : 임인년(1782, 정조6) 10월 15일 밤에 정조가 승정원에 비망기를 내려 지중추부사 채제공을 한성부 판윤으로 제수한다고 하면서 즉시 패초(牌招)하라고 하였다. 《承政院日記 正祖 6年 10月 15日》

임금께서 여러 번 불렀는데 그때마다 응할 수 없다고 진달한 것은 나의 처지가 감히 더 이상 조정의 관직을 욕되게 할 수 없었기 때문이다. 그런데 재촉하는 성지가 더 심해져서 채제공이 패초를 어겼다는 말로 품의하지 말라고 승정원에 명하였다. 어쩔 수 없이 삼포로부터 패초를 따라 날이 저물 무렵에 남쪽 성문으로 들어가 금오의 문[60] 밖에서 임금의 처벌 명령을 기다렸는데, 궁궐 문을 잠그지 말라고 명하고 입시할 것을 재촉하였다. 승정원 하인의 발길이 밤새도록 이어졌지만 감히 나의 뜻을 바꿀 수 없었다. 너무도 감격하고 황공한 나머지 눈물을 닦으며 이 시를 지었다

屢召屢違 以情勢不敢復玷周行也 聖旨敦勉益甚 命喉院無得以違牌稟 不得已自三浦隨牌 暮入南城 胥命金吾門外 命留禁門鑰促入侍 院隷終夜踵相接 猶不敢變動 感惶之極 抆涕有吟

거듭거듭 유지(諭旨)가 궁궐에서 내려와	重疊恩言下紫淸
강호에서 늦게 출발 도성이 저물었네	江湖晩發暮王城
황혼이라 누대 빛 눈 속에 익숙하고	微曛眼慣樓臺色
오랜만의 종소리 귓전에 생소하다	久別耳生鍾漏聲
어째서 세상 사람 굳이 날 죽이려 해	何事世人曾欲殺
우리 군주 깊은 밤 잠 못 들게 하는고	枉勞明主夜凝情
지난날 베갯머리 가물대던 촛불이	回憐枕畔熒熒燭
오경까지 신 마음 비추던 일 생각나[61]	照得臣心到五更

60 금오(金吾)의 문(門) : 의금부의 정문이다.

상께서 동지절에 영희전에 친제한[62] 뒤 신을 규장각 검교제학으로 삼아 본각을 지키게 하기 위해 아패[63]로 명소하였다. 신이 금호문[64] 밖으로 달려가 있으면서 곤란한 처지로 인해 아패를 반납하고 감히 나아가지 못했다. 이때 상께서 궁궐을 나오다가 진선문[65] 밖에서 연(輦)을 멈추고 하교하기를 “내가 꼭 제학이 달려 들어오는 것을 보아야겠다.”라고 하였다. 신이 어쩔 수 없이 명을 받들어 들어가자, 연 앞에 입시할 것을 명하고 웃으면서 이르기를 “어쩌면 그렇게까지 지나치오. 부디 침소로 잘 들어가 밤을 보내시오.”라고 하였다. 신은 감격에 겨워 이문원으로 물러나 직숙하면서 밤에 앉아 이 시를 적었다

上以冬至節親祀永禧殿 以臣爲奎章閣檢校提學 俾守本閣 用牙牌命召臣趨詣金虎門外 以情勢納牌不敢進 時上方出宮 駐輦進善門外 敎曰 予當觀提學趨入 臣不得已承命 命入侍輦輿前 笑曰 何其過也 須善寢以度夜 臣感泣 退直摛文院 夜坐有述

61 지난날……생각나 : 정조가 세손 시절 정적들에게 지속적으로 살해 위협을 받을 당시, 채제공이 불안한 나머지 밤늦도록 잠들지 못하고 노심초사했다는 말인 듯하다.

62 상께서……친제한 : 계묘년(1783, 정조7) 11월 29일에 정조가 영희전에서 동지제를 행하였으나 《승정원일기》와 《일성록》 등의 사료에 이날 채제공에 관한 언급이 없어 그 정확한 시기는 알 수 없다. 다만, 다음 작품의 저술 시기가 무신년(1788)임을 고려할 때 1783년부터 1788년 사이일 것으로 추정된다.

63 아패(牙牌) : 왕이 규장각 신하를 부르는 데 쓰는 직사각형 모양의 소패(召牌)이다.

64 금호문(金虎門) : 창덕궁의 정문인 돈화문 서쪽에 있는 문으로, 대신들이 창덕궁으로 들어올 때 주로 이 문을 이용하였다.

65 진선문(進善門) : 돈화문을 지나 금천교(錦川橋)를 건너면 나오는 중문(中門)이다.

별빛처럼 빛나는 어필 새긴 아패를　　牙鐫御押爛昭回
정오 무렵 대궐로 받들어 반납한 뒤　　擎納天門午景催
들려오는 전갈이, 금천교 윗길에서　　傳道禁川橋上路
임금 행차 소신을 기다리고 있다네　　鑾輿留待小臣來

두 번째 其二

근엄한 시위대로 뒤뚝이며 나아가니　　病脚蹌蹌羽衛傍
봄빛 같은 용안이 돌아보며 웃으셨네　　天顔顧笑藹春光
하룻밤 규장각의 청릉[66]으로 직숙하니　　奎章一夜青綾直
미천한 몸 위하는 임금 생각 깊은지고　　尙爲微躬睿念長

세 번째 其三

귀한 책 옥 벼루에 향기도 은은한데　　瑤籤玉硯細熏香
구사일생 다시 오니 백발이 길다마다　　萬死重來白髮長
규장각은 본디가 천상에 있는 건데　　自是奎章天上在
어이하여 옛 어랑 제대로 얻었는고[67]　　如何盛得舊漁郎

66 청릉(青綾) : 관원이 직숙할 때 덮는, 푸른 비단으로 만든 이불이다.

67 규장각은……얻었는고 : 1777년(정조1) 4월에 규장각 제학이 되어 국정을 주도하던 채제공이 정적들의 공격으로 인해 야인으로 있다가 이제 또 검교제학이 되어 규장각에 들어온 것을 규장각의 입장에서 희화적으로 말한 것이다. 천상은 세속과 동떨어진 무릉도원(武陵桃源)과 같은 별세계를 말하는데, 궁궐 안에 있는 규장각을 그에 비유하였다. 어랑(漁郎)은 도연명의 〈도화원기(桃花源記)〉에 나오는 어부를 가리킨다. 구릉

선달 24일 약방 도제조에 제수되어 그 이튿날 내의원에서 직숙하였다. 밤이 깊었을 때 상께서 사알[68]에게 명해 분부를 전하게 하기를 "몇 해가 지난 뒤에 경이 대궐에서 직숙하는 것을 보니 마음이 든든하오. 술과 안주를 준비하여 보내니 경은 취하게 마시고 배불리 먹어 직려[69]의 추위를 막기 바라오."라고 하였다. 신은 절하고 머리를 조아린 뒤 눈물을 닦으며 감회를 썼다 무신년(1788, 정조12)

臘月二十四日 拜藥房都提擧 其翌直宿院中 夜深 上命司謁宣教曰 幾年之後 見卿禁直 心焉有恃 備酒饌送之 卿其醉飽 以禦直廬之寒也 臣拜稽首 抆涕書懷 戊申

임금 승하 이후로 십 년이 지나도록 天崩以後十經霜
이 몸 다시 약방에 근접하지 않다가 不復將身近藥房
오늘 밤 흰머리로 촛불 아래 있노라니 今夜白頭孤燭下
건공탕 올리는 듯 어리둥절하여라[70] 恍疑監進建功湯

에 사는 황도진(黃道眞)이라는 어부가 시냇물을 따라 올라가다가 복사꽃이 만발한 숲을 만났고, 더 깊이 들어간 끝에 세상과 떨어져 즐겁게 태평한 삶을 사는 별세계의 사람들을 만났다. 어부가 집으로 돌아와 태수에게 그 이야기를 들려주자, 태수가 사람을 시켜 어부를 앞세우고 그곳을 다시 찾아보게 하였으나 결국 찾지 못했다고 한다. 《陶淵明集 卷6 桃花源記》

68 사알(司謁) : 액정서의 정6품 잡직으로, 임금의 명을 전달하는 임무를 맡았다.

69 직려(直廬) : 시종신들이 직숙하던 곳이다.

70 건공탕(建功湯)……어리둥절하여라 : 건공탕은 '이중건공탕(理中建功湯)'의 약칭이다. 본디 이중탕(理中湯)인데, 영조가 이 약을 복용한 뒤에 효과를 거두었다고 하여

두 번째 其二

산에 있지 않으면 물가에 있으면서	不在山中卽水濱
한가로이 어조와 이웃하여 지내다가	等閒魚鳥與爲隣
십 년 만에 비로소 궁궐 누고(漏鼓)[71] 들으니	十年始聽金門漏
오늘 밤이 도리어 꿈속인가 어리둥절	今夜還疑夢裏身

세 번째 其三

임금이 은언[72] 함께 팔진미 보내시어	天上恩言送八珍
황봉주[73] 술 한 통에 오경이 봄이로세	黃封一榼五更春
술잔 잡고 웃으며 현명[74]에게 이르나니	持杯笑向玄冥道
이제부터 풍설로 감히 교만 부릴쏘냐	風雪從今敢傲人

1758년(영조34) 12월 21일 약 이름을 그렇게 부르게 하였으며, 그 이후 1776년 3월 승하할 때까지 계속 복용하였다. 채제공이 영조 때 내의원 제조로 재직하면서 이 약을 조제하여 올렸는데, 이제 또 그 직임을 맡아 내의원에서 직숙하노라니 그 당시로 돌아간 듯 착각하였다는 것이다. 《英祖實錄 34年 12月 21日》

71 누고(漏鼓) : 시각을 알리기 위해 치는 북소리이다.

72 은언(恩言) : 임금의 은혜로운 유지(諭旨)라는 뜻이다.

73 황봉주 : 송나라 때 관아에서 빚던 술로, 누른 비단이나 누른 종이로 병 입구를 봉했기 때문에 붙여진 이름이다. 여기서는 궁중에서 빚은 술을 말한다.

74 현명(玄冥) : 겨울의 신이다.

섣달 그믐날 밤에 상께서 남극노인성 그림 두 장을 하사하였는데, 이는 천신이 설날 아침에 기사[75]로 들어갈 예정이었기 때문이다. 삼가 절구 한 수로 감축하는 정성을 부쳤다

除夕 上賜南極老星畫二張 蓋以賤臣用元朝將入耆社也 謹以一絶 寓感祝之誠

길러 준 하늘 사랑 이미 많이 받았거니	生成已荷上天慈
분수 밖 교송[76] 장수 어찌 감히 기대하랴	分外喬松敢自期
신에 대한 임금 축수 신이 도로 드려서	君與臣齡臣反獻
남극성 빛을 돌려 궁궐을 감싸고파	願回南極護丹墀

75 기사(耆社) : 기로소(耆老所)의 별칭이다. 70세가 넘는 정2품 이상의 문관들을 예우하기 위해 마련한 기관이다.

76 교송(喬松) : 전설 속의 신선인 왕자교(王子喬)와 적송자(赤松子)의 병칭이다. 왕자교는 본디 주 영왕(周靈王)의 태자 진(晉)인데, 도사 부구공(浮丘公)에게 신선술을 배워 신선이 되었고, 적송자는 진(晉)나라 때 금화산(金華山) 석실(石室) 속에서 도를 깨달아 신선이 되어 500년을 살았다고 한다. 《列仙傳》《神仙傳》

9월 24일 구대[77]하기 위해 입궐하자, 상께서 하교하기를 "오늘 바람 기운이 매우 사나우니 약원에 유숙하기 바라오." 라고 하였는데, 이때 천신이 약원 도제조의 직임을 띠고 있었기 때문이다. 밤 3경에 사알에게 명하여 어주와 좋은 안주를 보내 주게 하였다. 머리를 조아린 뒤 취하게 마시고 배불리 먹으면서 감격에 겨운 마음을 시로 드러냈다

기유년(1789, 정조13)

九月二十四日 爲求對詣闕 上下敎曰 今日風氣甚惡 須留宿藥院 時賤臣帶藥院都提擧故也 夜三鼓 命司謁致御酒珍肴 稽首醉飽 感見于詩 己酉

임금 계신 궁궐 옆 높다란 내의원에　內院岧嶢傍王宸
노의원이 옛 신하 영접해 들였는데　老醫迎入舊時臣
임금의 은택으로 좋은 안주 술 내오니　珍羞異醞隨恩澤
시위소찬(尸位素餐)[78] 재상을 무슨 일로 우대하나　何取中書素食人

77 구대(求對) : 청대(請對)와 같은 용어로, 신하가 급한 일이 있을 때 임금에게 뵙기를 청하는 것을 말한다.

78 시위소찬(尸位素餐) : 재덕이나 공로가 없어 직책을 다하지 못하면서 자리만 차지하고 녹을 받아먹는 것을 겸손하게 이르는 말이다.

10월 13일 총호사로서 현륭원에 머물러 그곳의 공역을 감독하던 중, 조정에 풍파가 일어났다는 소식[79]을 듣고 말을 달려 숭례문 밖으로 돌아왔다. 이날 하루 동안 임금이 여러 번 불렀으나 그때마다 나아가지 않자, 정중한 분부를 내리고 재상의 직임[80]을 해면해 달라는 요구를 윤허하였다. 밤에 머리맡에서 감격에 겨워 대뜸 생각나는 대로 시를 지었다

十月十三日 以摠護使留顯隆園 董園上役 聞朝著有風波 馳還崇禮門外 一日之內 屢召而屢不進 恩敎鄭重 許解相職 夜枕感泣 率爾有詩

이 나라 재상 벼슬 그만두고서	始辭千乘相
한 선반의 서책을 다시 대하니	重對一床書
험로를 모면한 걸 알겠고말고	險路吾知免
내 마음[81] 처음 상태 돌아왔구나	天君爾返初

79 조정에……소식 : 1779년(정조3)에 막강한 권력을 행사하던 홍국영(洪國榮)이 정조의 이복동생인 은언군(恩彦君) 이인(李裀)의 아들 이담(李湛)을 왕의 후계자로 삼고자 모의하고 정조의 비 효의왕후(孝懿王后) 김씨(金氏)를 독살하려 했다는 죄목으로 실각하였다. 그와 교분이 두터웠던 채제공도 1780년 역적으로 공격을 받아 야인으로 있다가 6년 만인 1786년에 조정으로 복귀하였다. 그런데 궁비 연애(連愛)의 공초(供招)로 인해 그해 겨울에 이담이 독약을 마시고 죽자, 조정 대신들이 은언군을 처벌해야 한다고 끊임없이 주장하였다. 그러다가 1787년 10월 13일 판중추부사 정존겸(鄭存謙)이 2품 이상의 관원들을 데리고 빈청에서, 적비(賊婢) 연애 등의 공초에 언급된 사건 관련자들을 국청을 개설하여 엄중히 심문하여 사실을 캐내라고 계청하였는데, 연애의 공초에 채제공과 관련된 내용이 있었던 것으로 보인다. 《正祖實錄 3年 9月 26日, 4年 8月 15日, 11年 1月 11日 · 19日, 13年 9月 26日 · 10月 13日》

80 재상의 직임 : 이때 채제공이 좌의정으로 있었다.

벼슬은 장구지책 아니었기에　　　　隨行非久計
감격이 제수보다 갑절이로세　　　　感德倍新除
베 이불이 오늘 밤 평온타마다　　　　布被今宵穩
가뿐하여 이내 몸 절로 펴이네　　　　輕輕體自舒

81 내 마음 : 생각을 담당하는 기관인 심장이 인체의 중심에서 다섯 기관을 다스린다고 하여 생긴 말로, 마음의 별칭으로 쓰인다.

신해년(1791, 정조15) 상신에 상께서 태사에 풍년을 기원하는 행사에 천신이 아헌관으로 시종하였는데, 가까이 모시는 사람에게 명하여 진기한 음식을 담은 찬합 하나를 전해 주게 하였다. 머리를 조아리며 감회를 적었다[82]

辛亥上辛 上祈年太社 賤臣以亞獻官從 命近侍人傳珍饌一盒 稽首識感

임금께서 특별한 은덕 자주 내렸는데	便蕃殊錫自天申
귀한 음식 찬합이 앞에 또 놓이었네	寶盒羅前玉饌新
생사 간에 임금 위한 일편단심 이 마음	生死報君心一片
사직단 촛불처럼 신명 환히 알리라	社壇高燭有明神

82 신해년……적었다 : 채제공이 72세 때인 1791년(정조15) 1월 5일에 쓴 작품이다. 상신(上辛)은 매달 첫 번째 신일(辛日)을 이른다. 그해 1월의 첫 번째 신일은 신사일인 6일이었으나 실제 행사는 하루 전 경진일인 5일 진시(辰時)에 거행하였다. 태사(太社)는 사직단의 별칭이다. 채제공은 이때 좌의정이었다.

장단부에서 정오에 말에게 꼴을 먹이고 출발하려 할 적에 금오랑[83]이 갑자기 하는 말이 "밀봉한 성상의 분부에 '장단부에 도착하면 그곳에 부처하여 머물게 하라.'라고 되어 있소." 하였다. 그리하여 시골집으로 들어가 머물면서 감격에 겨워 시를 지었다[84] 임자년(1792, 정조16)

長湍府午秣將發 金吾郎忽以爲密奉上敎 行到長湍府 付處而止 於是就村舍以接 感泣成詩 壬子

임진강을 건널 제 새벽 서리 옷깃 가득	曉渡臨津霜滿裾
서쪽 풍주 바라보는 내 심정 어떠한고	豐州西望意何如
윤음 받은 금오랑 은혜가 고마우니	金吾恩大領綸際
말 내리자 초가집 인연이 깊다마다	茅屋緣深下馬初
앉은 자리 이불 풀어 하나씩 깔아 놓고	口座解衾羅稍稍
작은 부엌 밥을 지어 느긋하게 내오네	小廚爲飯進徐徐

83 금오랑(金吾郎) : 의금부 도사의 별칭이다.

84 장단부(長湍府)에서……지었다 : 임자년(1792, 정조16) 10월의 작품이다. 그해 9월 25일에 판중추부사 박종악(朴宗岳)이 상소하여 채제공 등이 역적 신기현(申驥顯)의 아들을 조흘강(照訖講)에 합격시킨 윤영희(尹永僖)를 두둔하였다고 공격한 뒤 도제조 홍낙성(洪樂性)과 대사헌 조윤대(曺允大), 대사간 유강(柳焵) 및 승정원 관원들이 또 대거 가세하였다. 이로 인해 처음에는 관작이 삭탈되고 문외로 출송되었다가 벌이 가중되어 황해도 풍천(豐川)으로 유배하라는 처분이 내려졌다. 그런데 유배지로 가던 도중 장단부로 부처(付處)된 것이다.《承政院日記 正祖 16年 9月 25日, 10月 4日·8日·9日·10日·14日》부처는 '중도부처'의 준말로, 유배에 처한 죄인에게 그 정상을 너그럽게 참작하여 유배지까지 가지 않고 중간에 한 곳을 정해 머물게 하는 것이다.

고마워라 송악 백성 다리 앞 길가에서　　　　　猶憐崧岳橋前路
저물녘에 먹거리로 헛되이 날 기다려　　　　　日暮壺漿浪待余

소식을 들으니, 송도의 백성들이 나의 귀양 걸음을 미리 탐지하고는 오늘 저녁 때 본부에 당도하여 저마다 밥 소쿠리와 국 항아리를 가지고 낙타다리에서 기다리고 있었다 한다.

동짓날 임금이 역서 열 건을 하사하였는데, 이렇게 나누어 준 것이 여러 번이었다. 겉봉에 '규장각 원임 제학(奎章閣原任提學) 채(蔡)'라고만 쓰고 이름자를 쓰지 않았다. 머리를 조아리며 삼가 받고 시로써 감회를 적었다

至日 御賜曆書十件 頒及纍次 外封 書以奎章閣原任提學蔡 不書名字 稽首祇受 詩庸識感

번쩍이는 책력이 대궐에서 내려오니	曆日煌煌降紫淸
놀라며 의아타가 지난날 떠올리네	驚疑忽復念前生
어이해 만번 죽을 강변의 귀양객이	如何萬死江潭客
오히려 규장 학사 이름을 띠었는고	猶帶奎章學士名

동짓달 9일에 은혜로운 사면을 받들고 즉시 출발하여 말 위에서 감격하여 읊다
至月九日 奉恩赦卽發 馬上感吟

큰길로 파발마가 쉬지 않고 달려오더니	官道星馳撥騎回
사면 문서 왔다고 관리 급히 알리었네	吏人趨報赦書來
두 번 본 임진 달에 객의 심정 외롭고	羈懷再見臨津月
방금 핀 역로 매화 기쁜 빛 완연하다	喜色俄開驛路梅
말 머리의 하늘 땅 유달리 광활하고	馬首乾坤偏覺濶
하늘가의 평원은 아득히 말끔하다	日邊原野浩無埃
내 마음 처자식이 그리워서 아니라	此心非爲妻兒戀
중신이라 대궐로 가는 마음 재촉해	要近瓊樓去意催

이달 25일 특별히 윤음을 내리고 직첩을 환급하였다. 그 윤음에 "뛰어나게 본보기를 세워 옛사람의 선견지명에 부끄럽지 않았기 때문이다."라고 한 내용을, 절하고 머리를 조아리며 정중하게 읽은 뒤 눈물을 흘리면서 감회를 적었다[85]

是月二十五日 特下綵綸 還授職牒 若曰卓然之樹立 不愧古人先見之明 拜稽莊誦 抆淚識感

은언 가득한 종이를 급하게 펼쳐 놓고	恩言滿紙手忙開
눈물 줄줄 흘리며 백번이고 읽어 보네	淚拭雙行誦百回
지난 오 년 그 무슨 세운 것이 있었던가	五載有何能樹立
마음만은 언제나 은혜 갚길 다짐했지	寸心非不誓涓埃
봄빛 보낸 창오산 음기가 걷히었고[86]	梧岑送色窮陰捲
온기 도는 초가집 아침 해 떠오르네	茅店生溫瑞旭來

85 이달……적었다 : 채제공이 1792년(정조16) 11월 9일 사면되어 장단 유배지에서 양주 서면(西面) 검암(黔巖)으로 가 머물러 있던 중, 25일에 내린 정조의 비망기를 접하고 쓴 작품이다. 그 비망기의 내용은 "이전에 내린 처분이 기본 사실을 벗어나 소소한 문제까지 완전무결할 것을 지나치게 요구했던 이유는 그가 뛰어나게 본보기를 세워 옛사람의 선견지명에 부끄럽지 않은 점이 있었기 때문이다.……채제공에게 그 직첩을 환급하라."라고 되어 있었다. 《日省錄 正祖 16年 11月 25日》

86 봄빛……걷히었고 : 창오산(蒼梧山)은 순 임금의 무덤이 있는 곳인데, 여기서는 영조의 능을 가리킨다. 영조의 증손이자 정조의 조카인 상계군(常溪君) 이담(李湛)이 역적으로 공격을 받아 음독자살한 뒤에 이담의 아버지인 은언군(恩彦君) 이인(李裀)을 처벌하는 문제로 조정이 시끄러웠다가 이때 어느 정도 안정되었으므로 잔뜩 움츠렸던 영조의 혼령도 따스한 봄빛처럼 풀렸을 것이라는 뜻으로 하는 말이다.

정감 가는 태곳적 훈전의 노랫가락	千古關情薰殿曲
어진 고굉 밝은 원수 만사가 편안하리[87]	股肱元首事康哉

87 정감……편안하리 : 훈전(薰殿)은 순 임금의 궁전을 말한다. 순 임금이 "남풍이 훈훈하게 불어옴이여.〔南風之薰兮.〕"라고 시작되는 〈남풍가(南風歌)〉를 부른 일이 있기 때문에 생긴 말이다. 고굉(股肱)은 팔다리로 신하를 뜻하고, 원수(元首)는 머리로 임금을 뜻한다. 순 임금이 노래하기를 "고굉이 기뻐하면 원수가 일어나서 백관 일이 순탄하리.〔股肱喜哉, 元首起哉, 百工熙哉.〕"라고 하자, 고요(皐陶)가 "원수가 밝으시면 고굉이 어질어서 온갖 일이 편안하리.〔元首明哉, 股肱良哉, 庶事康哉.〕"라고 화답하였다.《書經 虞書 益稷》 먼 옛날 성군과 현신인 순 임금과 고요가 서로 뜻이 맞아 태평성대를 이루었듯이 대신으로서 정조의 인정을 받고 있는 채제공 자신도 임금과 함께 이상적인 정치를 이뤄 내고 싶다는 희망을 드러낸 것이다.

성상께서 천신이 어느 날 입성할 것인지 내각으로 하여금 알아 가지고 들어오게 하였으므로 내각이 파발꾼을 보내 물어 왔다. 감격하여 시를 지었다

聖上問賤臣何日入城 使內閣知入 內閣馳撥以問 感以有述

맑고 얕은 은하수 풍파 쉽게 일어나니	盈盈一水易風波
정 깊은 견우직녀 어이하면 좋을꼬[88]	牛女情深奈若何
발 적시고 치마 올림 배운 게 아니기에	濡足褰裳非所學
상봉할 때가 오면 예의 차림 옳고말고[89]	相逢時至禮宜加

두 번째 其二

왕성에서 여기까지 이 유순 거리인데	王城違此二由旬
천 명이 다녀갔나 만 명이 다녀갔나[90]	來去千人復萬人

88 맑고……좋을꼬 : 견우는 정조, 직녀는 채제공 자신을 뜻한다. 견우와 직녀가 은하수의 거친 풍파로 인해 서로 만나지 못하듯이 정조와 채제공 또한 조정의 험난한 기류로 인해 헤어져 있을 수밖에 없다는 말이다.

89 발……옳고말고 : 직녀가 견우를 만나고픈 마음이야 간절하지만 견우를 만나기 위해 예의염치를 망각하고 치마를 걷어 올린 채 은하수를 첨벙대며 건너가지 않고 상제(上帝)가 정해 준 칠월칠석을 기다렸다가 비로소 까치가 만들어 준 다리를 밟고 찾아가듯이 채제공 자신도 직녀의 그 처지와 같다고 암시함으로써 조정으로 들어와 서로 만나 보자는 정조의 요구를 완곡하게 거절한 것이다.

90 왕성(王城)에서……다녀갔나 : 이때 채제공이 머물던 양주 검암(黔巖)은 도성과의 거리가 수십 리인데, 정조가 그를 도성으로 들어오라고 사자를 끊임없이 보냈으나

고질병 앓고 있는 지금 이 노재상이　　惟有沈痾老相國
도성에 티끌 먼지 일으킴이 옳을쏘냐　　不宜行惹九衢塵

응하지 않았다는 뜻이다. 다녀간 사람이 천 명, 만 명이라는 말은 자신에게 다녀간 사람 수가 많다는 것을 극대화한 말이다. 유순(由旬)은 고대 인도의 이수(里數) 단위이다. 소달구지가 하루에 갈 수 있는 거리로 80리인 대유순, 60리인 중유순, 40리인 소유순의 세 가지가 있다. 그러나 경기도 양주시에서 서울 경복궁까지의 거리가 약 20킬로미터로 50리 정도인데, 이 거리를 2유순이라고 말한 또 다른 사례가 있는 것으로 비추어 볼 때 1유순은 40리보다 더 짧을 것으로 보인다.

선달 초하룻날 판중추부사에 제수되었다. 이튿날 아침 사관이 별유를 받들고 점사 곁에 임하여 유시하였으며, 이윽고 또 경기 감사에게 달려가 배행할 것을 명했으므로 차사원이 역마를 거느리고 문밖에 모여들었다. 어쩔 수 없이 저물녘에 출발하여 홍제원에 이르러 묵었다[91]

臘月一日 除判中樞 翌朝 史官奉別諭臨宣店舍之側 已又命畿伯馳進陪行 差員領驛騎屯集門外 不得已冒昏以發 抵弘濟院宿

만 길의 높은 파도 서강의 물을 터서	決得西江萬丈洪
임금께서 물 마른 궁한 고기 구해 줬네[92]	君王扶起涸鱗窮
귀갓길은 남산 집 곧장 이어졌는데	歸程直接終南宅
감사가 늙은 상공 공손히 모시누나	按使恭陪老相公
어슴푸레 앵잠[93]은 눈이 막 멈추었고	隱約鷺岑初罷雪

91 저물녘에……묵었다 : 채제공이 양주 서면에서 도성으로 들어올 때 의정부 남쪽의 도봉산을 중심으로 송추, 구파발, 홍제원으로 이어진 길을 따라온 것으로 보인다.

92 만 길의……줬네 : 빈사 상태에 처한 채제공을 정조가 확실하게 살려 주었다는 것이다. 서강(西江)은 《장자(莊子)》 〈외물(外物)〉에 나오는 큰 강으로, 촉강(蜀江)을 이른다. 장자가 길을 가다가 물 마른 수레바퀴 자국 속의 붕어를 보고 "너는 누구이며 거기서 무엇을 하고 있느냐?"라고 묻자 "나는 동해의 물결에 밀려오다가 물을 잃은 수족(水族)의 신하인데, 당신이 물 한 통으로 나를 살려 줄 수는 없겠소?"라고 하였다. 그래서 장자가 "좋다. 내가 오(吳)나라와 월(越)나라로 가서 그 두 군주를 설득하여 서강 물을 끌어와 너를 맞이할까 하는데, 그래도 되겠느냐?"라고 하니, 붕어가 자기의 다급한 사정을 몰라준다고 화를 냈다고 한다. 이 고사에서 '확철부어(涸轍鮒魚)'라는 성어가 나왔는데, 궁지에 빠져 간절히 도움을 필요로 하는 사람이란 뜻으로 쓰인다.

달려가는 역마는 바람결에 울어 대네　　飛騰馹騎盡嘶風
눈썹 이미 서리 맞아 허옇게 변했거니　　蛾眉已被秋霜改
입궁을 한다 하여 근심할 게 있으랴　　未必憂端在入宮

93 앵잠(鸎岑) : 경기도 고양시 덕양구 신도동에 있는 서오릉(西五陵)이 조성된 산을 말한다. 서오릉은 숙종의 능인 명릉(明陵)을 비롯하여 경릉(敬陵), 창릉(昌陵), 익릉(翼陵), 홍릉(弘陵)으로 이루어져 있다.

8일에, 판중추부사를 제수받고 숙배하며
八日 肅樞府恩除

인정전 궁궐 앞에 붉은 해 떠오를 제	仁政殿前初日紅
오색구름 속에서 호명 소리 울리었네	一聲臚唱五雲中
앞으로는 정신이 피곤하지 않으리니	從今不用勞魂夢
진정 봉래 들어가 임금 곁을 모시리	眞入蓬萊近聖躬

9월에 상께서 원릉을 참배할 때 특별히 천신을 명해 아헌관으로 삼았다. 영묘께서 탄생한 해가 갑술년(1694, 숙종20)이므로 올 계축년(1793, 정조17)이 꼭 100년이 되고 이달에는 또 영묘의 천추절이 들어 있다. 그래서 성상의 그리움이 더욱 사무쳐 천신을 불러 만나 보고 하교하기를 "마땅히 어가를 수행한 신하들과 함께 시를 지어 이 감회를 표현해야겠다."라고 하였다. 신은 감개하고 슬픈 심정을 가누지 못해 눈물을 흘리며 이 시를 적었다[94] 계축년(1793, 정조17)

九月 上謁元陵 特命賤臣爲亞獻官 蓋英廟誕降在甲戌 而今年癸丑 恰爲百年 是月 又是千秋舊節 聖慕益深 召接賤臣 敎曰 當與隨駕臣聯句 以紓此懷 臣不勝感愴 和淚書此 癸丑

천년 만에 가까스로 성군 하나 나왔건만	辛苦千年生一聖
하늘 어찌 도리어 백 년 수명 아꼈는고	天胡反惜百年籌
금년 만난 임금 마음 가눌 수가 없는데	宸情不耐逢今歲
구월 가을 좋은 절기[95] 다시 또 돌아왔네	佳節重回卽九秋
어가 길 어인 일로 국화는 피어 있나	輦路菊花何意發

94 9월에……적었다 : 영조의 천추절, 곧 탄신일은 9월 13일이다. 계축년(1793, 정조17) 9월 4일 정조가 경기도 구리에 있는 동칠릉에 행차하여 영조의 능인 원릉(元陵)에 제사를 지내고 이어 건원릉(健元陵), 현릉(顯陵), 목릉(穆陵), 휘릉(徽陵), 숭릉(崇陵), 혜릉(惠陵)을 참배하였다.《日省錄 正祖 17年 9月 4日》이때 채제공은 74세로 영중추부사였으며 왕명에 따라 이 시를 지었다.

95 구월……절기 : 중양절로 불리는 9월 9일을 말한다.

금교 위 저물 무렵 송백 소리 서글퍼라[96]	禁橋松柏暮聲流
그저 매일 인삼탕 받들던 이 손으로	空將日奉蔘湯手
잠시 아니 멈추고 황류를 올린다오[97]	跪進黃流未暫留

96 어가……서글퍼라 : 금교(禁橋)의 뜻은, 송백이 능 주위에 심는 나무라는 점을 고려할 때 여기서는 왕릉 주변에 있는 다리를 가리키는 듯하다. 양(梁)나라 하손(何遜)의 〈동작기(銅雀妓)〉에 "곡 끝나 서로 보며 일어나는데, 저물녘 송벽 소리 들려오누나.〔曲終相顧起, 日暮松栢聲.〕"라고 한 시구에서처럼 여기서도 저물녘 송백의 소리가 심금을 울린 것이다. 원문의 '流'는 송백의 소리가 파도 소리와 유사하기 때문에 쓴 말이다.

97 그저……올린다오 : 채제공이 영조의 노년에 내의원 제조로서 거의 매일같이 탕약을 올렸었는데, 이제 또 그 무덤의 제사에 아헌관으로 술을 올리고 있다는 것이다. '그저'라고 한 것은 국정에 역량을 발휘하여 임금의 은혜에 제대로 보답하지는 못하고 그저 탕약이나 술잔만 계속 올리고 있을 뿐이라는 뜻이다. 인삼탕은 본디 인삼을 달인 약을 말하지만 여기서는 인삼이 들어간 일반 생약을 가리키는 것으로 보인다. 황류(黃流)는 제사 지낼 때 강신주로 쓰는 울창주(鬱鬯酒)를 말한다. 《시경》 〈대아(大雅) 한록(旱麓)〉에 "아름답고 깔끔한 저기 옥 술잔, 누른 빛깔 좋은 술 담기었구나.〔瑟彼玉瓚, 黃流在中.〕"라고 한 데서 나온 것으로, 찰기장으로 빚은 술에 강황 끓인 물을 타서 향기가 나고 누런 빛깔을 띤다.

선달 11일에 상께서 기로사에서 전최를 행할 것을 명하고 연고가 없는 자는 모두 나오라고 당부하였는데, 이는 영종조의 고사에 따른 것이다.[98] 이날 모인 자는 모두 열네 사람이었다.[99] 상께서 시와 서문 한 편을 지어[100] 베풀어 준 은총이 매우 두터웠으며 고사에 대한 감회가 더욱 간절하였다. 신들이 절을 올리고 머리를 조아리는데, 자신도 모르게 감

98 선달……것이다 : 영조 49년인 계사년(1773) 12월에 기로사의 신하들을 편전으로 모아 놓고 관리들의 성적을 고과하게 한 뒤 그들에게 죽을 나누어 준 일이 있었다. 그 후 20년이 지난 이때 정조가 그 고사에 따라 기로사 신하들을 소집하여 이들에게 조정 낭관(郎官)들의 성적을 고과하도록 하였다. 《弘齋全書 卷6 賜耆社諸臣》《冠巖全書 13冊 耆社諸臣進箋記》 전최(殿最)는 관리의 성적을 고과하는 것으로, 전은 하, 최는 상을 뜻한다. 매년 6월 15일과 12월 15일 두 차례씩 정기적으로 관리들의 성적을 고과하는데, 상상(上上)·상중(上中)·상하(上下), 중상(中上)·중중(中中)·중하(中下), 하상(下上)·하중(下中)·하하(下下) 등 9개 등급으로 나눈다.

99 이날……사람이었다 : 이때 참석한 열네 사람의 성명과 그 나이는 다음과 같다. 영의정 홍낙성(洪樂性)은 76세, 영중추부사 채제공은 74세, 능은군(綾恩君) 구윤명(具允明)은 83세, 행판중추부사 겸 수원부유수 이명식(李命植)은 74세, 전 병조 판서 홍억(洪檍)은 72세, 판돈녕부사 임희증(任希曾)은 81세, 예문관 제학 홍양호(洪良浩)는 70세, 지중추부사 윤방(尹坊)은 76세, 공조 판서 변득양(邊得讓)은 71세, 의정부 우참찬 홍수보(洪秀輔)는 71세, 전 병조 판서 김상집(金尙集)은 71세, 전 예조 판서 조환(趙瑍)은 74세, 전 형조 판서 정존중(鄭存中)은 73세, 지돈녕부사 송제로(宋濟魯)는 83세였다. 《弘齋全書 卷6 賜耆社諸臣》

100 상께서……지어 : 이때 정조가 '기로사의 여러 신하에게 주다〔賜耆社諸臣〕'라는 제목으로 "노인 잘 보살피던 두 조정 생각나서, 금년에 고사 이어 또 죽을 내리었네. 우리 왕가 천만년 경사롭길 빌거니, 복 주려면 군주가 먼저 복 거두어야.〔善養猗歟憶兩朝, 玆年述事又頒粥. 我家祈永於千休, 錫福由來在斂福.〕"라는 칠언절구 한 수를 짓고, 이 행사를 추진하게 된 배경과 행사에 참석한 기로소 열네 사람의 성명을 열거한 글을 '소서(小序)'라는 이름으로 이 시의 제목 밑에 첨부하였다. 《弘齋全書 卷6 賜耆社諸臣》

격의 눈물이 두 뺨을 적셨다. 해가 저물 무렵 각자에게 담비 모피를 하사하였고, 원자[101]의 뜻에 따라 거듭하여 인삼을 나누어 주었는데, 어제시와 하사품은 모두 사관이 받들고 와서 하사하였다. 이 일이 어찌 신들이 세상에 드문 은총을 받은 것으로만 그치겠는가. 밝은 시대의 거룩한 일이 장차 먼 후대에까지 빛날 일이다. 신은 관각의 옛사람으로서 이 사실을 시로써 드러내 후세에 보이는 바이다

臘月十一日 上命行耆老司殿最 無故者飭令咸簉 蓋述英宗朝故事也 是日 會者凡十有四人 上親述詩若文一篇 所以光寵之甚厚 於感舊尤摯 臣等拜手稽首 不覺感淚霑腮 日向夕 各賜以貂毛 以元子意 申以頒蔘 御製暨殊錫 蓋皆簪筆之臣奉以臨宣者也 此奚直爲臣等曠絶之恩 昭代盛事 可以輝暎百代 臣館閣舊物 形之詩 以示來玆

거룩하다 이 자리 태평성대 장식하는 　華筵賁飾太平年
열네 신선 고운 얼굴 화기가 애애한데 　晏晏韶容十四仙
서루[102]에서 인사할 제 하나같이 학이로세 　趨拜西樓俱似鶴
상서로운 햇빛 아래 백발이 빛나누나 　霜毛輝暎瑞暉邊

두 번째 其二

천상의 고운 음악 임금 글 인도해 와 　勻天法樂導宸章

101 원자(元子) : 후일의 순조이다. 1793년(정조17) 당시 4세였다.
102 서루(西樓) : 기로소를 가리키는 듯하다.

붉은 두건 앞에서 서둘러 절한 뒤에[103] 赭帕前頭拜跪忙
회상하니 서글프다 급제하던 지난날 戴得新榮還愴昔
친림하여 굽어보신 선왕이 생각나네[104] 鑾輿臨幸憶先王

세 번째 其三

귀한 음식 깔리었고 술동이엔 술이 그득 玉饌羅前酒滿樽
근신이 또 궁문 열고 밖으로 나오는데 近臣馳到闢朱門
왼쪽엔 담비 가죽 오른쪽엔 인삼 뿌리 珍貂在左香蔘右
원자궁이 각별한 은덕을 베풀었네 元子宮中別是恩

네 번째 其四

풍악 속에 부축받아 안거[105] 위에 오르니 扶上安車擁管絃

103 천상의……뒤에 : 이때 정조가 친필 시와 서문이 적힌 종이를 사관에게 명하여 용정(龍亭)에다 받들고 풍악을 울리며 기로소로 가서 전달하게 하였다. 용정이 기로소에 도착하자, 여러 신하가 감격하여 절을 하고 머리를 조아리면서 기뻐하였다. 붉은 두건은 용정을 가마처럼 앞뒤에서 들고 온 궁궐 하인의 복장인 듯하다.《冠巖全書 13冊 耆社諸臣進箋記》

104 회상하니……생각나네 : 채제공이 24세 때인 계해년(1743, 영조19)에 영조가 친림한 정시 문과(庭試文科)에서 28인 가운데 8등으로 급제하여 영조의 치하를 받았는데, 50년이 지난 계축년(1793, 정조17) 또 정조의 축복과 예우를 받고 보니 옛날 그때의 영조가 생각난다는 것이다.

105 안거(安車) : 노약자나 부녀자가 앉아서 타고 갈 수 있게 만든 수레로, 한 필의 말이 끈다. 그러나 여기서는 사람이 앞뒤에서 메고 가는 가마일 듯하다.

광통교 밖 뻗은 길 천상인 듯 훤하다　　廣通橋外路如天
도성 사람 아직도 명릉 때[106]를 언급해　　都人尙說明陵世
이런 일 있은 지가 백 년은 되었다나　　玆事今爲一百年

106 명릉(明陵) 때 : 숙종 당시를 말한다. 명릉은 서오릉의 하나로, 숙종과 계비 인현왕후 및 인원왕후의 능이다.

이튿날 아침 기로소의 여러 신하가 창경궁 연생문 안으로 나아가 사은하는 전문(箋文)을 올리자, 상께서 악차[107]에 납시어 친히 받은 뒤에 궁중 술을 하사하였다. 원자는 오른편에 단정히 앉아 자세가 조금도 흐트러지지 않았는데, 나이가 이제 겨우 네 살이었다. 신이 상의 명을 받들어 원자 앞으로 나아가 문안하니 맑은 목소리로 “경은 평안하시오?”라고 하고, 이어 누런 가의(加衣)의 새 책력을 친히 건네주므로 신이 꿇어앉아 받았다. 너무도 기쁜 마음을 가누지 못해 또 감히 이 마음을 시로 드러내 원자의 복을 기원하는 충정을 부쳤다

翼朝 諸耆臣詣昌慶宮延生門內 進謝箋 上御幄次親受 宣以御醞 元子端坐右傍 無少跛倚 寶齡今裁四矣 臣承上命 進前問候 親出玉聲曰 卿平安否 仍以黃衣新曆親授 臣跪受之 不勝喜躍萬萬 又敢形之詩 庸寓祈祝之誠

일월이라 임금 곁 장막 높이 열리자	寶幄高開日月傍
앞에 나간 노인들 기풍이 의젓하고	趨前霜髮解蹌蹌
유신이 꿇어앉아 전문을 낭독하니	箋文緩讀儒臣跪
기쁨 어린 용안으로 한참 동안 담소했네	帶喜天顏笑語長

107 악차(幄次) : 임금이 거둥할 때 잠깐 머무를 수 있도록 장막을 둘러친 곳이다.

두 번째 其二

네 살배기 원자가 단정히 앉았는데　四齡元子坐能端
태양 같은 그 자태 두 번을 보았다네　如日英姿再度觀
이 몸 노신 반열의 앞자리에 있다 하여　爲是老臣班忝首
또렷한 목소리로 평안한가 물으셨네　玉音明白問平安

세 번째 其三

누런 무늬 가의에 붉은 실로 묶은 책　黃染紋衣紅染絲
일월성신 운행이 이 속에 담긴 것을　星辰日月卷中垂
연석에서 옥수로 정성스레 주셨는데　當筵玉手慇懃授
못난 자질 무슨 수로 사계절 순응할꼬　丐質何庄順四時

네 번째 其四

생사보다 새하얀 열 장의 종이에다　雲孫十葉白於絲
귀한 음식 싸 가지고 궁궐을 내려오자　褁得珍羞下玉墀
가족이 웃으면서 얼굴 변했다 말하니　家人笑道衰顏改
내가 과연 궁중 술 몇 잔이나 들이켰나　倒盡黃封筞幾巵

섣달 말에 상께서 여러 가지 세찬[108]을 하사하였는데, 마을 사람들이 그 소식을 서로 전하며 놀라워하였다. 은혜에 감격하여 시를 지었다

臘末 上賜歲饌諸品 村寓相告失驚 感恩有述

장안의 눈바람에 문을 꼭꼭 닫았고	長安風雪閉門深
남북 병영 아문들 소식 서로 끊겼는데[109]	南北營衙斷信音
재상 여기 머문다고 마을 사람 놀라니	村里始驚留宰相
산해진미 세찬이 궁궐에서 내려왔네	山腴海雋自天臨

108 세찬(歲饌) : 연말에 선물로 보내는 음식을 말한다.

109 남북……끊겼는데 : 남영은 경희궁(慶熙宮) 개양문(開陽門) 위쪽에 있던 금위영(禁衛營)의 분영(分營)이고, 북영은 창덕궁 북쪽에 있던 훈련도감의 분영이다. 도성을 수비하는 이 병영들끼리도 서로 간에 연락이 두절될 정도로 날씨가 험악하다는 말이다.

갑인년(1794, 정조18) 설날 자전이 오십 세가 되고 자궁이 육십 세가 되었으므로[110] 상께서 인정전 섬돌 위에 나아가 친히 예물을 올린 뒤 어좌로 납시어 뭇 신하의 신년 하례를 받았다. 너무도 경사스럽고 기뻐 시로써 그 일을 적었다

甲寅元朝 以慈殿寶籌躋五旬 慈宮寶籌躋六旬 上詣仁政殿堦上 親呈禮物 仍御黼座 受群臣賀 慶忭之極 詩庸識哉

온갖 복이 함께한 삼원 때[111]를 만나니　　時值三元百祿幷
자전 자궁 두 분 향해 노인성이 밝은데　　壽星雙向殿宮明
빛나는 예물 모두 효성이 깃든 것을　　煌煌禮物皆誠孝
군왕이 동정[112]에서 사배하며 올리었네　　王在彤庭四拜呈

110 자전(慈殿)이……되었으므로 : 자전은 영조의 비 정순왕후(貞純王后) 김씨를 말하고, 자궁(慈宮)은 혜경궁 홍씨를 말한다. 정순왕후는 을축년(1745, 영조21) 11월 10일에 태어났고, 혜경궁은 을묘년(1735) 6월 18일에 태어나 정순왕후보다 열 살이 더 많다.

111 삼원(三元) 때 : 정월 초하루를 말한다. 삼원은 해의 처음, 달의 처음, 날의 처음이라는 뜻이다.

112 동정(彤庭) : 궁전 앞의 섬돌을 말한다.

임금의 건강이 좋지 않아 약원이 들어가 진찰하겠다고 청하자 "반드시 영부사와 함께 들어오라. 그렇지 않으면 너희들을 불러 만나지 않겠다."라는 뜻으로 비답을 내려 약원에서 나에게 보내는 사람의 발길이 줄을 이었다. 이렇게 되고 보니, 다른 것을 돌아볼 경황이 없어 허둥지둥 말을 타고 나왔는데, 이때는 밤이 이미 이경에 접어들었다

聖候欠寧 藥院請入診 批旨若曰 須與領府事同入 不然 不可以召接 院報踵相接 到此 不遑他顧 蒼黃騎馬以出 時夜已二更矣

이 당시 사적인 도리로 인해 벼슬을 내놓고 용호(龍湖)의 시안정(是岸亭)[113]으로 물러나 있었다.

내 정자 어둠 속에 사라져 가고　　吾亭黯已失
한 걸음 또 한 걸음 물가 떠날 제　　步步謝廻汀
아련한 빛 정겹게 나를 보내니　　慇懃送遠色
고깃배 푸른 등불 점점이 밝아　　點點漁燈靑

113 용호(龍湖)의 시안정(是岸亭) : 용호는 한강 아래 용산강의 별칭으로, 지금의 용산을 말한다. 시안정은 채제공이 거처하던 정자로, 용산방(龍山坊) 도화동(桃花洞) 밖에 있었다.

5월 3일에 상에게 문안을 드리기 위해 뵙자고 청하니 상께서 침실로 불러 접견하고 아울러 별당에서 원자를 뵙도록 명하였다. 원자는 이때 다섯 살이었다. 원자가 여러 대신의 낯이 모두 설어 대면하는 것을 꺼렸으므로 어쩔 수 없이 물러 나와 합문 밖에서 조금 쉬고 있는데, 조금 뒤에 원자가 도로 들어오라고 하여 앞에 앉혀 놓고 궁중 음식을 대접하였다. 이전에 신이 원자의 글씨 자획이 비범하다는 말을 들었으므로 앞으로 나아가, 붓을 휘둘러 글자 쓰는 모습을 보고 싶다고 말했으나 입을 다물고 써 보려는 기색이 없었다. 여러 번 애써 요청하다가 나중에는 실망스러워 섭섭하다는 뜻으로 고했더니, 원자가 마침내 종이를 펴고 먹물을 적셔 큰 글씨로 '태평(太平)'이라 쓰고 또 작은 종이에 '일(一)'자 한 획을 그어 신에게 주었다. 필법이 힘차고 장쾌하여 글씨로 이름난 노성한 사람도 따라갈 수 없을 정도였다. 신은 기쁜 마음을 금치 못해 품에 안고 집으로 돌아와 집안 대대로 전해 갈 보물로 삼았다

五月初三 爲承候請對 上召接寢室 仍命謁元子於別堂 元子方五歲 以諸大臣皆面生 厭見之 不得已退出 少憇閤門外 已而 以元子令還入 饋內饌於前 前此 臣聞元子筆畫異常 乃進而言曰 願見揮筆作字 默然無肯意 屢陳力請 末乃以悵然無聊之意仰白 元子遂展紙濡墨 大書太平 又於小紙面 單畫一字以授 畫法遒健豪壯 雖老成以筆名者 無以及焉 臣不勝喜躍 抱歸私室 爲傳家寶藏云爾

가녀린 손가락에 천만 근 힘찬 글씨 纖指揮毫敵萬勻

생동하는 묵적이 노을처럼 찬란한데　墨痕流動燦如雲
'태평' 글자 무한한 길조 먼저 보이니　太平先覩無彊兆
하늘이 나라 위해 원자를 내렸구나　天爲吾東降貳君

위는 원자의 글씨에 관한 시이다.

두 번째 其二

손수 직접 내려 주신 보물 부채 귀한 향　寶箑珍香手授親
활짝 펴니 그야말로 겹달무리 흡사하다[114]　開張全似月重輪
사방 바람 움직임 신이 어찌 간여하랴　四方風動臣何與
성군의 남훈전에 외람되이 있을 따름[115]　濫作南薰殿裏身

또 부채와 선향(扇香)[116]을 친히 주셨기 때문에 말한 것이다.

114 활짝……흡사하다 : 앞 구에 부채와 향을 거론하였으나 여기서는 부채만 설명하여 접부채를 폈을 때의 모양을 찬미한 것이다. 겹달무리는 길조를 상징하는 것으로, 태자의 미덕을 찬양하는 용어로도 쓰이므로 의도적으로 이 용어를 사용한 것으로 보인다.

115 사방……따름 : 성군인 순 임금과 같은 정조가 어진 정사로 온 세상을 교화하는 과정에 채제공 자신은 도움이 되지 못하고 자리만 차지하고 있을 뿐이라는 것이다. 바람을 일으키는 부채를 주제로 쓴 것이므로 온 세상에 훈훈한 남풍이 불었던 순 임금의 고사를 인용하였다. 《樂府詩集 卷57 琴曲南風歌》

116 선향(扇香) : 사향(麝香)과 병칭되는 사례가 있는 것으로 보아 진기한 향의 일종으로 보인다.

다음 날 상께서 내각의 하리를 보내 유시하기를 "원자가 경을 보고 싶어 하니 내일 통화문으로 들어오기 바라오." 하였는데, 이는 원자의 침실이 통화문 안에 있기 때문이다. 신이 이른 아침에 그곳으로 나아가니 원자가 어좌 앞에서 놀고 있었다. 신이 앞에 부복하는 것을 보고 먼저 수놓은 주머니를 신에게 주었다. 신이 일어나 절을 하자, 원자도 절을 하였다. 이윽고 또 안경, 담배합, 연통,[117] 작은 등 긁개, 편지지, 붓을 한 가지씩 잇달아 직접 주므로 신이 그것을 받을 때마다 절을 하자, 원자도 따라서 절을 하였다. 신이 또 글씨 한 장 얻기를 청하고 상께서도 써 주라고 권하자, 마침내 '군자만년(君子萬年)' 네 자를 쓰고 종이 끝에 수결을 붙였는데, 수결 획이 마치 은하수가 하늘을 가로질러 뻗은 것 같았다. 또 화전지에 '부모노효(父母老孝)' 네 자를 썼는데, 이 두 종이를 모두 신에게 주었다. 이어서 또 음식을 주면서 상께서 "이것은 자궁께서 준비한 것이오." 하였으니, 이는 이날이 단오절이기 때문이다. 신은 절하고 머리를 조아리며 취하게 마시고 배불리 먹은 뒤 돌아왔다. 이 특별한 은전과 지극한 영광은 서책에서 이와 같은 사례를 찾아볼

117 연통(煙筒) : 비연(鼻煙)을 담는 비연통(鼻煙筒)을 말한다. 담배 등 향료인 비연을 코로 빨아들일 때 이용하는 기구인데, 명나라 때 이탈리아 사람 마테오 리치〔利瑪竇 ; Matteo Ricci〕가 중국에 들어올 때 가지고 들어왔다. 이것을 흡입하면 눈이 밝아지고 신경통이 없어진다고 하여 청나라 관료들 사이에 유행하였는데, 우리나라는 중국에 간 사신들이 들여왔을 것으로 보인다.

때 과연 있을지 모르겠다

翼日 上遣內閣吏諭曰 元子欲見卿 明日須由通化門入 蓋元子寢室在通化門內也 臣遲明祇詣 元子遊戲御座前 見臣伏於前 先以繡囊授 臣起拜 元子亦拜 俄又以眼鏡煙茶盒煙筒小梳子簡幅筆枝 續續親授 臣受輒拜 元子亦隨以拜 臣又請得一紙書 上亦勸書 遂書君子萬年四字 紙端着押 押畫如銀漢竟天 又於花箋 書父母老孝四字 竝以二紙授臣 仍又賜饌 上曰 此慈宮所備 蓋是日端陽節也 臣拜稽 醉飽以歸 異恩至榮 求之簡冊 未知有是否

창포 비녀 꽂은 왕자 옥루 곁을 에워싸[118]　　簪得菖蒲繞玉樓
웃음 머금은 용안이 근심 전혀 없으신데　　天顔含笑百無憂
고운 종이 글자 쓰고 마무리한 수결 획　　瑤箋寫罷仍成押
은하수 한 줄기가 허공에 뜬 듯하여라　　當畫銀河一道浮

위는 원자의 글씨에 관한 시이다.

두 번째 其二

푸른 실로 잡아 묶은 고운 비단 주머니　　錦紋囊子結靑絲

118 창포……에워싸 : 세시 풍속에 단오절에는 장수를 축원하는 의미로 어린아이들이 창포 줄기를 비녀 삼아 머리에 꽂고 다녔다고 한다. 옥루(玉樓)는 본디 옥황상제의 궁궐인 백옥루의 약칭으로, 임금의 궁궐을 가리킨다. 하지만 여기서는 단순히 임금의 대칭으로 쓰인 것 같다. 이때 정조의 슬하에는 다섯 살 된 원자와 한 해 전인 1793년(정조17) 3월에 태어난 딸이 있었는데, 이들이 풍속에 따라 머리에 창포 비녀를 꽂고 정조 곁에서 재롱 부리는 모습을 묘사한 것으로 보인다.

궁중식 분명하니 만든 솜씨 기묘하다 宮樣分明製作奇
언제나 서대[119] 위에 길게 축 늘어뜨려 故故緩垂犀帶上
은총을 입었단 걸 사람들께 알리련다 教人知道佩恩私

위는 비단 주머니에 관한 시이다.

세 번째 其三

안개가 가린 듯이 시야가 어두우니 昏眸苦被霧匽團
서책인들 그 언제 자세히 보았던가 簡冊何曾仔細看
원자께서 손으로 밝은 일월[120] 나눠 주어 元子手中分日月
이것을 쓰고 보니 눈앞이 환하구나 爽然眉睫掛雙丸

위는 안경에 관한 시이다.

네 번째 其四

계등의 종이에다 관성의 붓[121]도 함께 溪藤作簡管城隨

119 서대(犀帶) : 1품 관원이 허리에 두르던 띠이다. 조복(朝服), 제복(祭服), 상복(喪服)에 둘렀으며 무소의 뿔로 장식하였다.

120 일월(日月) : 여기서는 안경을 가리킨다. 흐리고 잘 보이지 않던 사물이 안경을 쓰면 해와 달이 사물을 환히 비추듯이 또렷하게 보이므로 이렇게 말한 것이다.

121 계등(溪藤)의……붓 : 계등은 섬계등(剡溪藤)의 약칭이다. 중국 절강성(浙江省) 섬계에서 나는 등나무로 만든 유명한 종이인데, 여기서는 단순히 품질이 좋은 종이라는 뜻일 뿐이다. 관성(管城)은 당(唐)나라 한유(韓愈)의 〈모영전(毛穎傳)〉에 나오는 관성자(管城子)로, 붓의 별칭이다.

마음으로 주신 물건 하나같이 흡족한데　既自中心物物宜
청천이라 오로라 그런 재주 없기에[122]　不有青天兼五老
이 지필로 감은시 써내기 어렵구나　紙毫難寫感恩詩

위는 종이와 붓에 관한 시이다.

다섯 번째 其五

은동으로 주조한 게 모양이 둥글납작　銀銅鎔鑄樣團圓
열고 닫는 권한을 서랍이 맡았는데　妙舌專司闔闢權
잘게 썬 담뱃잎이 장명루[123] 대신할 만　草細穩成長命縷
합 속에 그윽한 향 고스란히 유지돼　暗香多在盒中傳

위는 담배합에 관한 시이다.

122 청천(青天)이라……없기에 : 채제공 자신은 대시인(大詩人) 이백(李白)과 같은 재주가 없다고 겸손해하는 뜻으로 하는 말이다. 청천은 푸른 하늘이고 오로(五老)는 중국 강서성(江西省) 성자현(星子縣)에 있는 여산(廬山)의 오로봉(五老峯)이다. 이백이 지었다는 시에 "오로봉 봉우리를 붓으로 삼고, 삼상이라 강물을 벼루 못 삼아, 맑고 푸른 저 하늘 한 장 종이에, 내 뱃속 들어 있는 시를 써 볼까.〔五老峯爲筆, 三湘作硯池, 青天一張紙, 寫我腹中詩.〕"라고 한 데서 나온 고사이다. 이백의 이 시는 그의 시문집인 《이태백문집(李太白文集)》에는 없다. 그러나 구소(鳩巢) 권연하(權璉夏)의 문집과 1928년에 편간한 지송욱(池松旭)의 《척독대방(尺牘大方)》에 이백의 작품으로 되어 있고, 비교적 많은 학자들이 이 시의 문구를 고사로 인용하였다.

123 장명루(長命縷) : 단오에 복을 빌고 재앙이 없기를 바라는 뜻으로 손발에 감는 오색실을 말한다.

여섯 번째 其六

신 몸 늙어 이제는 질병이 침범하고　至老于今疾病侵
좁쌀 돋은 피부가 너무도 가려운데　癢膚如粟最難禁
자루 짧은 등 긁개 마고 손[124] 못지않아　短梳不減麻姑爪
등을 긁는 신방[125]이 만금 돈에 견줄 만　搔背神方敵萬金

위는 등 긁개에 관한 시이다.

일곱 번째 其七

하통은 부리 쳐들고 상통은 뾰족한데　下筒褰噣上筒尖
검은 대롱 숨은 구멍 위아래 통해 있어　爲管中承穴伏潛
깊은 데서 비연 향 끊임없이 피어나니　煙從奧處生生每
이 미물도 이기(理氣)를 겸했음을 보겠노라[126]　微物猶看理氣兼

위는 죽관(竹管)이 갖춰진 연통에 관한 시이다.

124 마고(麻姑) 손 : 마고는 신화 속에 나오는 선녀의 이름이다. 후한 환제(後漢桓帝) 때 신선 왕방평(王方平)과 함께 채경(蔡經)의 집에 내려왔는데, 미모가 빼어나고 나이는 18, 9세 정도였으며 손가락이 새 발톱처럼 길고 가늘었다. 채경이 그것을 보고 "등이 가려울 때 저 손으로 등을 긁으면 참 좋겠다."라고 생각하였다 한다. 《神仙傳》

125 신방(神方) : 신통한 방법이나 기술이라는 뜻이다.

126 이 미물도……보겠노라 : 미물은 보잘것없는 물건이란 뜻인데, 여기서는 비연통(鼻煙筒)을 말한다. 이기(理氣)를 겸했다는 것은 비연 향이 끊임없이 피어나게 만든 비연통의 원리와 그 기능에 대한 찬사이다.

여덟 번째 其八

화기애애한 기운이 온 자리 가득한데	和氣怡怡滿四筵
어향[127] 앞에 팔진미 골고루 나왔다네	八珍羅列御香前
내가 먹고 마시는 건 임금이 다 주신 건데	此生飮啄皆君賜
오늘은 자궁께서 은혜 따로 베푸셨네	今日慈宮別有天

위는 자궁(慈宮 혜경궁 홍씨)이 음식을 내려 준 것에 관한 시이다.

127 어향(御香) : 궁중에서 피우는 향을 말한다.

노인전
老人錢

퇴청하여 집에 돌아왔는데 내각의 하리(下吏)가 꾸러미 하나를 가져와 전해 주면서 이 속에 들어 있는 것은 돈이라고 하였다. 매끄러운 기름종이로 싸였고 그 모양은 베개와 같았다. 앞쪽에는 '노인전(老人錢)'이라 쓰였고 뒤쪽에는 '이십냥(二十兩)'이라 쓰였는데, 모두 원자의 자필이었다. 하리가 상의 전교를 받들어 유시하기를 "원자가 경에게 돈을 주고 싶어 하면서 하는 말이 '열 냥도 말고 또 백 냥도 말며 반드시 스무 냥으로 하는 것이 좋겠습니다.'라고 하기에, 그 말대로 보내오."라고 하였다. 또 원자의 영(令)으로 유시하기를 "이것으로 의복을 만들어 입고 음식을 준비해 드시오.'라고 하였다. 이 노인이 절을 하고 머리를 조아리며 마음속으로 말하기를 '원자가 지금 다섯 살인데 이 노인이 누구인지 어떻게 알고서 이처럼 특별하게 돌봐 준단 말인가. 더구나 열 냥도 아니고 백 냥도 아니며 반드시 스무 냥을 줘야 한다고 말한 이유가 그 절반으로 의복을 해 입고 나머지 절반으로는 음식을 마련해 먹게 하자는 것이었다. 이 노인이 천지의 은혜에 감격한 것은 우선 제쳐 두고, 원자의 생각과 헤아리는 지혜가 이미 이러하니 하늘이 내놓은 인물이 아니고서야 이럴 수 있겠는가.'라고 하였다. 삼가 이 사실을 글로 써서 뒷사람으로 하여금 책에서도 보기 드문 일이라는 것과 이 노인이 받은 대우가 극진했다는 것을 알도록 하였다.

임금 섬기는 노인은 늙었다고 말 않는데 老夫事君不稱老

원자께서 노인 호칭 나에게 주셨으니 元子錫以老人號

거룩해라 우리 원자 이제 나이 오 세건만 猗我元子今五歲

타고나신 지능으로 호오[128] 능히 분간했네 良知已能分惡好

궁궐 하인 왕명으로 나를 오라 이르고 禁隷將命謂我來

통화문 그 안으로 각신이 인도하니 通化門內閣臣導

촌사람 미나리 바친 정성[129]에 뒤질쏘냐 至誠寧讓野人芹

앞에 나가 웃으며 안기생 화조[130] 올렸고 前席笑獻安期棗

이 노인이 당조(唐棗)[131] 몇 개를 소매에 넣고 가서 원자에게 올리며 "이것은 안기생이 먹던 화조입니다. 이것을 먹으면 수명이 천만년까지 늘어날 수 있답니다."라고 하니, 원자가 웃음을 머금고 그것을 먹었다.

원자 주신 물건들 어찌 그리 특이한지 所授維何物物異

하나 그게 보배이랴 친히 주어 보배로세 匪汝爲寶手賜寶

이윽고 붓 휘둘러 철사처럼 굳센 필획 有頃揮毫鐵作畫

광대한 은하수가 하늘 길게 뻗은 듯 銀漢倬彼垂穹昊

노인 일어나 절하고 원자도 절한 뒤에 老人起拜元子拜

128 호오(好惡) : 호선오악(好善惡惡)의 준말로, 선을 좋아하고 악을 싫어한다는 뜻인데, 여기서는 사리의 옳고 그른 것을 말한다.

129 촌사람……정성 : 옛날에 어떤 가난한 시골 사람이 미나리 맛이 좋아 고을의 부자에게 바쳤는데, 그 부자가 맛을 보니 입이 쓰고 배가 아파 그 사람을 원망했다는 고사에서 나온 말로, 윗사람에게 변변치 않은 선물을 드린다는 뜻이다. 《列子 楊朱》

130 안기생(安期生) 화조(火棗) : 안기생은 진(秦)・한(漢) 당시 신선의 이름이고, 화조는 신선이 먹는다는 대추이다. 안기생이 크기가 오이만 한 화조를 먹었다고 한다. 《史記 卷28 封禪書》

131 당조(唐棗) : 중국에서 들여온 대추인 듯하다.

두 손으로 받들어 품속에 껴안고서　　手中雙擎懷中抱
돌아오니 별난 기운 집 안에 가득하여　　歸來異氣充室屋
관원이며 하인들 너도나도 놀랐다네　　驚動簪紳與隷卓
홀연 보니 문밖에 내각 하리 하나가　　忽見門有內閣人
꾸러미 하나 들고서 가뿐가뿐 왔는데　　手提一封翩翩到
노인 쓸 돈 스무 냥 '老人錢' '二十兩'을　　老人錢二十兩
앞쪽과 뒤쪽에서 분명히 알 수 있고　　前面後面班班考
자획 모양 원자의 자필임을 알겠는데　　字畫認從元子出
꺾인 획 생동하여 자연으로 이뤄졌네　　生動屈折如天造
게다가 이것으로 의복을 지어 입고　　若曰持兹作衣服
나머지론 음식을 즐겁게 먹으라니　　餘者須爲飮食樂
이런 일은 옛날에 일찍이 없었기에　　此事前代所未有
그 은혜 갚으려도 한량이 없고말고　　欲報之恩無終極
노인전 노인전아 스무 냥 노인전아　　老人錢老人錢
이 동전 늘어나서 이천 닢이 되어 주고　　其葉爲二千
그런 뒤에 닢닢이 셈대가 되어 다오　　願言葉葉各成籌
그러면 셈대 하나 일 년으로 헤아리고　　每拈一籌計一年
이 셈대로 우리 원자 천만년 장수 빌어　　以此籌我元子壽千萬
아침 해와 상현달[132] 그 빛처럼 끝없으리　　日升月恒光無邊

132 아침 해와 상현달 : 장수를 축원하는 뜻으로 쓰이는 말이다. 《시경》〈소아(小雅) 천보(天保)〉의 "상현달이 점점 더 밝아지듯이, 태양이 바야흐로 떠오르듯이, 남산이 긴 수명을 향유하듯이, 이지러지지 않고 아니 무너져.〔如月之恒, 如日之升, 如南山之壽, 不騫不崩.〕"라는 노래에서 나왔다.

신이 용호로부터 입성한 것은 상의 건강이 편치 않은 상황에서, 영중추부사와 함께 들어오지 않으면 약원이 들어와 진찰하는 것을 허용하지 않겠다는 분부가 있었기 때문이다. 문안을 드리기 위해 연석에 나오자, 하교하기를 "영부사가 계속 머무른다면 내 병이 분명히 나을 것이고 만약 나가 버린다면 비록 낫더라도 나중에 반드시 재발할 것이니, 그런 줄로 아시오."라고 하므로 신은 황공하고 부담되어 감히 뭐라고 대답하지 못했다. 때마침 5월을 만나[133] 해가 갈수록 더 독실해지는 효성으로 열흘 동안 재계하시는 중이었으니, 또 어찌 감히 사적인 의리를 언급하겠는가. 재계를 넘긴 이튿날 또 사대하는 은혜를 입어 거취에 관한 의리를 대략 설명하였고 마침내 다시 시안정으로 나왔다. 그리움이 맺힌 회포를 이따금 시로 드러냈는데, 이는 〈수조가두(水調歌頭)〉와 같은 성향의 노래이다[134]

133 때마침 5월을 만나 : 5월은 사도세자의 제사가 있는 달이다. 사도세자는 임오년(1762, 영조38) 윤5월 21일에 28세로 죽었다.

134 이는……노래이다 : '수조가두(水調歌頭)'는 악부 사패(詞牌)의 이름이다. 수 양제(隋煬帝)가 창제한 것을 당나라 사람이 쌍조(雙調) 94자로 글자 수를 늘렸는데, 후세에 이것을 제목으로 삼아 쓴 작품이 많다. 그러나 여기서는 특별히 송나라 소식(蘇軾)이 밀주 자사(密州刺史)로 좌천되어 있던 병진년(1076) 신종황제 9년 8월 보름날 밤 금산사(金山寺)에서 쓴 작품을 가리킨다. 앞 연구(聯句)에 "명월아 언제부터 거기 있었나? 술잔 잡고 청천에 물어보노라. 천상의 신선 궁궐 광한전 연대, 얼마나 되었는지 알 수 없어라. 나는야 바람 타고 돌아가 볼까. 다만 또 아름다운 옥돌 월궁이, 워낙 높아 그 추위 못 견딜 것만. 일어나 춤을 추며 달빛과 노니, 인간에 있는 것이 낫지 않겠나.〔明月幾時有? 把酒問青天. 不知天上宮闕, 今夕是何年. 我欲乘風歸去, 又恐瓊樓玉宇, 高

臣之自龍湖入城 以上候欠寧 至有非領府事同入 不許藥院入診之教故也 及承候登筵 教曰 領府仍留則予病當瘳 若出去則雖瘳之 後必當復作 以此知之 臣惶蹙不敢對 仍値五月 聖孝逐歲冞篤 齋居十日 又安敢言私義乎 過齋之翌 又蒙賜對 略陳去就之義 遂復出是岸亭 戀結之懷 時或發之篇什 蓋水調餘音也

해 떠오른 버들 둑 그림자 분분하고	楊堤日上影紛紛
강변 돌아온 행색이 속세 벗어났다가	江國歸裝出世氛
뒷날 약속한 시사(詩社) 기녀 보내 취소하고	後約送人詩社妓
남쪽 이웃 이 장군 말 빌려 타고 갔었지[135]	南隣借馬李將軍
어려울 때 임금 도운 중산보 아니지만[136]	艱危補袞非山甫
물러나는 마음 아는 성군이 계신다네	進退知心有聖君

處不勝寒. 起舞弄淸影, 何似在人間.]"라고 되어 있는데, 신종이 이것을 읽어 보고 소식이 귀양지에서도 임금을 사랑하고 있다 하여 여주 자사(汝州刺史)로 귀양지를 옮겨 주었다고 한다.《東坡詞》 채제공이 정적들의 공격으로 인해 몸은 조정에서 물러났더라도 마음만은 소식의 경우처럼 임금을 그리워하는 시를 썼다는 말이다.

135 뒷날……갔었지 : 384쪽 용산에서 입성할 때의 상황을 설명한 것이다. 시사(詩社)는 시를 짓는 모임이란 뜻이고, 기녀는 시를 지을 줄 안다 하여 그 모임에 참석하는 기생을 가리킨 것으로 보인다. 시사의 기녀와 며칠날 시 모임을 갖자고 한 약속을 조정으로 돌아감으로 인해 지킬 수 없게 되었으므로 인편을 보내 취소하고, 갈 길이 워낙 급한 나머지 우선 이웃 이 장군 집의 말을 빌려 타고 갔다는 것이다.

136 어려울……아니지만 : 중산보(仲山甫)는 주 선왕(周宣王)의 대신 번목중(樊穆仲)의 자이다. 선왕을 보좌하여 치적을 크게 이루었으므로 윤길보(尹吉甫)가 〈증민(烝民)〉 시를 지어 그의 덕을 칭송하였다. 채제공이 조정 대신으로서 중산보처럼 임금을 잘 보좌하지 못했다고 겸손해하는 말이다.

땀에 찌든 내 옷을 함부로 빨게 하랴　莫遣汗衣容易濯
어향 내음 스며든 그것을 아끼노라　愛渠猶襲御香薰

상께서 천신이 더위 먹은 것을 염려하여 어의를 보내 증세를 살펴보고 신라 인삼 두 냥을 하사하였다. 그것을 복용하니 즉시 효과가 있으므로 머리맡에서 감회를 읊었다
上軫賤臣暑病 遣御醫看之 頒新羅蔘二兩 服之卽效 枕上感吟

요순처럼 백성 구제 어렵다고 말 마소　　休道勳華濟衆難
우리 임금 별다른 수민단[137]을 지녔다네　　吾王別有壽民丹
노인 잘 보살폈던 주 문왕 세상에서　　不知善養周文世
인삼으로 두 노인[138] 과연 편케 하였을까　　三椏能令二老安

137 수민단(壽民丹) : 백성을 병 없이 장수하게 하는 약이라는 뜻으로, 먹으면 특별한 약효가 있는 인삼, 곧 산삼을 가리킨다.

138 두 노인 : 백이(伯夷)와 강태공(姜太公)을 가리킨다. 문왕이 서백(西伯)으로 있을 때 노인을 잘 보살핀다는 소문이 났는데, 북해의 해변에 있던 백이와 동해의 해변에 있던 태공이 그 소식을 듣고 문왕에게 돌아갔다고 한다. 《孟子 離婁上》

제주 공마를 하사하는 은혜를 입고

蒙賜濟州貢馬

탐라에서 올린 공물 성대하거니	耽羅厥貢大
준마가 연년마다 들어오는데	駿馬入年年
빛나는 남극성을 등에 지고서	背負南星耀
천상의 북녘 대궐 몸을 바치네	身呈北闕天
의봉이 이르렀다[139] 말을 하랴만	敢言儀鳳至
곡앵이 올라감[140]과 견줄 만한데	猶比谷鶯遷
주인을 사랑함이 인간 같으니	愛主同人物
성명 시대 인연을 맺어나 볼까	明時好結緣

139 의봉(儀鳳)이 이르렀다 : 의봉은 춤추는 봉황이란 뜻이다. 순 임금 때 소소(簫韶)가 연주되자 봉황새가 날아와 춤을 추었다는 《서경》 〈익직(益稷)〉의 내용을 인용한 것으로, 성군의 교화가 미물인 동물까지 감동시킨 것을 말한다.

140 곡앵(谷鶯)이 올라감 : 곡앵은 골짜기의 꾀꼬리라는 뜻이다. 꾀꼬리가 깊은 골짜기에서 나와 높은 나무로 올라갔다는 《시경》 〈소아(小雅) 벌목(伐木)〉에서 나온 것으로, 일반적으로 한층 더 발전되고 좋아진 상황을 비유하는 말로 쓰인다.

성상의 천추절[141]에 내각에 나아가 문안을 드린 뒤 혜경궁께서 음식을 제공하였는데, 사알이 상의 분부를 전달하기를 “이것은 자궁께서 내려 주는 것이오. 조금만 맛을 보고 원자의 음식을 기다리시오.”라고 하였다. 이윽고 원자의 음식이 나왔다. 술잔이 돈 뒤에 명을 받들고 입시하니 상께서 웃으며 이르기를 “원자가 경이 들어왔다는 말을 듣고 기어코 아침밥을 준비하여 대접하려고 하니, 그 마음이 경에 대해 특별히 후하오.”라고 하였다. 물러난 뒤에 원자의 영으로 천신과 영상 홍공[142]에게만 음식상을 제공하고, 다른 대신들은 포함하지 않았다. 그 은덕에 감격하면서 술과 음식을 배불리 먹고 돌아왔다

千秋聖節 詣內閣問候 自惠慶宮宣饌 司謁傳上敎曰 此慈宮所宣 少嘗之以待元子饌可矣 已而 元子饌果至 酒旣行 承命入侍 上笑曰 元子聞卿入來 必欲備朝飯以待 其意於卿特厚矣 及退 以元子令宣食床於賤臣及領揆洪公 他大臣不與焉 感戴恩私 醉飽以歸

이상하다 노쇠하고 어리석은 이 몸이　　自怪癃衰一魯姿

어이해 우로 은택[143] 가장 많이 입었는고　　如何雨露最恩私

자궁 음식 아름답지 않은 건 아니지만　　非無綺麗慈宮饌

원자가 주신 밥상 노인에게 맞았어라　　元子盤飡養老宜

141 성상의 천추절 : 정조의 생일인 9월 22일을 말한다.

142 영상 홍공 : 영의정 홍낙성(洪樂性)을 말한다.

143 우로(雨露) 은택 : 만물을 살리고 적시는 단비와 이슬과도 같은 큰 은택이란 뜻이다.

기로사의 여러 신하가《인서록》두 책을 찍어 올리자, 상께서 악차에 납시어 친히 받았는데 원자가 그 곁에 있었다. 기로사 신하들이 천세를 세 번 부른 뒤, 각자에게 어찬을 내려 주라고 명하였다. 물러날 때는 궁중 악대를 거두어 신에게 주어 이들의 인도를 받으며 집으로 돌아가게 하였다. 이는 국가로는 태평성대의 거룩한 일이고 천신에게는 세상에 없는 은총이었다. 길 위에서 읊었다[144]

耆老諸臣 印進人瑞錄二冊 上御幄次親受 元子在傍 耆臣呼千歲者三 命各宣御饌 及退 輟梨園法樂以賜臣 前導還家 在國家爲太平盛事 在賤臣爲不世恩光 路上有吟

동정춘[145] 술기운을 노안에 살짝 띠고	衰顔微帶洞庭春
궁중 악대 뒤따라 궁궐을 내려올 제	天樂相隨下紫宸

144 기로사의……읊었다 : 갑인년(1794, 정조18) 9월 24일에 쓴 작품이다.《인서록(人瑞錄)》은 혜경궁 홍씨의 환갑을 맞아 전국의 노인 7만 5145명에게 포상하고 그 내용을 기록한 것으로, 모두 4권 2책이다. 이날 채제공을 위시하여 홍낙성(洪樂性), 구윤명(具允明), 이민보(李敏輔), 홍억(洪檍), 홍양호(洪良浩), 김지묵(金持默), 조환(趙瑍), 변득양(邊得讓), 홍수보(洪秀輔), 김상집(金尙集), 신사운(申思運), 정존중(鄭存中), 한광긴(韓光緊), 유당(柳戇) 등 기로사 신하들이 자손들의 부축을 받으며 궁궐로 들어와서《인서록》과 축사인 전문(箋文)을 정조에게 올린 뒤 궁중에서 차려 준 음식을 대접받았다. 연회가 끝난 뒤에는 정조가 궁중 악대를 기로사 각 신하들에게 배정하여 이들이 집으로 돌아갈 때 앞에서 풍악을 울리며 길을 인도하게 하였다.《日省錄 正祖 18年 9月 24日》

145 동정춘(洞庭春) : 감귤로 빚은 술 이름인데, 여기서는 단순히 맛 좋은 술이라는 뜻이다.

아이들과 노인들[146] 길가에서 환호하며　　髫白傳呼爭挾路
《인서록》에 들어간 사람이라 우러르네　　欣瞻人瑞錄中人

146 아이들과 노인들 : 원문의 '초백(髫白)'을 풀이한 것이다. 머리를 땋아 늘어드린 어린아이와 흰머리의 노인이란 뜻인 '초변백발(髫辮白髮)'의 약어이다.

9월 28일에 상께서 명릉에 전알하였는데, 이때 신이 늙고 병든 것을 배려하여 어가를 수행하지 않도록 하기 위해 규장각 검교제학에 제수한 뒤 아패로 불러 이문원을 지키게 하였다. 4경에 금천교 곁으로 달려가 어가를 공경히 전송하면서 한편으로는 고맙고 한편으로는 아쉬운 마음이 들어 시로써 그 일을 기록하였다

九月二十八日 上展謁明陵 念臣老病 不使隨駕 除奎章閣檢校提學 召以牙牌 俾守摛文院 四更 趨伏禁川橋傍 祇送聖駕 一感一悵 詩以記事

철커덕 어약[147] 소리 호위병 재촉하여	魚鑰丁東虎旅催
삼경이요 일점에 궁궐문 열렸는데	三更一點禁門開
백발이라 반열 함께 따라가지 못하고	白頭未逐鵷鴻列
문사로서 임금 보좌 재주도 모자라네	文苑空慚黼黻才
전각 위의 별들은 가을 기운 엄숙하고	殿閣星河秋肅穆
깃발 속의 일월은 어두운 밤 어울리네	旌旗日月夜交回
도성 거리 남녀들 애절하게 하는 말	天街士女欣欣道
우리 임금 탈 없이 어서 빨리 오소서	無疾吾王馬上來

147 어약(魚鑰) : 물고기 모양으로 만든 자물쇠를 가리키는데, 여기서는 대궐 문의 자물쇠이다.

화성에서 돌아와 사대하는 은혜를 입는 자리에서 임금이 "나는 경을 점대와 귀갑처럼 믿고 기둥과 초석처럼 의지하오."라고 하유하였다. 신하로서 임금 앞에서 이와 같은 칭찬을 받은 자가 옛날이라도 과연 몇 사람이나 있었겠는가. 황공하고 부끄러워 자신도 모르게 식은땀이 등을 적셨다. 물러나 시로써 그 일을 기록하였는데, 이는 감히 내가 소유할 것이 아닌 것을 소유하려는 것이 아니라, 지금 비록 늙었지만 이 일을 계기로 스스로 격려하고 싶어서이다[148]

還自華城蒙賜對 諭以予於卿 恃若蓍龜 倚如柱石 未知人臣之得此袞褒於前席者 古亦有幾人否 惶凜愧恧 不覺汗漬于背 退以詩記之 非敢非其有而有之 雖老 欲因是而自勵也

주석이며 시귀라 거룩한 그런 인물	煌煌柱石與蓍龜
고금의 신하 중에 견줄 자 누가 있나	今古人臣擬議誰
황공하여 식은땀 칭찬 따라 흐르니	惶汗忽隨華袞浹
젊어서도 무능한 몸 늙은 이제 뭘 하랴	少猶無似老何爲

148 물러나……싶어서이다 : 내가 소유할 것이 아니라고 한 것은, 채제공이 자신을 굳게 믿고 의지한다는 정조의 찬사를 겸손히 표현한 것이다. 자신을 돌아볼 때 정조의 그와 같은 찬사를 받을 만한 내실이 없으므로 그 찬사를 내 것이라고 수용하기 어려운데도 이렇게 기록으로 남기는 이유는, 그것을 감히 내 것으로 수용하려는 것이 아니라 그 찬사에 부응하도록 힘써야겠다고 스스로 다짐하고 격려하기 위해서라는 말이다.

두 번째 其二

어좌 앞 자주 앉아 시간 오래 보내니	御席頻前晝漏移
격의 없는 예법은 가정집의 부자간	家人父子簡威儀
임금 칭찬 신에게 빛나는 일이지만	天褒縱道臣身耀
두려워라 후세의 웃음거리 되잖을까	秖恐徒爲後世嗤

15일에 상께서 자궁의 거가를 모시고 화성을 출발할 때 신이 노쇠하여 함께 말을 달리기 어려울 것을 배려하여 뒤에 떨어져 건강을 돌보다가 편리한 대로 돌아오도록 하였다. 떠나는 임금의 행렬을 아쉽게 바라보며 그 심경을 시로 드러냈다

十五日 上陪慈駕發華城 爲念臣癃老有難驅馳 使之落後調攝 任便還歸 悵望羽旄 情發於詩

을묘년(1795, 정조19) 윤2월에 상께서 자궁을 모시고 현륭원(顯隆園)에 나아가 참배하고 화성으로 돌아왔다가 이날 환궁하였다.

임금 일부러 나에게 머무를 걸 허락하여　君恩許我故停行
거가를 배송할 제 암담한 마음일레　拜送鑾輿黯黯情
고개 들어 바라보니 곤룡 빛은 멀어지고　首矯漸迷龍袞色
귀 기울여 들을 제 취타 소리 들리는 듯　耳傾疑聽鳳簫聲
민간에선 천상 음악 그 꿈 잊지 못하고　人間倏倏勻天夢
대궐에선 임금 위한 충성이 간절했네　宸極憧憧捧日誠
아마도 자궁께서 무사히 도착한 곳　遙想慈宮安稅處
어린 원자 기뻐서 반갑게 맞이하리　尺衣元子喜相迎

상께서 선희궁에 배례하고 세심대에 올랐는데, 세심대는 선희궁 뒤 기슭에 있다. 화전놀이와 활쏘기를 하며 임금과 신하가 함께 즐기고 돌아왔다[149]

上拜宣禧宮登洗心臺 臺在宮之後岸 煮花射帿 君臣同樂而歸

나라 경사 치적을 돌아보는 날[150]	邦慶觀華日
임금 정성 사당에 참배하는 때	宸誠拜廟時
어가가 나무숲을 뚫고 지나가	鸞輿穿樹度
임금이 꽃 너머에 있음 알겠네	龍袞隔花知
노신들 지난해와 같은 사람들	耆老如前歲
세심대 봄 또다시 좋은 철일세	春臺又好期
예전처럼 조정의 모임 즐기니	依然柏梁會
악기에 새 시 올려 연주한다네	絃管被新詩

149 상께서……돌아왔다 : 을묘년(1795, 정조19) 3월 7일 정조가 영의정 홍낙성(洪樂性)과 우의정 채제공 이하 백관을 대동하고 육상궁(毓祥宮)과 연호궁(延祜宮)에 참배하고 이어 선희궁(宣禧宮)으로 가서 작헌례를 행하였다. 그 뒤에 세심대로 올라가 장막을 치고 화전놀이와 활쏘기를 즐겼으며, 모임이 끝나고 채제공이 집으로 돌아올 때는 정조의 배려로 장악원 악대의 길 안내를 받았다. 《日省錄 正祖 19年 3月 7日》

150 나라……날 : 1795년이 혜경궁 홍씨의 환갑이므로 나라 경사라고 하였다. 치적을 보는 날이라는 말은, 임금의 어머니가 장수하여 환갑을 맞은 국가적인 경사를 통해 나라의 치적이 이루어졌음을 엿볼 수 있는 날이라는 뜻인 듯하다. 원문의 '관화(觀華)'는 《주역》 〈관괘(觀卦)〉에 "국가의 치적이 찬란하게 드러난 것을 우러러본다.〔觀國之光.〕"라고 한 말을 인용한 것으로 보인다.

또 오언절구로 성대한 모임의 즐거운 일을 기록하다
又以五絶記盛會樂事

조정의 관료 중에 삼공 예우 특별하여　三公禮數絶鵷行
표피 방석 평교자 앉았을 제 안방 같고　豹席肩擔坐似房
걷는 곳 바위 비탈 걱정도 아니 하니　行處不愁巖徑仄
명 받든 자식들이 조심조심 부축하네　阿兒奉命好扶將

두 번째 其二

조심스레 어상[151] 앞 나아가 엎드리니　蹌蹌進伏御床前
조호미[152]로 지은 밥 특별히 내리셨네　炊得雕胡特地宣
밥 먹는 그때마다 은택 어찌 잊을쏘냐　每飯可能忘惠澤
여생에 벌단편을 저버릴까 두려워라[153]　餘生恐負伐檀篇

151 어상(御床) : 임금의 음식을 차려 놓는 상을 말한다.

152 조호미(雕胡米) : 볏과의 여러해살이풀인 줄의 열매이다.

153 벌단편(伐檀篇)을 저버릴까 두려워라 : 〈벌단〉은 《시경》 위풍(魏風)의 편명이다. 〈벌단〉에 "저기 저 덕이 높은 어른들께선, 하릴없이 공밥을 아니 먹지요.〔彼君子兮, 不素餐兮.〕"라고 하였는데, 〈모시서(毛詩序)〉에 "〈벌단〉은 탐욕을 풍자한 시이다. 관직에 있는 자가 탐욕스럽고 비열하여 공이 없으면서 녹을 받으므로 군자가 나아가 벼슬하지 못하는 것이다."라고 하였다. 곧 〈벌단〉은 녹을 받아먹는 관리에게 그렇게 하지 말 것을 경계하는 뜻이 있는데, 그 뜻을 따르지 못할까 두렵다는 것이다.

세 번째 其三

쌀가루에 꽃 버무려 화로 위에 올려서　花入爐邊玉屑均
동글동글 부쳐 내니 그 향기 싱그럽다　團團移取御香新
봄빛이 가셨다고 여보게들 겁낼쏘냐　春光減却君休怕
몇 번의 봄바람을 가슴속에 보탰으니　添得胸中幾陣春

네 번째 其四

우리 임금 신궁은 태조와 같으신데　當宁神弓太祖同
총명하여 능통하지 않은 재주 없다네　亶聰無藝不兼通
고개 든 많은 관원 담장처럼 둘러서서　千官仰首如墻立
화살마다 붉은 과녁 명중한 걸 바라보네　矍圃恭瞻箭箭紅

다섯 번째 其五

성대한 궁중 악대 큰길에서 인도할 제　洋洋仙樂導康莊
교자 위 수염 눈썹 석양빛을 띠었다네　轎上鬚眉帶夕陽
왕명 받든 승지가 공손히 뒤따르니　承命銀臺恭在後
행인들 앞다투어 아들[154]이라 지목하네　路人爭指是兒郎

돌아올 때 장악원 악대에게 천신의 앞길을 인도하도록 하였다.

154 왕명……아들 : 아들은 채제공의 계자(系子) 채홍원(蔡弘遠, 1762~1832)을 가리킨다. 자는 이숙(邇叔), 호는 어사산인(於斯散人)이다. 채홍원은 백종조부 채명윤(蔡明胤)의 증손인데 채제공이 적실(嫡室)에 아들이 없어 그를 계자로 들여 세웠다. 1792년(정조16) 식년시 문과에 병과로 급제하여 이때 승정원 좌부승지로 재직 중이었다.

을묘년(1795, 정조19) 6월 18일은 혜경궁 저하의 환갑 탄신일이다. 이때 원자가 여섯 살인데 탄생일이 이날 함께 들어 있으니, 이는 우리나라에 일찍이 없던 경사로운 때이다. 그러나 자궁께서 돌아가신 분[155]이 마음에 걸린다는 이유로 겸손해하면서 한사코 하례를 받으려고 하지 않아 상께서 오직 그 뜻을 따르겠다는 마음에 치사, 전문, 표리를 올리고 대내에 술자리를 베풀어 헌수만 했을 뿐이다. 그러니 이 노신이 어떻게 축하하는 충정의 만분의 일이나마 표할 수 있겠는가. 지난해에 원자께서 신에게 '노인'이란 호칭을 붙여 주고 '군자만년(君子萬年)' 네 글자를 크게 써서 친히 주므로 이 노인이 절하고 받아 집안에 대대로 전해 갈 가보로 삼았다. 《시경》에 "한마디 말도 갚지 않을 수 없고, 한 가지 덕도 갚지 않을 수 없네."라고 하였다. 그 덕을 갚으려고 한다면 절하고 받는 것 이외에 또 어떻게 해야겠는가. 생각하던 끝에 마침내 '군자만년' 다섯 장을 지어 원자에게 올림으로써 내 자신이 더 노력하고 아울러 원자의 복을 축원하는 변변찮은 마음을 부쳤다

乙卯六月十八日 惠慶宮邸下周甲誕辰也 時元子寶齡爲六而誕日同在是日 此國朝所未有之慶辰也 然慈宮以念舊也撝謙也 堅不欲受賀 上惟順志是務 進致詞箋文表裏 設內酌獻壽而已 如老臣者 顧何以少表忱誠之萬一也 昨歲 元子錫號臣老人 書君子萬年四大字親授之 老人拜以受 爲永世傳家寶 詩云 無言不酬 無德不報 欲報之德 捨拜受者何以 遂作君子萬年五章 獻于元子 以寓區區勉祝之悃

155 돌아가신 분 : 사도세자를 가리킨다.

군자[156]여 만년토록 장수하리니 君子萬年
태교로 이미 기초 다지셨다네 肇基胎敎
태교로 드러난 게 무엇이었나 胎敎維何
어린아이 어질고 효성스러워 孩提仁孝

부(賦)이다.

하늘이 우리 군자 보우하시어 天佑君子
만년이라 장수를 내려 주시면 錫以萬年
이 나라의 종사에 영광이 있고 于宗社有光
경사가 끊임없이 이어지리라 吉慶連連

부(賦)이다.

군자여 만년토록 장수 누리며 君子萬年
신하를 자식처럼 보아 주시되 視臣如子
간사한 무리들은 엄히 다스려 威厥淫朋
사욕 위선 행하지 말게 하소서 無俾私僞

부(賦)이다.

군자여 만년토록 장수 누리며 君子萬年
천하의 만백성을 길러 주시되 億兆是育
요역이며 세금을 줄여 주시고 輕徭薄賦
밭을 갈고 우물 파 살게 하소서[157] 爾耕爾鑿

부(賦)이다.

156 군자 : 본디 군주를 뜻하는데, 여기서는 훗날의 순조인 원자를 가리킨다.

만년토록 장수를 누리라는 말 持玆萬年

자전과 자궁[158]께도 바쳐 올리니 獻于殿宮

자전 자궁 두 분도 후손을 위해 殿宮貽厥

화합하는 기운이 충만하기를 協氣冲融

부(賦)이다.

157 밭을……하소서 : 백성들이 요 임금 치하의 백성처럼 아무런 걱정 없이 태평한 세상을 살아가게 할 것을 축원하는 말이다. 요 임금 때 어떤 노인이 길가에서 격양(擊壤) 놀이를 하며 노래 부르기를 "나는 해 뜨면 일어나고 해가 지면 쉬면서, 우물 파 물 마시고 밭 갈아 밥 먹으니, 임금의 힘이 나에게 무슨 소용 있는고.〔吾日出而作, 日入而息. 鑿井而飮, 耕田而食. 帝力於我何有哉.〕"라고 한 데서 인용하였다. 《論衡 卷8 儒增篇》

158 자전(慈殿)과 자궁(慈宮) : 자전은 영조의 계비 정순왕후(貞純王后) 김씨이고, 자궁은 혜경궁 홍씨를 말한다.

지신[159]이 함께 오라는 명을 받들고 함봉한 별유를 가지고 와서 친필 간찰과 같은 형식으로 주고받았다. 너무도 황공하고 감격한 나머지 감히 오래 지체하지 못하고 7월 1일 입성하던 도중 말 위에서 읊었다

知申奉偕來命 賫傳緘封別諭 用手札例授受 惶感之極 不敢久淹 以七月初吉入城 馬上有吟

이때 시안정(是岸亭)에 있었다.

빛나는 임금 서찰 지신 편에 내렸는데　　煌煌恩札降知申
원로라는 존칭이 내 몸에는 부끄럽다　　元老尊稱愧此身
오고 감이 그 모두 명리 때문 아니거니　　來往摠非名利事
백로야 길 가는 사람 비웃지 말아 다오　　不須沙鷺唉行人

159 지신(知申) : 도승지의 별칭인 지신사(知申事)의 준말이다. 여기서는 1795년(정조19) 6월 30일 우의정 채제공을 데리고 오라는 정조의 명을 받고 용산에 머물러 있는 채제공을 찾아온 행 도승지 정대용(鄭大容)을 가리킨다.《承政院日記 正祖 19年 6月 30日》

상께서 천신이 현임 재상이라는 이유로 탐라 공마 한 필을 하사한 뒤 아들 홍원이 현재 승정원의 관원으로 있다 하여 그에게도 말을 하사하였다. 너무도 영예롭고 감격한 나머지 이 일을 기록하여 후손들에게 드러내 보인다

上以賤臣見任輔相 賜耽羅貢馬一匹 以兒子弘遠方直銀臺 又賜之 榮感之極 記之以視後昆

큰 바다 건너와서 대궐로 들어온 말 凌涉鯨龍謁鳳墀
모래바람도 준족을 감히 막지 못했네 風沙不敢礙權奇
한라산 구름 기운 촉촉하게 적시었고 漢挐雲氣濛濛濕
창해 위 방성 정기 하나하나 드리웠지[160] 滄海房精箇箇垂
미물이 예로부터 주인 사랑 대견한데 微物古來憐愛主
자식에게 은혜 미쳐 사심일까 부끄럽다 稚兒恩及愧如私
근래의 탐라 사정 어디 한번 물어보세 近前欲問耽羅事
구제한 뒤 백성들 생존한 자 몇몇인고 賑後黎民幾許遺

이때 탐라 지방의 굶주린 백성을 대대적으로 구제하기 위해 조정이서 배로 곡물을 운반하여 제공하였기 때문에 하는 말이다.

160 창해……드리웠지 : 방성(房星)은 이십팔수(二十八宿)에서 동방의 일곱 별 가운데 네 번째 별자리로, 말이 그 정기를 받아 태어난다고 한다. 제주도의 말들이 모두 푸른 바다 위 방성의 정기를 받고 태어난 상서로운 동물이라는 것이다.

9월에 상림원에서 수확한 벼를 하사받아 백반을 지어 먹는 모임을 가졌다. 이 모임에 참석한 사람은 권 상서[161] 엄, 시랑 족질 홍리,[162] 이 시랑 정운[163]이었고, 노래 부르는 기녀 몇 사람도 왔다

九月 蒙賜上林稻作白飯會 會者權尙書 𧟩[164] 侍郎姪弘履 李侍郎鼎運 歌妓數人亦至

궁궐 안의 금원에 무논 만들어	禁苑水爲田
논 두둑 수놓은 듯 얽히었는데	畦塍繡交錯
역대 임금 재미로 그러했으랴	列聖豈玩物
농사짓는 고충을 알려는 거지	維以驗稼穡
은혜로운 단비가 시종 족하고	恩雨浹終始
따사로운 바람이 주야로 불어	仁風扇日夕

161 권 상서(權尙書) : 1795년(정조19) 병조 판서로 있던 권엄(權𧟩, 1729~1801)이다. 본관은 안동(安東), 자는 공저(公著), 호는 섭서(葉西)이고 아버지는 권밀(權謐)이다. 1765년(영조41) 식년 문과에 급제하였다.

162 시랑 족질 홍리(弘履) : 채제공의 방조인 채유후(蔡裕後)의 후손으로, 이때 병조 참판으로 있던 채홍리(蔡弘履, 1737~1806)이다. 자는 사술(士述)이고 아버지는 채의공(蔡義恭), 조부는 채응조(蔡膺祖)이다. 1766년 정시 문과에 3등으로 급제하였다.

163 이 시랑 정운(李侍郎鼎運) : 1795년 9월에 부사직(副司直)으로 있던 이정운(李鼎運, 1743~1800)이다. 자는 공회(公會)이고 아버지는 이징대(李徵大), 조부는 이춘정(李春挺)이다. 채제공의 문인이며 1769년 정시 문과에 15등으로 급제하였다.

164 𧟩 : 대본에는 '儼'으로 되어 있는데, 《국조방목(國朝榜目)》에 의거하여 '𧟩'으로 바로잡아 번역하였다.

날마다 함치르르 자라나서는 　滋長日油油
이삭 고이 여무니 누구 힘일까 　作成是誰力
구월 되어 하늘이 서리 내릴 제 　九月天雨霜
촘촘히 깔린 황운[165] 직물 같은데 　黃雲濃似織
훨훨 나는 저기 저 상림원 새들 　翩彼上林鳥
내려다볼 뿐 감히 쪼지 못했네 　俯視不敢啄
나는 듯 우뚝 솟은 관풍각[166]으로 　翼然觀豐閣
우리 임금 기꺼이 왕림하시니 　玉趾來無斁
일꾼들의 손에는 낫이 들렸고 　衆夫鎌在手
쌓아 놓은 노적은 집채만 한데 　秩秩峙如屋
어향이 여기에도 스미었는지 　御香之所薰
벼 곡식 지닌 기운 향기로웠네 　珠粒氣馥郁
시종신들 오라고 불러다 놓고 　來汝近侍臣
차례대로 곡식을 나눠 주시니 　次第蒙恩錫
노신도 그 가운데 한 사람이라 　老臣亦居一
노복이 기분 좋아 생기 돌지만 　僕隷如增色
해마다 이럴 거라 말을 말지니 　莫道歲爲常
황공하지 않은 해 언제 있었나 　何歲不兢惕
뜨락에 자리 깔아 볕에 말려서 　鋪席曬幽庭
일일이 애써 곱게 방아 찧은 뒤 　一一務精鑿

165 황운(黃雲) : 누런 구름이란 뜻으로, 누렇게 익은 벼나 보리가 널리 깔려 있는 모습을 비유하는 말이다.

166 관풍각(觀豐閣) : 창덕궁 후원 춘당대 남쪽에 있는 누각으로, 그 앞에 논이 있었다.

마침내 임금 은덕 널리 알리려　遂欲廣君恩
우리 여러 친척을 불러 모으니　速我諸親戚
상서에다 시랑 등 몇몇 사람의　尙書與侍郎
벗은 신 섬돌 위에 널리었다네　堦戺錯履舃
바람 햇볕 봄처럼 포근한 이때　風日藹似春
서로 만나 마음이 매우 반갑고　相迎意甚適
노래 잘 불러 대는 고운 기녀도　佳姬解作使
총애 믿고 가까이 벌여 앉았네　恃愛羅近席
옻칠한 밥상 위의 갓 지은 밥은　髹盤上新炊
숟갈로 뜬 빛깔이 흰 눈이라면　捄匙照雪白
우유보다 맛 좋은 두붓국에다　泡羹潑勝乳
닭 잡아 찹쌀 넣어 죽을 끓였네[167]　殺雞糝如積
한 숟갈 뜨는 순간 감격하였고　一匙卽知感
두 숟갈 뜨자 이미 덕에 배불러　二匙已飽德
숟갈을 뜰 때마다 부끄러우니　匙匙愧成汗
무슨 수로 큰 은덕 보답할거나　曷以報盛渥
시인은 시위소찬 경계하였고[168]　詩人戒素餐
청사는 반식재상 비난하였지[169]　靑史譏伴食

167　죽을 끓였네 : 원문의 '여적(如積)'은 무슨 뜻인지 알 수 없다. 우선 논리로 추정하여 번역하였다.

168　시인은 시위소찬(尸位素餐) 경계하였고 : 시위소찬은 관직에 앉아 녹을 먹으면서도 직분을 다하지 않는 것을 말하는데, 《시경》 〈벌단(伐檀)〉에서 그렇게 하지 말라고 경계하였다. 409쪽 주153 참조.

169　청사(靑史)는 반식재상(伴食宰相) 비난하였지 : 청사는 역사서의 별칭이고, 반

먹을 따름 할 일을 게을리하면	食焉怠其事
하늘 필시 네게 복 아니 주리니	天必不汝福
먹고 마시는 것만 챙기지 말고	願無徒餔餟
큰 은혜 보답하려 노력해야지[170]	塵剎以相勖

식재상은 무능하여 직무를 감당하지 못하는 재상을 가리킨다. 당 현종(唐玄宗) 때 황문감(黃門監) 노회신(盧懷愼)이 자미령(紫微令) 요숭(姚崇)과 국가 대사를 함께 관장하면서 자기의 능력이 요숭에게 미치지 못한다 하여 매사를 모두 그에게 떠넘겼으므로 당시 사람들이 그를 '반식재상'이라고 부르며 비난하였다. 《舊唐書 卷98 盧懷愼列傳》

170 먹고……노력해야지 : 채제공이 스스로에게 다짐하는 말이다.

상께서 천신이 오랫동안 병을 앓는 것이 염려되어 내각 하리를 시켜 특별한 등급의 인삼 한 봉지를 가지고 가 전달하게 하고 하유하기를 "요즘 인삼이 귀해져 외국(外局)에는 아예 진품이 없고 내국(內局)에 보관된 것이라 해도 모두 하품을 면치 못하오. 특별히 대내에서 이전에 따로 보관하고 있던 것을 경을 위해 보내니, 부디 달여 복용하여 빨리 낫는 효과를 거두시오."라고 하였다. 신은 이불을 제치고서 절하고 머리를 조아리며 감격의 눈물을 끝없이 흘렸다. 이 특별한 은전을 후손들에게 전해 보여 주지 않을 수 없기에 이 사실을 시로 기록하였다[171]

上爲慮賤臣久病 使內閣吏賫傳別品蔘一封 諭曰 比來蔘踊 外局絶無眞品 雖內局所儲 皆不免下乘 特以大內曾所別儲者 爲卿送之 須煎服以收速瘳之效也 臣披衾拜稽 感淚千行 異恩不可不傳示後昆 聊記之

신령한 신라 약초 천향[172] 속에 감싸여 新羅異草蘊天香
상서 서린 대내에 깊이 들어 있었네 寶氣深深臥內藏
신이 죽고 사는 걸 염려할 게 있으랴만 臣死臣生何足慮

171 상께서……기록하였다 : 이 작품이 《번암집》에는 채제공이 76세 때인 을묘년(1795, 정조19)에 지은 것으로 편집되어 있으나, 세 번째 작품의 첫 구에 '내 나이 일흔일곱〔八十除三〕'이라고 한 것으로 볼 때 다음 해인 병진년(1796)의 작품이 잘못 편집된 것으로 보인다. 외국(外局)은 전의감(典醫監)과 혜민서(惠民署)를 말하고, 내국(內局)은 내의원(內醫院)을 말한다.

172 천향(天香) : 천상의 향기, 곧 궁중 안에 풍기는 향기라는 뜻이다.

한 봉지에 만금 값 귀한 것을 받았노라 　一包翻荷萬金良

두 번째 其二

평소에 세인들께 아부할 줄 몰라서 　生平不解媚時人
세상길 사귀는 정 진실한 이 적은데 　行路交情苦少眞
오직 우리 군왕이 각별히 아끼시어 　惟有君王偏愛惜
시종일관 그 은전 신료 중 으뜸일레 　異恩終始冠臣隣

세 번째 其三

내 나이 일흔일곱 늙고 또 혼미하여 　八十除三老更昏
이 몸이 임금 은혜 보답할 길 없으니 　此身無計答洪恩
바라는 건 대대로 태어나고 또 태어나 　可憐世世生生願
사주와 작환[173]처럼 은혜 갚는 일일 뿐 　惟有蛇珠與雀環

173 사주(蛇珠)와 작환(雀環) : 뱀이 야광주를 물고 오고 참새가 흰 옥고리를 가져와 생명의 은혜를 갚았다는 고사이다. 춘추 시대 수후(隋侯)가 길을 가다가 큰 뱀이 심하게 상처 입은 것을 보고 약을 발라 싸매 줬는데, 한 해가 지난 뒤 그 뱀이 진귀한 야광주를 물고 왔다고 한다.《搜神記 卷20》 후한의 양보(楊寶)가 아홉 살 때 누런 참새 한 마리가 올빼미의 공격을 받고 나무 밑으로 떨어져 개미들에게 시달리는 것을 보고 구제하여 100일 동안 보살피다가 날려 보냈는데, 그날 밤 꿈에 누런 옷을 입은 동자가 흰 옥고리 네 개를 주면서 "장차 당신의 자손이 이 옥처럼 청렴결백하고 네 대에 걸쳐 삼공(三公)에 오를 것이오."라고 하였는데, 그대로 되었다고 한다.《續齊諧記》

나는 우상에서 좌상으로 승진한 지 며칠이 지났으나 병으로 숙배하지 못하고, 세시에 문안하는 반열에도 나아가지 못했다. 선달 그믐날 밤 상께서 분부하기를 "좌상이 나오지 않는다면 자전과 자궁에 대한 문안 단자 바치는 것을 윤허하지 않겠으니, 이같은 뜻으로 승지가 전유하라."라고 하였다. 천신은 너무도 황공하고 감격스러운 나머지 다른 것은 생각할 경황이 없기에 병든 몸을 들것으로 움직여 숙배를 마친 다음, 또 새해와 묵은해 두 번의 문안에 참석하였다[174]

余以右席陞左席有日 病不能肅命 又不能進詣歲時候班 除夕 上敎若曰 左相若不出 殿宮問安 當不許捧單 以此意承旨傳諭 賤臣不勝惶懍感激 他不暇念 擔舁病軀 旣肅命 又參新舊歲兩度問安

약봉지로 어느새 겨울 넘기고 藥裹經冬易
계절 다시 새해로 바뀌는 때에 天時改歲爲
급작스레 윤음을 받들고서는 蒼黃奉綸綍
황공하게 은전에 숙배하였네 怵惕拜恩私
팔 떨려 어렵사리 읍은 했으나 臂戰艱成揖
허리 시어 행여나 몸이 기울듯 腰酸或似欹
여창 소리[175] 여전히 늘어지는데 臚聲故徐緩
석양볕이 부시[176]로 옮겨 가누나 斜日轉罘罳

174 나는……참석하였다 : 을묘년(1795, 정조19) 12월 말일에 쓴 것으로 보인다. 세시(歲時)는 한 해의 계절에 정해진 절기를 말한다.

175 여창 소리 : 통례원 인의(通禮院引儀)가 의식의 절차를 앞장서서 외치는 소리이다.

1월에 상께서 현륭원을 참배하러 가기에 앞서 신이 늙고 병이 있는 것을 배려하여 이전처럼 먼저 가도록 하였으므로 상원[177]에 출발하였다. 노호[178]에 도착해 보니 배다리가 정말 장관이었다. 기뻐서 읊조리다

병진년(1796, 정조20)

月正 上將謁顯隆園 念臣老病 使先詣如前之爲 以上元發行 抵鷺湖 舟梁誠壯觀也 喜而有吟 丙辰

새벽에 남성 나오니 역마길 뚫렸는데	早出南城馹路通
청파의 여린 버들 이미 봄바람이로세	青坡弱柳已春風
백발에 잠시 잠깐 화전 걸음[179] 멈추고서	白頭暫輟花磚步
은하 만 길 무지개[180] 웃으며 기댄다오	笑倚銀河萬丈虹

176 부시(罘罳) : 궁전의 처마 또는 창 위에 새 같은 것들이 날아들지 못하도록 둘러쳐 놓은 그물이다.

177 상원(上元) : 정월 보름날이다.

178 노호(鷺湖) : 노량진 앞 한강을 말한다.

179 화전(花磚) 걸음 : 화전은 꽃무늬가 있는 벽돌이다. 당 덕종(唐德宗) 대 한림원(翰林院) 앞길에 화전을 깔아 놓았다고 하여 흔히 한림원을 가리키는 말로 쓰인다. 여기서는 단순히 대궐 안의 길이라는 뜻으로, 대궐 길을 걸어 다닌다는 말이다.

180 은하……무지개 : 은하는 한강을, 무지개는 다리를 비유한 것이다. 한강을 가로질러 배다리가 놓여 있는 광경이 워낙 장관이라, 하늘의 은하수를 가로질러 무지개가 떠 있는 것으로 비유하였다. 만 길이라고 한 것은 배다리의 길이가 길다는 것을 과장되게 표현한 말이다.

상께서 거듭 재상직을 제수하고 사직소에 대해 내린 비답의 내용이 고금에 그 유례가 없을 정도로 각별하였다. 감격에 겨운 나머지 만사를 제쳐 놓고 즉시 명을 받들어 입성하였으니, 강변 누각에서 거처한 지 겨우 열흘 만이었다. 시안정에 시를 남겨 두어 후일을 기약하는 증거로 삼는다

上仍授相職 賜批辭疏 辭旨曠絶今古 感泣之極 拚棄萬事 卽地承命入城 寢處江閣財十日 留詩是岸亭 以証後約

이 당시 견책을 받고 파직되어 용산에 있었다.

용산강의 명승은 제왕 주[181]에 으뜸이니	龍湖名冠帝王州
기슭 아랜 연파[182]요 기슭 위는 누각이라	岸下烟波岸上樓
화월[183]이 워낙 좋아 앞날 기약하였거니	花月前期無限好
아쉬움에 다시금 돌아볼 것 없다네	不須惆悵更回頭

181 제왕 주(帝王州) : 제왕이 거주하는 고을이란 뜻인데, 여기서는 한양을 말한다.

182 연파(烟波) : 안개가 자욱하게 깔린 수면이란 뜻이다.

183 화월(花月) : 춘화추월(春花秋月)의 약칭으로, 봄꽃과 가을 달이란 뜻이다.

등석에 내각에서 채등을 내려 나누어 주다[184]

燈夕 自內閣頒綵燈

온갖 문양 아로새겨 너무도 화려하고　千般雕鏤不勝華
연꽃무늬 어울려 벽사등이 돋보이네　掩暎蓮花弄碧紗
중천의 고운 등대 그림 속 흡사한데　天半燈竿如畫裏
태평 시대 재상 집 남들 먼저 꾸미었네　昇平先飾相君家

184 등석(燈夕)에……주다 : 채제공이 77세 때인 1796년(정조20) 4월 8일에 쓴 작품이다. 등석은 관등석(觀燈夕)의 준말로, 정월 대보름 혹은 사월 초파일 밤에 등대를 세우고 온갖 등을 달아 불을 밝히는 것을 말한다. 채등(綵燈)은 벽사등(碧紗燈)과 같은 것으로, 푸른색 비단으로 갓을 씌운 등이다.

상께서 참서대 한 마리를 하사하고 내각 하리를 시켜 하유하기를 "이것은 선대왕께서 일찍이 즐겨 맛보시던 것인데, 지금 궁중에서 이것을 얻고 보니 진귀하다는 생각이 들었소. 경은 부디 나의 이 뜻을 알고 맛보기 바라오."라고 하였다. 신은 감격스럽고 서글픈 심정을 가누지 못해 눈물을 닦으면서 이 시를 지었다

上賜舌魚一尾 使閣吏諭之曰 此先大王所嘗嗜 至今宮中得之以爲寶 卿須悉此意以嘗之 臣不勝感愴 抆淚以賦

임금 마음 갱장 사모 않는 곳 없으시어[185] 宸情無處不羹墻
용루에서 시선하던 그때 일이 아련하리[186] 視膳龍樓事渺茫
이곳 인간 세상에 창포 김치 있건만 惟有人間昌歜在
백운향의 문왕께 무슨 수로 바치나[187] 雲鄕何以獻文王

185 임금……없으시어 : 갱장(羹墻) 사모는 요 임금이 죽은 뒤 순 임금이 3년 동안 그를 사모하여 앉아 있을 때는 요 임금의 얼굴이 담장에 보이고 밥을 먹을 때는 국물에 어른거렸다는 데서 나온 말이다. 《後漢書 卷93 李固列傳》 여기서는 정조가 영조를 그리는 마음도 그와 같아서 무엇을 접하든 간에 영조에 대한 생각이 날 것이라는 것이다.

186 용루(龍樓)에서……아련하리 : 용루는 태자가 거처하는 궁인데, 여기서는 정조가 세손으로 있던 때를 말한다. 시선(視膳)은 왕세자가 아침저녁으로 임금의 수라상을 몸소 돌보는 일이다. 정조가 세손으로 있을 당시 영조의 수라상을 돌보던 일을 지금 회상하면 그때의 일이 아련하게 떠오를 것이라는 뜻이다.

187 이곳……바치나 : 창포 김치는 창포 뿌리를 절여 담근 김치로, 맵고 써서 별맛이 없지만 주 문왕(周文王)이 평소에 즐겨 먹었다고 한다. 백운향(白雲鄕)은 신선이 사는 세상을 의미하는 말로, 저세상을 가리킨다. 지금 영조가 살아생전에 즐겨 먹던 참서대가 앞에 있지만 이미 죽은 영조에게 올릴 수 없어 안타깝다는 뜻을 비유적으로 표현하였다.

단오에 혜경궁께서 절삽[188] 세 자루를 하사했는데, 이는 신이 화성 정리사 직책을 띠고 있었기 때문이다. 그 은전에 감격한 마음을 기술하였다

端午 自惠慶宮賜節箑三柄 以臣帶華城整理使也 感恩有述

어향 스민 부채에 먹물 아직 축축한데[189]	新題墨濕御香籠
순전 훈풍 안고서 오월에 내려왔네[190]	五月分來舜殿風
신의 몸 외신[191]이라 관계 서로 멀거늘	臣是外臣踈且逖
특별한 은전 어이해 자궁에서 내려왔나	異恩何得降慈宮

188 절삽(節箑) : 절선(節扇)과 같은 말로, 단오절에 선물로 주는 부채이다.

189 어향(御香)……축축한데 : 어향은 천향(天香)과 같은 말로, 궁중에서 사용하는 향이다. 궁중에서 내려 준 부채에 먹물로 쓴 글씨가 있고 그 먹물의 습기가 채 마르지 않았다는 것으로, 이 부채가 매우 귀한 새 부채라는 것을 강조하는 말인 듯하다.

190 순전(舜殿)……내려왔네 : 순전은 성군인 순 임금의 궁전이란 뜻인데, 정조를 순 임금에 견주어 정조가 거처하는 궁전을 찬미한 말이다. 훈풍은 따스한 바람이란 뜻으로, 순 임금의 노래인 〈남풍가(南風歌)〉를 의식하고 하는 말이다. 따스한 바람을 일으키는 부채를 궁중에 계신 임금의 어머니가 자신에게까지 보내 줘서 고맙다는 복합적인 의미로 말하였다.

191 외신(外臣) : 궁중에서 일을 보는 환관 등 내관(內官)의 대칭으로, 조정의 신하라는 뜻이다.

아들 홍원이 승지로서 연석에 나와 말을 아뢰는 과정에 대답을 잘못하여 상께서 신에게 내보내 경계시키도록 하였으므로 마침내 매를 때렸다. 은혜에 크게 감격한 나머지 아울러 경계하는 말을 써서 아들에게 보여 주다

兒子弘遠 以承旨登筵 奏辭失對 上出付臣 使之警飭 遂施捶撻 感恩之極 仍以書示

만물을 교화하되 상황에 맞게 하니	品物陶甄各有宜
천둥이며 단비는 본디 서로 따른다네	輕雷惠雨本相隨
왕명 받든 아비가 곡진하게 타이르니	諄諄父教承君命
경계하여 매 맞은 때 부디 잊지 말거라	戒愼無忘受撻時

병진년(1796, 정조20) 초가을에 이 늙은 아비가 77세에 이질을 앓아 30일 동안 베개에 기대고 있다가 떨리는 손으로 간신히 이 시를 초하였으니, 그런대로 무휼(無恤)이 품 안에 간직할 거리가 될 수 있을 것이다.[192]

192 무휼(無恤)이……것이다 : 무휼은 춘추 시대 말기 조간자(趙簡子)의 아들인 조양자(趙讓子)의 이름이다. 조간자가 일찍이 자기 후계자를 정하는 데에 참고하기 위해 죽간(竹簡) 두 개에다 자식을 훈계하는 내용을 써서 맏아들 백로(伯魯)와 어린 아들 무휼에게 각각 나누어 주고 그 내용을 잘 기억하라고 하였다. 3년이 지난 뒤에 그것에 관해 물어보자, 백로는 내용도 모르고 그 죽간도 잃어버렸으나 무휼은 그 내용을 줄줄 외우면서 죽간을 품속에서 꺼내 보여 주었다고 한다.《資治通鑑 卷1 周紀1》 여기서는 저 옛날 무휼처럼 아비가 훈계하는 이 내용을 아들 채홍원(蔡弘遠)이 잘 기억하고 소중히 간직하기를 바라는 뜻으로 하는 말이다.

상께서 날마다 내각 하리를 보내 천신의 병세가 어떤가 물어 보고, 또 붕어찜을 큰 주발로 한 그릇 하사하여 맛보게 하였다. 은혜에 감격하여 흐르는 눈물이 이부자리를 적시지 않은 날이 없었다

上日遣閣吏問賤疾如何 又賜鮒魚蒸一大椀俾嘗之 感恩之淚 無日不霑席也

창밖 달은 삼현[193]인데 병 아니 회복되어　窓月三弦病未蘇
가을 만난 몰골이 너무나도 야위었네　逢秋容鬢不勝癯
내 비록 강건해도 어디에다 쓰겠는가　縱令康健知何用
어주에서 내린 진수[194] 허비할 뿐이로세　枉費珍需降御廚

193 삼현(三弦) : 달의 상현 모양이 세 번 이루어졌다는 뜻인 삼성현(三成弦)의 준말로, 3개월을 뜻한다.

194 어주(御廚)에서 내린 진수(珍需) : 어주는 임금의 진지를 짓던 주방으로, 수라간을 말한다. 진수는 진귀한 음식이란 뜻이다.

1월 29일에 어가가 화성으로 거둥하기에 앞서 신에게 먼저 갈 것을 명하였으므로 하루 전에 출발하여 동작 나루 배 안에서 읊조렸다 정사년(1797, 정조21)

正月二十九日 將駕幸華城 命臣先詣 前一日發行 銅津舟中有吟 丁巳

여기저기 산재한 모래언덕 지나서	支離度沙嘴
평평하고 드넓은 강 복판에 떠가니	平濶泛江心
모래섬에 쌓인 눈 햇빛에 반짝이고	渚雪初逢晛
배다리를 이룬 배 숲과도 흡사하다	梁舟遠似林
신이 지닌 정신은 이전 모습 아닌데	臣精非曩昔
왕명으로 하는 일 지금도 이어지네	王事到如今
흰 구름과 밝은 달 그 주인 누구인고	雲月誰爲主
누대만 덩그러니 강변을 마주하네[195]	樓臺兩岸臨

195 흰 구름과……마주하네 : 누대는 용산 한강 가에 있는 채제공의 시안정(是岸亭)을 가리키는 듯하다. 이때 78세의 채제공이 몸은 노쇠하고 정신도 맑지 않으므로 벼슬에서 물러나 시안정에서 흰 구름과 밝은 달을 벗 삼아 한가롭게 지내고 싶은데도 그렇게 하지 못하는 심경을 토로한 것으로 보인다.

2월 1일 상께서 어가를 돌려 서울 도성으로 돌아가면서 신에게 뒤에 떨어져서 오라고 명하였기에 외로이 앉아 회포를 쓰다

二月初吉 上回駕還京城 命臣落後 孤坐書懷

임금 행차 날듯이 한성으로 들어가고	龍馭如飛入漢京
늙은 신하 외로이 진남영에 앉았노라	老臣孤坐鎭南營
궁궐에서 국정 논하던 그때 없지 않았건만	非無上殿都兪日
누각 올라 서글피 도성 쪽 바라보네	自爾登樓悵望情

상께서 8월 15일 김포의 장릉[196]을 참배하고 양천, 부평, 인천, 안산, 남양을 경유하여 현륭원을 참배하였다. 이에 앞서 신에게 먼저 화성으로 가서 기다릴 것을 명하였으므로 13일에 출발하여 동작진에 이르러 시를 읊조렸다

上以八月十五日 展謁金浦章陵 路由陽川富平仁川安山南陽 歷謁顯隆園 命臣先詣華城以待 十三日發行 到銅津有吟

뱃사공은 갈대꽃 물가에서 객 부르고	招招舟子荻花邊
팔월이라 한강물 그 풍경 아름답다	八月江湖氣色鮮
바둑섬[197] 무너진 모래 무수히 흘러내려	棋島崩沙無數下
동작진 다니는 길 위치 늘 옮기었네	銅津行路以時遷
곁에 앉아 조는 백로 무슨 시름 있으랴	坐隣眠鷺愁何有
새장 나온 외로운 새 그 기분 상쾌하리	籠出羈禽意爽然
한녀 상비[198] 신령이 어렴풋이 나와서	漢女湘妃來彷彿
노래하고 춤추며 배다리를 보호하리	也應歌舞護橋船

196 장릉(章陵) : 인조의 사친인 원종(元宗)과 생모인 인헌왕후(仁獻王后) 구씨(具氏)의 능이다.

197 바둑섬〔棋島〕 : 한강의 동작진 위쪽에 있었던 작은 섬이다. 지금은 한강 개발로 인해 사라지고 그 자리에 인공섬인 서래섬이 있다.

198 한녀(漢女) 상비(湘妃) : 한녀는 한수(漢水)의 여신이고, 상비는 상수(湘水)의 여신이다. 여기서는 한강의 여신을 뜻한다.

17일에 현륭원 동구에서 어가를 맞이하였는데, 상께서 말을 멈추고 앞으로 가까이 오라고 명한 뒤에 하교하기를 "기력이 좀 어떻소?" 하였다. 이어서 고개를 들라고 명하고는 한참 동안 굽어보았다. 감격에 겨워 이 시를 기록한다
十七日 迎聖駕於園所洞口 上駐馬命近前 教曰 氣度果何如 仍命擧頭俯視之頗久 感泣以記

기쁨과 두려움에 심경이 어지럽고 喜懼憧憧未暫閒
의장대가 사흘을 길에서 보냈건만[199] 羽旄三日道塗間
임금께선 도리어 신의 쇠병 염려하여 天心反念臣衰病
말 멈추고 다정히 얼굴 들라 하셨네 駐馬殷勤使擧顏

199 기쁨과……보냈건만 : 1797년(정조21) 8월 15일에 정조의 어가가 도성을 출발하여 김포 장릉을 참배하고 17일에 수원 현륭원에 도착하였다. 그사이 수시로 발생하는 다양한 국사를 처리함과 동시에 역적 죄인으로 강화도에 유배되었던 아우 은언군(恩彦君) 이인(李䄄)이 유배지에서 탈출한 일로 인해 우의정 이병모(李秉模)를 파직하는 등 많은 일을 처리하였다. 기쁨과 두려움이란 이런 과정을 겪은 복잡한 심경을 말하는 듯하다. 의장대가 사흘을 길에서 보냈다는 말은, 정조가 안락한 궁궐을 벗어나 사흘이나 밖에서 움직이느라 몸이 많이 힘겨웠을 것이라는 뜻이다. 《日省錄 正祖 21年 8月 15日, 16日, 17日》

상께서 신에게 뒤에 떨어져서 나중에 오라고 명했으므로 마음이 갑자기 허전하여 억지로 서장대에 올라 아쉬운 대로 흉금을 털어놓는다

上命臣落後 懷緖頓覺無聊 强登西將臺 聊以暢敍

어인 일로 이 몸이 화성에 남겨졌나	何事將身落華城
문 닫고 석양까지 잠들어 누웠다가	閉門眠到夕陽明
서대에서 불현듯 아스라이 바라보며	西臺忽送迢迢眼
내 마음 임금 따라 한성으로 돌아가네	猶可隨君入漢京

《어정좌전》 총재관으로 감인소에 가니 상께서 사대하였다. 원자가 그 곁에 모시고 있었다. 대화를 나눈 뒤 얼마 안 되어 상께서 원자를 돌아보며 "네가 근래에 지은 것을 대신에게 자문해 보아라."라고 하였다. 그러자 원자가 협실로 들어가 친히 청화묵[200]을 갈고 채필[201]을 갖추어 천신의 곁에 놓은 뒤 근래 지은 짧은 시 수십 수를 꺼내 보여 주었다. 원자가 이때 여덟 살이었는데, 시어가 보통 사람과 크게 달랐으므로 감격을 금치 못했다. 분수에 넘는다는 것을 모르는 것처럼 오직 내 소견대로 혹은 고치고 혹은 관주(貫珠)[202]를 하기도 하였으니, 이는 군신 간의 성대한 일이다. 물러나 이 일을 기록하여 먼 후대에 전한다

以御定左傳摠裁 赴監印所 上賜對 元子侍傍矣 酬酢未久 上顧元子曰 爾近日所作 考質于大臣可也 元子入夾室 親磨青華墨 具彩筆 置賤臣傍 出近作小詩數十首展視之 元子時八歲 詩語迥異常人 臣不勝感幸 或點或珠 惟淺見是隨 如不知僭猥者然 此君臣盛事也 退以記之 以傳千百世

여력으로 너끈하게 기이한 글 써내어[203] 餘力能爲翰墨奇

200 청화묵(青華墨) : 푸른 물감을 재료로 삼아 만든 먹이다.

201 채필(彩筆) : 여기서는 자루에 물감을 들인 귀한 붓을 말한다.

202 관주(貫珠) : 시문을 끊아서 잘 되었다고 생각되는 곳에 치는 동그라미이다.

203 여력(餘力)으로……써내어 : 여력은 공자가 "아우와 자식들은 집 안에 들어오면 부모에게 효도하고 밖에 나가면 어른에게 공손하며, 언행을 삼가고 진실하게 하며, 널리 많은 사람을 사랑하되 어진 이를 가까이해야 한다. 이처럼 행하고 여력이 있거든 글을 배워야 한다."라고 한 데서 인용한 것이다. 《論語 學而》 여기서는 어린 원자가

천기[204]가 오언시에 절로 꿈틀거리고	天機自動五言詩
용 눈동자 흡사한 청화먹물 푸른 글씨	青華忽似龍睛點
그야말로 풍뢰 변화 지척에서 일어난 듯[205]	定有風雷咫尺隨

자신이 해야 할 도리를 충분히 실천하면서 여가에 글을 배워 남다른 문필을 구사한다는 것으로, 원자를 대견하게 여기는 말이다.

204 천기(天機) : 선천적으로 타고난 지혜를 말한다.

205 용 눈동자……듯 : 풍뢰(風雷)는 거센 바람과 천둥소리이다. 원자가 청화묵을 갈아 쓴 푸른색의 동글동글한 글씨가 마치 용의 푸른 눈동자와 비슷하다는 느낌 아래, 변화무쌍한 글씨의 기상이, 용이 일으킨 거센 바람과 천둥소리 같다는 말인 듯하다.

《춘추좌전》을 진헌하는 예를 마친 뒤 상께서 천신의 이름이 총재로 되어 있다고 하여 표피 한 벌을 내려 주었다. 받들고 집으로 돌아와 벽에 걸어 놓고 느낌이 일어 읊조렸다[206]
春秋傳進獻禮成 上以賤臣名忝摠裁 頒賜豹皮一領 奉以還家 挂諸壁上 感吟

진귀한 표피 받들고 궁궐에서 내려오니	珍皮擎得下丹除
영광이 내게 있지 표범에게 있을쏘냐	榮在吾身不在渠
너 어찌 안개 산에 끝까지 아니 숨어	何不始終山霧隱
문장 고작 촌가만 빛이 나게 하느냐[207]	文章徒使煥村廬

206 춘추좌전을……읊조렸다 : 채제공이 78세 때인 정사년(1797, 정조21) 12월 20일에 쓴 작품이다. 정조가 《춘추》와 《좌씨전》이 별책으로 되어 있는 것이 옳지 않다는 생각에서 1796년 겨울에 신하들에게 《춘추》를 강(綱)으로, 《좌씨전》을 목(目)으로 삼고 주석까지 붙여 한 책으로 편집할 것을 명하였다. 그 결과 1797년 가을 모두 27권으로 편집이 완료되어 주자소(鑄字所)에서 위부인자(衛夫人字)로 인쇄하여 이날 총재대신(摠裁大臣) 채제공 이하 대신들이 대궐로 들어가 정조에게 진헌하였다. 이 자리에서 책을 편집하는 과정에 기여한 수십 명에게 포상하였는데, 채제공과 우의정 이병모(李秉模)는 표피 한 벌씩을 하사받았다. 《日省錄 正祖 21年 12月 20日》

207 진귀한……하느냐 : 남산에 사는 검은 표범은 7일 동안 안개비가 내려도 산에서 내려와 먹을 것을 찾지 않는데, 이것은 자기 털을 잘 가꾸어 문장(文章 : 아름다운 무늬)을 만들기 위해서였다는 남산현표(南山玄豹)의 고사가 전한다. 《列女傳 卷2 陶荅子妻》 채제공은 상으로 받아 방 안의 벽에 걸어 둔 표피의 주인인 표범이 남산의 표범처럼 무엇을 찾아 먹겠다고 산을 내려오지 않았더라면 사냥꾼에게 걸려 허무하게 죽지는 않았을 것이라며 그 어리석음을 동정하고 있다. 이때 79세를 앞둔 채제공이, 지난 세월을 회고하면서 자신을 그 죽은 표범에게 견준 것은 아닐까 추정해 볼 수 있다.

상께서 친제할 때 천신이 아헌관으로서 사직단에서 제사를 지내고 처소로 돌아왔다. 아침에 상께서 사관을 보내 신에게 열 줄 윤음을 보내왔다. 그 내용에 "사직단에 내리던 비가 신일이 되어 눈으로 바뀌었고 이것이 다시 걷혔으니, 이는 바라던 대로 된 것이오. 제단을 오르내리며 제물을 올릴 적에 하늘은 청명하고 견우성이 중앙에서 반짝이는 것을 우러러보고 나도 모르게 얼굴이 밝아졌는데, 더구나 서직(黍稷)을 담은 솥이 마치 종소리처럼 울렸으니 더 말할 나위가 있겠소. 이에 대한 호응은 예로부터 어긋나지 않았으니, 하늘이 이 나라에 강녕을 내려 주는 경사를 장차 기대해 볼 만하오. 팔도 삼농을 위해 기쁘게 축원하는 마음이 더욱 간절하다오. 이때 경이 명년이면 꼭 팔순이 되는 수상으로서 눈이 갠 뒤 빙판길을 경건한 모습으로 분주하게 움직였는데, 공적인 자리에서 물러간 뒤 몸 상태는 평소보다 나은지 모르겠소. 이에 사관을 보내 밤사이 경의 안부를 묻는 것이오." 하였다. 신은 놀랍고 황공하고 감격스러워 이 윤음을 두 손으로 받들어 아홉 번 머리를 조아렸다. 삼가 절구 한 수로 이 사실을 적어 자자손손 전해 가며 보여 줌으로써 이내 몸이 군주의 각별한 예우를 받았다는 것을 알도록 한다[208] 무오년(1798, 정조22)

208 상께서……한다 : 무오년(1798, 정조22) 1월 6일에 쓴 작품이다. 여기서는 아침에 임금이 사관을 보냈다고 하였으나 《승정원일기》 기사에는 오시(午時)에 정조가 편전으로 나와 행 도승지 이만수(李晚秀)와 기사관 조석중(曺錫中)·김경환(金景煥)·

賤臣以親祭亞獻將事社壇 侵曙還次 朝來 上特遣史官賚臣十行綸綍 若曰 社雨辛雪 收捲亦叶願 登降奠獻之際 昂瞻天宇之昭朗 牽牛之正中 自不覺怡怡逞顔色 何況黍鼎如鍾鳴 其應自昔不忒 降康之休 若將取必爲八域三農 彌切欣祝之誠 此時卿以明年恰滿八耋之首相 駿奔跛蹻於霽餘凝沍 公退起居勝常耶 玆遣史官問卿宿來凡百 臣驚惶感激 雙擎九頓 謹以一絶 錄示子子孫孫 俾知此身遭遇之盛 戊午

천향 스민 종이에 간곡하신 말씀이	天香滿紙語丁寧
근시 통해 아침에 궁궐에서 내렸네	近侍朝來下禁扃
도처에서 유지함 모두 임금 힘이라	隨處扶持皆帝力
잠시 졸던 정신이 불현듯 깨어나네	乍眠神氣怳如醒

김이영(金履永) 등이 있는 자리에서 채제공에게 내리는 전교를 쓸 것을 명한 것으로 되어 있다. 열 줄의 윤음이라고 한 '열 줄〔十行〕'은 후한 광무제(後漢光武帝)가 지방관에게 친필로 쓴 조서를 내릴 때마다 하나의 목간(木簡)에 열 줄씩 썼다고 하여 군주의 친필 편지나 조서, 교지, 전교 따위를 가리키는 말이 되었다. 윤음은 전교와 같다. 서직(黍稷)은 사직단 제사에 올리는 제물 가운데 하나이다. 삼농(三農)은 본디 평지와 산간, 습지 등 세 지역의 농민을 말하는데, 일반적으로 농민을 가리킨다.

상께서 아들 홍원을 보내 전유하였는데, 이때 홍원이 우승지였기 때문이다. 이는 우리 가문의 영광이므로 시로 이 사실을 기록한다[209]

上遣兒子弘遠傳諭賤臣 蓋弘遠時爲右承旨故也 闔門榮耀 詩以記之

승지 올 때 저 멀리 바라보며 부르기에 承旨來時遠望呼
의관을 정돈하고 당 아래 내려갔지 衣冠催整下堂隅
아들아이 왔다고 이웃 사람 전하는데 隣人傳道阿郎至
수염 갓 돋은 애가 붉은 도포 차림일레[210] 身有緋袍面始鬚

209 상께서……기록한다 : 1798년(정조22) 1월 10일에 쓴 작품이다. 그날 정조가 채제공의 아들인 승지 채홍원을 보내, 현재 날씨가 매우 춥고 사직단 제사 때 힘겹게 움직였으며, 곧 있을 현륭원 제향 때 헌관을 대신(大臣)으로 채워야 하기 때문에 이튿날 조참(朝參)에는 참석하지 말고 집에서 조리하며 쉬라는 뜻으로 채제공에게 전유하라고 명하였다. 《日省錄 正祖 22年 1月 10日》

210 수염……차림일레 : 채홍원은 임오년(1762, 영조38)에 태어나 이때 37세였으며, 정3품 당상관인 승지였기 때문에 붉은색 옷을 입었다. 아직 나이 어린 아들이 고관이자 시종신이 되었으므로 대견스러워서 하는 말이다.

2월 1일 상께서 현륭원에 세근례[211]를 행한 뒤 신에게 먼저 돌아갈 것을 명했으므로 하루 앞당겨 화성으로 출발하여 동작강을 건너면서 읊조리다

二月初吉 上行歲覲禮于顯隆園 命臣先詣 前一日發向華城 渡銅江有吟

어가를 모시고서 함께 못 오고	未成陪玉輦
내 먼저 동작나루 건너오는데	先自渡銅津
강변 누각 이 몸을 영접하는 듯	江閣如迎我
물가 백구 사람을 가까이하네	汀鷗解近人
봄이라 진눈깨비 날씨 풀리고	方春開雨雪
햇빛에 모래 먼지 정갈하기만	初日淨沙塵
어이해 우리 임금 그리는 마음	奈此重宸慕
바뀌는 세월 따라 더해지는고	偏隨歲色新

211 세근례(歲覲禮) : 연례적으로 참배하는 예라는 뜻이다.

화성에서 집으로 돌아온 이튿날 내각 하리가 상의 명을 받들어 도중에 지은 시 작품을 달라고 하기에 느낌이 일어 읊조리다

自華城還第之翼日 閣吏奉上命 索路中詩什 感吟

벌레 소리 구고의 학 울음이 아니거니	蟲吟不是九皐鳴
바람결에 하늘까지 올라갈 줄 뜻했으랴[212]	敢擬因風徹上淸
궁궐 하리 시작 초고 품에 안고 나가니	掖吏抱將詩草去
봄날 도성 버들가지 한결 더 영광일레[213]	春城御柳倍光榮

이때가 한식절(寒食節)이므로 한굉(韓翃) 시의 고사를 인용하였다.

212 벌레……뜻했으랴 : 구고(九皐)의 학 울음은 《시경》 〈소아(小雅) 학명(鶴鳴)〉에 "학이 저 구고에서 울어 대거든, 그 소리 하늘까지 들리고말고.〔鶴鳴于九皐, 聲聞于天.〕"라고 한 것을 인용한 것이다. 구고는 으슥하고 깊은 못이다. 하찮은 풀벌레의 울음소리와 다름없는 채제공 자신의 작품이 존귀하신 임금에게 올라가게 되어 황공하다는 뜻으로 하는 말이다.

213 봄날……영광일레 : '봄날 도성〔春城〕'과 '버들가지〔御柳〕'는 당(唐)나라 한굉(韓翃)의 시 〈한식일즉사(寒食日卽事)〉에 "봄날이라 장안성 곳곳에 꽃 날리고, 한식이라 동풍에 버들가지 흐느적. 황혼에 궁중에서 밀초를 내려 주니, 안개조차 흩어져 오후집 들어가네.〔春城無處不飛花, 寒食東風御柳斜. 日暮漢宮傳蠟燭, 輕烟散入五侯家.〕"라고 한 데서 인용하였다. 도성의 버들가지가 한결 영광스럽다는 것은, 자신이 영광스럽다는 감정으로 버들가지를 바라보니 그 버들가지에 자신의 감정이 그대로 이입되어 버들가지가 영광스럽게 느껴졌다는 것으로, 채제공이 정조의 각별한 은총을 입어 영광스럽다는 것을 우회적으로 표현한 말이다. 한굉 시의 '오후(五侯)'는 후한 환제(後漢桓帝) 때 같은 날 후(侯)에 봉한 당형(唐衡), 선초(單超), 서황(徐璜), 구원(具瑗), 좌관(左悺) 등 권력을 독단한 다섯 명의 환관을 가리킨다. 한식날은 진(晉)나라 개자추(介

동짓날 대궐에 들어가 내각의 후반에 참석하였다. 상께서 동조에 문안하고 오는 길에 각반을 지나다가 여를 멈추라고 명한 뒤 천신을 불러 접견하고 하교하기를 "오늘 이후 경은 여든 살이 된 것이오." 하였는데, 용안에 희색을 띠어 축하해 주는 것 같았다. 마음속으로 감격의 눈물을 자제하지 못하고 물러 나와 시로써 이 일을 기록한다[214]

冬至日赴闕 參內閣候班 上問安東朝 路經閣班 命駐輿 召接賤臣 敎曰 今日以後 卿爲八十矣 天顔帶喜 有若相賀者 賤忱自不禁感淚 退以詩記之

내 생애 늘그막에 태평 시대 만나서	吾生吾老屬昌期
중추부 한가하니 요양하기 좋고말고	樞府官閒養病宜
천지 운행 또다시 동지절 되었는데	天地又爲陽至節
산하가 더군다나 둥근달을 만나다니	山河況値月圓時

子推)를 기리기 위해 온 세상 사람들이 불을 지피지 않고 찬밥을 먹는 날인데도 권력이 막강한 오후에게는 황제가 밀초와 불씨를 내려 주었다. 한굉이 이 고사를 인용하여 당나라 숙종(肅宗)과 대종(代宗) 이후 환관이 권력을 휘둘러 국정이 문란한 현실을 우회적으로 풍자한 것이다. 채제공의 자주(自注)에 한굉 시의 고사를 인용하였다고 말했으나 사실은 두 단어만 인용했을 뿐, 그 시의 본의와는 무관하다.

214 동짓날……기록한다 : 채제공이 지중추부사로 있던 무오년(1798, 정조22) 11월 15일의 작품이다. 내각의 후반(候班)은 동짓날 임금에게 문안하기 위해 규장각 관원들이 모인 자리라는 뜻이다. 동조(東朝)는 한(漢)나라 때 태후가 거처하던 장락궁(長樂宮)이 황제의 거처인 미앙궁(未央宮) 동쪽에 있었던 데서 태후의 뜻으로 쓰이는데, 여기서는 정순왕후 김씨와 혜경궁 홍씨를 가리킨다. 각반(閣班)은 규장각 관원들이 모여 있는 규장각이란 뜻이다. 《日省錄 正祖 22年 11月 15日》

서청의 물시계가 시각을 알려 주고	西淸玉漏如相報
상원의 수탉들이 때 아니 늦추어서[215]	上苑仙雞故不遲
견마[216] 나이 어쩌다 팔십이 되었거늘	犬馬偶能延八十
옥음이 어인 일로 못난 몸 축하했나	玉音何事賀庸姿

215 서청(西淸)의……늦추어서 : 조정에서 오랫동안 벼슬하다 보니 자기도 모르게 세월이 자연스럽게 흘러갔다는 것을 설명하는 것으로 보인다. 서청은 일반적으로 홍문관이나 예문관의 별칭으로 쓰이지만 여기서는 단순히 궁궐이란 뜻으로 쓰였다. 상원(上苑)은 궁궐의 후원으로, 금원(禁苑), 비원(秘苑), 내원(內苑)이라고도 한다.

216 견마(犬馬) : 주인이 있는 개와 말이란 뜻으로, 임금을 섬기는 신하가 자신에 대한 겸칭으로 사용한다.

지은이 **채제공(蔡濟恭)**

1720년(숙종46)~1799년(정조23). 조선 후기의 문신으로, 본관은 평강(平康), 자는 백규(伯規), 호는 번암(樊巖)·번옹(樊翁)이며, 시호는 문숙(文肅)이다. 1743년 문과 정시에 병과로 급제하여 승문원권지부정자에 임명되면서 관직 생활을 시작하였다. 1748년 11월 영조의 특명으로 시행한 한림소시(翰林召試)에서 수석을 차지하여 예문관의 사관이 되었고, 이후 대사간, 한성 판윤, 병조 판서, 예조 판서, 호조 판서 등을 역임하였다. 1780년 역적 홍국영과의 친분, 사도세자에 대한 신원 주장으로 공격을 받자 사직하고, 명덕산(明德山)과 노량(鷺梁) 등지에서 은거하였다. 1788년 우의정이 되었으며 2년 후 좌의정으로 승진하면서 3년간 혼자 정승을 맡아 국정을 운영하였다. 영조가 사도세자의 죽음을 후회하여 기록한 〈금등(金縢)〉을 정조와 함께 보관할 유일한 신하로 채택될 만큼 두 국왕의 깊은 신임을 받았으며, 정조의 탕평책을 추진한 핵심적인 인물이었다. 사후인 1801년 황사영백서사건(黃嗣永帛書事件)으로 관작이 추탈되었다가 1823년 영남만인소로 신원되었다. 문장은 소차(疏箚)에 능했고, 시풍은 위로는 이민구(李敏求)·허목(許穆), 아래로는 정약용(丁若鏞)으로 이어진다고 한다. 문집으로 《번암집》이 있다.

옮긴이

홍기은(洪起殷)

전남 나주에서 태어났다. 송담(松潭) 이백순(李栢淳) 선생에게 한학을 수학하고, 성균관대학교 대학원에서 한국사학으로 석사 학위를 받았다. 민족문화추진회 국역연수원 상임연구부를 졸업하였고, 한국고전번역원에 재직 중이다. 번역서로 《갈암집》, 《홍재전서》, 《기언》, 《명재유고》, 《대산집》, 《조선시대 대사례와 향사례》, 《검신록》 등이 있다.

송기채(宋基采)

1949년 전남 고흥에서 태어났다. 민족문화추진회 부설 국역연수원을 졸업하고 동 연수원 상임연구부를 졸업하였다. 2015년 국민훈장석류장을 수훈하였다. 한국고전번역원 부설 고전번역교육원 명예교수로 재직 중이다. 번역서로 《송자대전》, 《다산시문집》, 《상촌집》, 《한수재집》, 《농암집》, 《한강집》, 《증공집》, 《유종원집》, 《순자집해》 등이 있다.

번암집 1

채제공 지음 | 홍기은 송기채 옮김

2017년 9월 30일 초판 1쇄 발행

발행인 신승운 | 발행처 한국고전번역원
등록 2008. 3. 12. 제300-2008-22호
주소 (03000) 서울시 종로구 비봉길 1
전화 02-6263-0464 | 팩스 02-6339-0724 | 홈페이지 www.itkc.or.kr

번역 홍기은(권수 상, 하) 송기채(제1권~제2권)
연구총괄 이기찬 | 연구기획 이신경 | 자문 임정기

책임편집 한문희 | 편집진행 박정열
편집교정 유정님 송숙희 | 조판 김지현 | 제작 김형석
디자인 씨디자인 | 인쇄 ㈜완산정판

값 20,000원
ISBN 978-89-284-0430-8 94810
978-89-284-0427-8 (세트)
* 이 책은 2017년도 교육부 고전번역사업비로 출간한 것임.